日本管理会計学会
企業調査研究プロジェクト シリーズ No.6
情報システム専門委員会論文集

# 情報化戦略の進化と
# コスト・マネジメント

溝口周二 編著

税務経理協会

## 日本管理会計学会　企業調査研究プロジェクト

### 情報システム専門委員会　共同研究者一覧

| | | |
|---|---|---|
| 委員長 | 溝口　周二 | （横浜国立大学経営学部教授） |
| | 今井　二郎 | （公認会計士） |
| | 井上　裕史 | （SAPジャパン株式会社） |
| | 河合　　久 | （中央大学商学部教授） |
| | 成田　　博 | （高千穂大学商学部教授） |
| | 堀内　　恵 | （中央大学商学部准教授） |
| | 櫻井　康弘 | （高千穂大学商学部准教授） |
| | 山下　　功 | （新潟国際情報大学情報文化部専任講師） |

### 執筆者一覧（章順）

| | | |
|---|---|---|
| 溝口　周二 | （横浜国立大学経営学部教授） | 第1章，第6章，第8章 |
| 今井　二郎 | （公認会計士） | 第2章，年表 |
| 櫻井　康弘 | （高千穂大学商学部准教授） | 第3章 |
| 河合　　久 | （中央大学商学部教授） | 第4章 |
| 成田　　博 | （高千穂大学商学部教授） | 第5章 |
| 堀内　　恵 | （中央大学商学部准教授） | 第7章 |

## 企業調査研究委員会本部委員長からのご挨拶

　本書は，日本管理会計学会が実施している企業調査研究プロジェクトの成果の一環を公刊したものです．

　本学会は1987年に学術研究団体として創設された日本数理会計学研究会（1989年に日本数理会計学会に名称を変更）を母体として1991年に設立され，21世紀の初頭には日本学術会議法に基づく会計学関連学会のなかで規模においても有数の学会の一つにまで進展してまいりました．

　本研究プロジェクトは，2000年11月の本学会の常務理事会において実施することが決定され，片岡洋一本学会理事長（当時）を委員長とする「企業調査研究委員会本部」が組織され，そのもとで研究領域別・テーマ別に研究を実施する専門委員会が設置されることになりました．

　本研究プロジェクトは，わが国の主要企業および特徴のある企業の管理会計と経営管理の実務の現状を総合的・包括的に調査・研究し，その実態を解明することにより，企業の再生の条件を科学的・実証的視点から探求することを主たる目的としており，広く管理会計および経営管理の実用的な理論と技法を提案することを意図しております．

　本研究プロジェクトは，当初は本学会の創立10周年（2001年）を記念する事業として企画され，3年程度で完結させる予定でした．しかしその後，31という多数の専門委員会が組織されましたので，それぞれが独自の研究計画のもとで研究を開始し，必要にして十分な研究期間にわたって研究を実施し，完了した段階で，順次，研究成果を専門書のシリーズとして公表する方式に切り替えることにし，本研究プロジェクトを長期にわたり継続させる方針を採ることにいたしました．

　研究の具体的な遂行にあたっては，「企業調査研究委員会本部」のもとに

「総括委員会」（委員長　原田　昇教授）を置き，本研究プロジェクトの全体を総括し推進する業務を委任しております．各専門委員会の研究成果は「企業調査研究委員会本部」により監修，編集および査読され（本書末尾掲載「監修・編集の方針と基準」参照），「同本部」の依頼により印刷され，刊行されます．したがって，出版社から発注される通常の専門書の印刷とは全く異なる方式で出版されます．本書も以上述べた手続きを経て出版が決定されました．

本研究プロジェクトの遂行にあたっては，計画段階より倉重英樹氏（本学会前副理事長，㈱RHJI インダストリアル・パートナーズ・アジア　代表取締役社長）および中根　滋氏（本学会前常務理事，UWiN 株式会社　代表取締役社長兼 CEO）より格別のご厚意をもって研究助成を頂きました．このおふた方のご尽力が無ければ本研究プロジェクトは今日存在しえなかったといえます．ここに深く御礼を申し上げます．

さらに目白大学の佐藤弘毅理事長・学長には，2002年から強力なるご支援とご協力を頂きました．ここに深甚な謝意を表します．

本研究プロジェクトの研究成果を逐次刊行して市販していただくにあたり，税務経理協会の大坪嘉春社長および書籍企画部峯村英治部長には格別のご配慮を頂きました．本書の印刷については株式会社冨山房インターナショナルの坂本嘉廣会長に特別にご協力を頂きました．これらの方々に心よりの感謝の意を表する次第です．

2007年9月1日

日本管理会計学会　会　長（1991〜1999）<br>
理事長（1999〜2005）<br>
企業調査研究委員会本部委員長<br>
片　岡　洋　一

# 序　文

　企業情報システムは，初期において部分最適を指向したバッチ処理環境による職能別・部門別に開発されたサブシステムの集合体としてスタートしたが，今ではデータベース技術，ネットワーク技術などの発展により，ERP に代表される経営資源の効率化を指向した企業内統合システムへと移行してきている．さらに近年では，インターネットを利用する顧客と企業のコラボレーティブ・ビジネスに対応し，企業の枠を越えた企業間統合システムの構築に重点が移りつつあるといえよう．

　最初に，企業情報システムを取り巻く環境条件変化に対応して，これまでの企業情報システムの現状とそれを支える情報技術がどの段階であるかを考察した．これを受けて，さらに SCM や CRM などの情報要求に対応する業務間，企業間情報システムの統合化がインターネットと結合して情報システムの構成，形態，構造にどのような変化をもたらしているかを明らかにした．

　次に，このような企業情報システムの構造変化が，情報システム自体のコスト，ビジネス・プロセスのコストおよび組織デザインに関わるコストをどのように規定し，結果として全社の戦略的コスト・マネジメントに対してどのようなインパクトを与えているかを検討した．

　従来の管理会計研究の中で，ビジネス・プロセスと情報システムに対するコスト・アプローチや情報システム自体のコスト・マネジメントに関する個別的な研究は散見されるが，本書では情報システムとビジネス・プロセス両方のコストを規定する要因として，組織デザインを考察する．この組織デザインに関連するコストを加えた3つのコスト領域，すなわち企業の情報，機能プロセス，構造に対応したコスト領域の視点から，情報システムの構造変化が戦略的コスト・マネジメントへ与えるインパクトが明らかになるものと考えられ，ここに本書の特徴があると考えられよう．

序　文

　情報システムの構造変化とこれが戦略的コスト・マネジメントに与える影響の程度と方向性を研究するために，2002年に情報システムに関する諸資料・文献・インタビュー資料の調査結果から情報システムの構造変化についての見解を取りまとめ，これを中心に実態調査への応用，調査領域，調査深度などの検討をおこなった．これを受けて予備的に調査・研究した情報システム構造の変化が具体的にどのような項目から判断され，その判断結果が仮説と一致するかについて試験的な実態調査としてパイロット・スタディが2003年頃に実施された．質問項目の修正をおこない，12社に対するインデプス・インタビューが2003年後半から2004年にかけて実施された．収集された最新資料とインタビュー結果の整合性チェックや原稿修正などが2005年に実施された．

　企業情報システムの技術変化，組織構造やプロセスの改善は急激であり，2003年から2004年度にインタビューした状況も各企業では現在と変わっている場合も多々見受けられる．しかし，こうした企業情報システムの構造変化は速くても，戦略的コスト・マネジメントへの対応にはラグがあり，戦略的コスト・マネジメントのあり方に対し，企業情報システムの構造変化がどのようなインパクトを与えてきているかに関する一般的な方向性を分析し，結論を導くのには大きな障害にはならないと考えられる．

　本書は8章から構成されており，その基調は企業情報システムの構造変化をつうじて，企業組織やビジネス・プロセス，情報システムに及ぼす戦略的なコスト・マネジメントの方向性を検討し，示唆するものである．

　第1章の狙いは，本書全体のコア概念となる企業情報システムの基本構造を情報化技術や市場環境条件の変化と経営戦略との関連性の視点から明らかにし，その上で戦略的コスト・マネジメントに影響する資源要因を考察する．組織構造の多様化と流動的な企業環境の下で，ネットワーク化やオープン化等の高度な情報インフラストラクチャーを基礎に，企業情報システムはMIS機能と，情報照会や分析能力を供給するMSS機能から構成されるハイブリッドな情報システムへと変化してきた．戦略的情報システムの概念は現代の企業情報システムの中に第4の経営資源として位置づけられている．

**第 2 章**の狙いは，日本において「情報化技術の変遷と企業情報システムの構造変化」がどのような展開を遂げてきたかを明らかにすることにある．われわれは企業情報システムの具体的な構造変化の実態を把握するため，情報システム化に主導的・先駆的であった企業十数社の社史その他の資料等を渉猟して，情報化技術の変遷と企業情報システムの構造変化に関連する具体的な事象を抽出し，日本における構造変化の実際の姿と移行プロセスとを描出した．

　さらにこの狙いに加えて，「情報システムの統合化」のあり方にも焦点を当てた．オープン化やネットワーク化の急激な進行は企業情報システムの基本的なあり方を変換させたが，これによって「統合化」は企業内情報システムの枠を超えて，緩やかで弾力的な企業間「協働」の関係にまで発展してゆくのである．企業情報システムは1990年代を境としてその体質を一変させている．われわれはこれを「企業情報システムのパラダイム・シフト」と定義し，今回の研究の主軸に位置づけることとした．

　**第 3 章**の狙いは，ビジネス・プロセスの革新が企業情報システムへ及ぼす影響と情報技術や情報システムの革新がビジネス・プロセスへ与える影響の 2 つの側面を明らかにすることである．市場構造が多品種少量製品の消費優位へとシフトするにつれ，企業はこれに対応した製品とサービスを確実に提供できることが要求されている．顧客嗜好の多様化や個別化への対応とは，適正なコスト，高い品質，充実したサービス，および迅速な対応といった点に具現される顧客満足度の向上をはかることである．こうした観点にたち，サプライヤーから原材料を購入して最終的に製品を顧客へ引き渡すまでのビジネス・プロセスを革新する必要があり，あらゆる業務活動やビジネス・プロセス全体の流れをコスト，品質，サービス，スピードの視点から見直し，情報システムによって効率化することが求められる．一方，近年の情報技術の進展は，ビジネス・プロセスを変革し，企業活動自体を変化させ部門間，企業間，企業顧客間におけるビジネスの統合化を加速させている．

　**第 4 章**の狙いは，企業情報システムの構造変化が組織にどのような影響を与えるかの観点から，企業情報システムがナレッジを中心とする組織能力を形成

する要因になる点，また，組織文化を変革させる要因になる点に注目し，経営パースペクティブの変化，組織能力形成要因，組織文化変革要因を対象に検討し，最終的に情報システムの組織有効性の評価視点を考察することである．

ホスト中心アーキテクチャーから C/S アーキテクチャーへの技術シフトによって，職能や事業単位の弾力的な協働関係が成立するネットワーク型組織へと変容し，非公式的情報も含む多様な情報が組織メンバーに広く共有され，競争優位の戦略または創発的戦略に沿って環境に柔軟に対応するためのマネジメントを展開することが可能になった．ここで，情報はナレッジと認識され，これを有効活用するには個人能力と組織能力を融合しうる組織デザインが必要になる．

企業情報システムのパラダイム・シフトは，コストや投資のような財務的評価に加えて，組織能力を向上させるための組織デザインや組織文化の変革に対して IT がいかなる効果を及ぼしているか，という組織機能全体の視点から情報システムの有効性を評価する必要を示唆している．

第5章の狙いは，情報システム部門の機能の多様化の実態，これに伴う情報システム部門の組織形態の変化と戦略化の傾向，および CIO の役割を明らかにすることである．どのような目的をもって企業の情報システムを構築するのか，具体的に企業の中で情報システムにどのような機能が期待され，実現してきたかによって，情報システム部門の果たす役割，機能も変化してきている．すなわち情報技術の進展にともない企業情報システムは適用範囲，情報内容，情報提供領域を拡張してきており，企業の経営戦略実現における情報システムの重要性はますます高まってきている．

情報システム部門の組織形態は「分散型」「集権型」「連邦型」の3つに分類されるが，1990年代以降の IT のパラダイム・シフトを契機として，IT の戦略活用，情報システム部門の戦略支援機能を重視した「連邦型」への移行傾向が示されている．戦略支援機能，情報戦略企画機能を独立させ，情報システム部門を経営企画部門として設置するケースが最近になって顕在化してきた．

第6章の狙いは，情報システム・コストのマネジメント手法とその実態を考

察し，これをもたらす情報化投資とその有効性の評価について検討することである．加えて，1990年代以降の情報システムのパラダイム・シフト時に，抜本的な情報システム資源管理として登場したアウトソーシング手法とその効果について戦略的原価管理の観点から検討する．この背景には，情報システムがオープン化，ネットワーク化することにより，コストの発生と結果の因果関係の捕捉が困難になり，適切な原価管理の実施が容易ではなくなっている．この意味で，情報システム・コスト管理は源流である情報化投資意思決定の重要性に依存し，アウトソーシング等のソーシング戦略の活用がビジネス・プロセス全体の情報システム・コスト管理に影響することが認識されてきた．

第7章の狙いは，企業における既存の情報システムを環境変化によく適合する情報システムにシフトさせるために，情報システムの計画，設計，構築，運用管理のマネジメント・プロセスを追求することにある．業界特性，企業規模，当該企業のIT化の歴史やその取り組みの相違により，理想とする情報システムは一様ではない．先見的な企業は，インターネットという新たなビジネス・チャンスという舞台の上で，電子的なリンクを介して取引先，提携先，顧客間におけるあらたな協働のコンセプトを模索し始めている．

このような背景から，将来の情報システムのあるべき姿としてのEA (Enterprise Architecture) がどのような可能性と問題点を有しているのかを以下の点について検討する．① インターネット環境を前提に，どうすればビジネス・プロセスを柔軟なeプロセスとして展開できるのか，② このeプロセスを可視化するうえでこれまでの概念モデルはどのように機能しうるのか，③ 企業の視点にたった全体最適化や継続的・組織的な取り組みのためのフレームワークとしてEAが，このeプロセスを環境適応的な柔軟な情報ステムとして機能させるカギとなるのか等である．

第8章は，本書の結論部分である．情報システムの構造変化は単なる業務費用削減の手段ではなく，経営戦略を支援する重要な武器であり，ワイズマンが指摘するSISの概念がITのハード／ソフト両面での技術変化の発展とともにビジネスに定着してきたと考えられる．このような情報システムに関するパ

ラダイム・シフトは当然に情報システムの構造変化に直接・迅速に影響を与える．高度情報化社会の中でビジネスを展開する企業にとって，情報システムの構造変化は企業組織構造の再設計による変化とビジネス・プロセスの変化に波及する．このようなビジネス環境変化とこれにコンティンジェントに相応する情報システムは，いっそうの情報インフラストラクチャー投資とその結果である情報システム・コストの飛躍的な増加をもたらす．CIO にとってその適正な管理と投資効果評価が重要な IT 戦略決定要因であると認識されてきた．

このような情報システムの構造変化を中心に，これがプロセス・コスト，組織コスト，情報システム・コストにどのような変化を及ぼすかについてビジネス・コスト，コーポレート・コスト，エンタプライズ・コストの観点から概括的に検討した．

なお，本書は平成15年度，16年度の２年間に渡る科学研究費による成果である．（平成15年度基盤研究（Ｃ）（１），課題番号：15530298，「情報システムの構造変化と戦略的コスト・マネジメントへのインパクト」）

「光陰矢の如し」というように，２年半の研究成果をまとめて出版するのに多大な時間を費やしてしまったのは，ひとえに編著者の能力の欠如によるものであり，深くお詫びするとともに，インタビューにお応えいただいた情報システムに関する日本有数な企業の情報システム部門の関係者に深く御礼申し上げる．また，本書の出版を可能にした日本管理会計学会の企業調査研究プロジェクト委員長である片岡洋一教授に心からの感謝を捧げる．さらに，本書が出版できたのも，販売元の税務経理協会の大坪嘉春社長と出版に関する調整や何回も校正で御世話いただいた税務経理協会の峯村英治氏に負うところが大である．これらの方々に重ねてあつく御礼申し上げる次第である．

　　　平成18年8月31日

　　　　　　横浜国立大学8階の研究室から名残の夏空をみながら

　　　　　　　　　　　　　　　　　　　　　溝　口　周　二

# 目　次

序　文 ... i

## 第1章　企業情報システムの基本構造　　　　　　　（溝口周二）　1

§1　経営戦略と企業情報システム ... 1
　1.1　環境適応的な企業情報システム ... 2
　1.2　環境要因に適応する企業情報システム構造 ... 4
　1.3　企業情報システムの基本構造 ... 7

§2　戦略的コスト・マネジメントの枠組み ... 9
　2.1　企業組織の構成要素 ... 10
　2.2　戦略的コスト・マネジメントの枠組み ... 12

§3　リサーチ・メソッド ... 14
　3.1　調査研究の目的 ... 14
　3.2　調査研究の方法 ... 16

§4　本書の構成と結論 ... 21
　4.1　第1章「企業情報システムの基本構造」要約 ... 22
　4.2　第2章「情報化技術の変遷と企業情報システムの構造変化」要約 ... 23
　4.3　第3章「ビジネス・プロセスの革新と情報システムの役割」要約 ... 25
　4.4　第4章「企業情報システムの構造変化とその組織への影響」要約 ... 26
　4.5　第5章「企業の情報化戦略と情報システム部門の機能変化」要約 ... 27
　4.6　第6章「情報システムの有効性とコスト・マネジメント」要約 ... 29
　4.7　第7章「エンタープライズ・システム構築に向けての情報化戦略」要約 ... 31
　4.8　第8章「情報システムの構造変化と戦略的コスト・マネジメント」要約 ... 32

## 第2章　情報化技術の変遷と企業情報システムの構造変化　（今井二郎）　35

### §1　情報化技術の変遷 …………………………………………………… 35
1.1　コンピュータの利用開始：EDP システムの構築へ …………… 35
1.2　汎用大型コンピュータの導入と集中型基幹業務処理システムの構築 … 37
1.3　パーソナル・コンピュータの登場とダウンサイジング ……… 42
1.4　インターネットの登場と情報システムのパラダイム・シフト … 44

### §2　日本企業における情報システムの導入と構造変化 ……………… 49
2.1　基幹業務処理システムの確立 …………………………………… 49
2.2　パラダイム・シフトの開始 ……………………………………… 61
2.3　日本企業における情報システムのパラダイム・シフト ……… 64
2.4　パラダイム・シフトの業務プロセスへのインパクト ………… 70
2.5　統合（integration）から協働（collaboration）へ …………… 72

## 第3章　ビジネス・プロセスの革新と情報システムの役割　（櫻井康弘）　75

### §1　企業経営とビジネス・プロセスの革新 …………………………… 75
1.1　顧客志向の経営とビジネス・プロセス ………………………… 75
1.2　業務プロセスの改善とビジネス・プロセスの革新 …………… 78
1.3　ビジネス・プロセスの革新における企業情報システムの役割 … 82
1.4　パラダイム・シフトとビジネス・プロセス …………………… 84

### §2　企業内プロセス統合と企業情報システムの役割 ………………… 87
2.1　企業内ビジネス・プロセスの統合化 …………………………… 87
2.2　企業内統合型情報システムの現状 ……………………………… 90

### §3　企業間連携と企業情報システムの役割 …………………………… 95
3.1　企業間のビジネス・プロセスの統合化 ………………………… 95
3.2　SCM の展開 ……………………………………………………… 97
3.3　企業間連携型情報システムの現状 ……………………………… 101
3.4　インターネット時代のビジネス・プロセス …………………… 105

## 第4章　企業情報システムの構造変化と
## 　　　　その組織への影響　　　　　　　（河合　久）109

§1　情報システム構成と経営パースペクティブの変化………… 109
　　1.1　情報技術水準と情報システム構成の変化……………… 109
　　1.2　経営パースペクティブの変化…………………………… 113

§2　組織能力の形成要因としての企業情報システム…………… 117
　　2.1　組織能力とナレッジ……………………………………… 117
　　2.2　組織能力の向上に向けた企業情報ポータルの意義…… 120

§3　組織文化の変革要因としての企業情報システム…………… 126
　　3.1　企業情報システムと組織文化…………………………… 126
　　3.2　情報の共有化と組織文化………………………………… 131

§4　情報システムの組織的有効性の評価問題…………………… 135
　　4.1　評価の視点………………………………………………… 135
　　4.2　情報技術水準・組織文化・業績水準の関係…………… 138

## 第5章　企業の情報化戦略と
## 　　　　情報システム部門の機能変化　　　（成田　博）145

§1　情報システム部門の機能の多様化…………………………… 145
　　1.1　企業情報システムの変化………………………………… 145
　　1.2　IT適用領域の拡張………………………………………… 148
　　1.3　情報システム部門の機能変化…………………………… 152
　　1.4　情報システム部門の機能と社外パートナーの活用…… 156

§2　情報システム部門の組織形態の変化………………………… 159
　　2.1　情報システム部門の組織形態の現状…………………… 159
　　2.2　情報システム部門の組織上の課題……………………… 161
　　2.3　企業の情報化戦略と情報システム部門の組織形態…… 163

§3　情報システム部門の戦略化とCIOの役割…………………… 167
　　3.1　情報システム部門の戦略支援機能……………………… 167

3.2　CIOの役割とITガバナンス……………………………………… 170
　　　3.3　戦略的情報システム部門の現状…………………………………… 174

## 第6章　情報システムの有効性と
　　　　　コスト・マネジメント　　　　　　　　　　　（溝口周二）179

　§1　情報システムの構造変化とコスト・マネジメントの変遷……… 179
　　　1.1　情報システムの構造変化…………………………………………… 179
　　　1.2　情報システム・コスト・マネジメントの変遷…………………… 184
　§2　情報システム・コストのマネジメント…………………………… 186
　　　2.1　伝統的なコスト・マネジメント手法……………………………… 186
　　　2.2　チャージバック・システムによるコスト・マネジメント……… 190
　　　2.3　情報システム・コスト・マネジメントの適用実態……………… 193
　§3　情報化投資に対する情報システムの有効性評価………………… 199
　　　3.1　情報システム活動の価値連鎖……………………………………… 199
　　　3.2　情報化投資…………………………………………………………… 202
　　　3.3　情報システムの有効性評価指標の検討…………………………… 207
　§4　ネットワーク環境下における情報システムの戦略的原価管理・ 210
　　　4.1　ネットワーク環境下における情報化投資………………………… 212
　　　4.2　ネットワーク環境下におけるソーシング戦略…………………… 218

## 第7章　エンタープライズ・システム構築
　　　　　に向けての情報化戦略　　　　　　　　　　（堀内　恵）229

　§1　eプロセス時代の到来……………………………………………… 229
　　　1.1　eプロセスとしてのビジネス・プロセス………………………… 229
　　　1.2　ソーシング戦略による展開………………………………………… 231
　　　1.3　台本としてのビジネス・ルール…………………………………… 233
　　　1.4　eプロセスの技術基盤……………………………………………… 235
　§2　eプロセスのモデル化……………………………………………… 237
　　　2.1　概念データ・モデルによるモデル化……………………………… 237
　　　2.2　モデル化の対象範囲………………………………………………… 239

2.3　外国電気機械メーカー Y 社の事例 ……………………… 241
　　　2.4　概念データ・モデルの課題 ………………………………… 243
　§3　EA による情報化実践 …………………………………………… 244
　　　3.1　EA の必要性 ………………………………………………… 244
　　　3.2　EA フレームワーク ………………………………………… 246
　　　3.3　EA活動の出発点 …………………………………………… 249
　　　3.4　EAによるeプロセス実現に向けて ……………………… 251

# 第8章　情報システムの構造変化と戦略的コスト・マネジメント　（溝口周二）　255

　§1　情報システムの構造変化とコスト・マネジメントの変遷 …… 255
　§2　プロセス・コストの戦略的コスト・マネジメント …………… 259
　　　2.1　プロセス内の活動連鎖の見通し …………………………… 259
　　　2.2　プロセス内サイクル・タイムの短縮 ……………………… 260
　§3　組織コストの戦略的コスト・マネジメント …………………… 262
　§4　情報システム・コストの戦略的コスト・マネジメント ……… 265

付　　録　年表　日本における情報システムの構造変化（今井二郎）……… 271
参考文献 ………………………………………………………………………… 274
索　　引 ………………………………………………………………………… 285
日本管理会計学会　企業調査委員会本部　監修・編集の方針と基準 ……… 292

# 第1章 企業情報システムの基本構造

横浜国立大学 溝 口 周 二

## §1 経営戦略と企業情報システム

　今日の情報化技術の発展と流動的な企業環境の下で，ネットワーク化やオープン化等の高度な情報インフラストラクチャーを基礎に ERP[1] の導入が進んでいる．ERP は機能分類上，業務処理と定型的活動を計画どおり実行する MIS[2] 機能と，情報照会や分析能力を供給する MSS[3] 機能から構成されるハイブリッドな情報システムであると考えることができる．ERP を含む企業情報システムの基本的使用法の1つは，組織の競争戦略や競争優位性を確保・保持する計画の策定・実行を支援し，これをモニタリングすることである．1980年代半ばに提唱された戦略的情報システムの概念（Wiseman [1985]）では，現代の企業情報システムは第4の経営資源として位置づけられている．

　1980年代半ばは第2章で詳述するように，情報技術のパラダイム・シフトの前段階であったと考えられる．この時期から C/S[4] や WS[5] が従来のメインフレームに取って代わり，ハードウェアのダウンサイジング化が進行してきたといえよう．こうしたダウンサイジング化はさらに情報技術革新と相まって，PC の活用や90年代中頃からのインターネットの出現を促し，企業情報システムのオープン化，ネットワーク化が進んだ．第2章で述べられたように，これ

---

1) Enterprise Resource Planning
2) Management Information System
3) Management Support System
4) Client Server System
5) Work Station

は従来のメインフレーム中心のレガシー・システムとは異なる企業情報システムのパラダイム・シフトとして認められる．企業情報システムのパラダイム・シフトは当然にビジネス・プロセスや組織構造に大きな影響を与え，新しい事業環境の変化とその変化速度がいっそう早くなった．

　管理会計研究者は，不確実な環境に適応するために経営管理過程における戦略的要請が高まるにつれ，経営戦略を媒介にした企業情報システムの環境適応メカニズムと組織効率性をもたらす情報システム設計について，理論的・実証的研究を発展させてきた（Simons [1987]）．中でも，組織戦略と情報システムの相互作用による環境への働きかけ，情報システムへのMIS・MSS機能の組み込み，組織の環境への適合プロセスに対する支援等の環境適応的な企業情報システム構築が早い時期から検討されてきた．

　このような問題に対する理論的アプローチの1つが，コンティンジェンシー理論による情報システムの考察である．企業情報システムのパラダイム・シフトに対応し，企業情報システムにおける環境適応性の包括的な理解のために，組織戦略と環境要因変化の相互作用に主に注目し，企業情報システムの基本構造を考察する．

## 1.1　環境適応的な企業情報システム

　組織のコンティンジェンシー理論に基礎をおいた情報システムへのアプローチは，情報技術，組織構造，環境の相互作用をつうじて，情報システムが動態的な環境要因変化の中で，どのような属性を持つべきかを研究してきた．これら一連の研究は以下のように総括することができる．第1に組織によって影響されない条件変数（情報技術，環境）を設定する．第2にその一般的枠組みとして，会計情報や管理情報を組織的な管理・調整機能を持つ組織管理メカニズムに対応させて組織を設計する．第3に組織における情報技術特性や組織行動特性を反映した情報システムのタイプを探索する．第4に情報システムにより組織効果性を高めるという枠組みである（Otley [1980], pp. 420-421.）．コンティンジェンシー理論では，すべての組織に普遍的で最良な情報システムはあ

りえず，環境要因に依存することが一般的に認知されている．環境要因と組織，情報システムの相互関連性に注目した代表的な情報システム構造に，Gordon と Miller の分析枠組みがある．

Gordon & Miller は環境，組織，意思決定スタイルを考慮した情報システムに関するコンティンジェンシー理論の枠組みを提示した（Gordon, et.al. [1975], pp. 59-69.）．これによれば，環境はダイナミズム，異質性（多角化），敵意（競争者からの脅威）で規定される．組織属性は分権化，差別化，統合化，官僚化，資源で規定され，経営管理者の意思決定スタイルは分析態様，意思決定のタイム・スパン，意思決定の多様性，適合性，事前行動，戦略認識によって規定される．

環境，組織，意思決定スタイルを構成する各属性に対し，情報システムの基本要請として情報負荷，情報の時間価値，予測情報の質，資源使用情報，報告の集中化，報告頻度，報告方法，業績評価，コスト配賦方法が規定される．各属性の組合せが組織の直面する環境，意思決定スタイルの不確実性を示し，この組合せに対応して環境適合的な情報システムが定義される．これらの属性の組合せは全くランダムではない．環境，組織，意思決定スタイルの特徴はばらばらではなく，おのずと生じる相対的な配置関係を形成するように分散している．この観察から，彼らは組織構造として環境適合企業，盲目的に運営される企業，停滞した官僚制（を有する企業）の3類型モデルを提示し，各類型モデルにおける情報システムの属性を導出した．環境適合的企業における情報システム類型は，外部環境情報の収集能力を有し，情報タイプとして会計／非会計情報を包括し，どの部門からでも情報システムが統一的に使用され，各経営管理階層に情報提供の広いパスを内包すると結論付けている．

パラダイム・シフト後の企業情報システムの基本構造をコンティンジェンシー理論の視点に立って総括すると，第1に環境要因の類型に対応する企業情報システム属性が示されているが，その基礎要件である情報属性に関する明示的な対応と分析が認められず，企業情報システムの統一的な枠組みが具象化しない問題がある．第2に，より環境適応的な企業情報システム構築のための経

営戦略概念の位置づけが，分析の枠組みに明示的に導入されておらず，環境要因変化に適応する実践的指針が不足している．

## 1.2 環境要因に適応する企業情報システム構造

　企業情報システムの基本構造を図表1‐1に示した．企業組織は組織構造の内部関係を表し，経営戦略の下で経営資源を活用し，環境に合理的に適応するシステムである（Thompson [1967], p. 51.）．外部環境は，組織の境界外のすべての要素であり，組織構造や行動に影響を及ぼすが，この時の外部環境は組織行動の前提または制約条件として考えられる．一方，環境が組織からの作用によって変化する時，環境は組織目標・成果の対象と考えられる．企業情報システムは，企業組織におけるマネジメント・コントロールのメカニズムを情報系で表現したものである．外部環境からの刺激や影響に対してビジネス・プロセス，組織，企業情報システムが適応するにはラグが生じ，外部環境との不適合が企業組織内に生じる（Dunk [1989], pp. 149-155.）．

　外部環境は変化し，その速度や範囲については不確実性を有する．環境変化に対し，経営戦略は動態的な外部環境と安定的な作業システム（企業組織）間の調整機能をもつ．企業組織は経営戦略を介して主体的に環境変化の要因を選択し，外部環境に対して適合する．外部環境に対する組織適応プロセスを促進する経営戦略のもう1つの機能は，企業組織構造が安定するように外部環境に働きかけ，外部環境を制御するものである．経営戦略を媒介にして，企業組織が環境変化を管理することにより，環境の不確実性が減少し，外部環境により適切な適応行動を企業組織が選択可能となる（Mintzberg [1976], p. 56.）．パラダイム・シフト後の企業情報システムはインターネットや企業ポータルを介して一部の市場に代表される外部環境への働きかけを積極的に行い，効果を上げている．

### 1.2.1　環境属性と経営戦略

　Ewusi-Mensahは環境要因を，その時間構造に注目して動態性と静態性に区分し，また企業組織と環境の相互作用の観点から管理可能，一部管理可能，管

図表 1-1　企業情報システムの基本構造

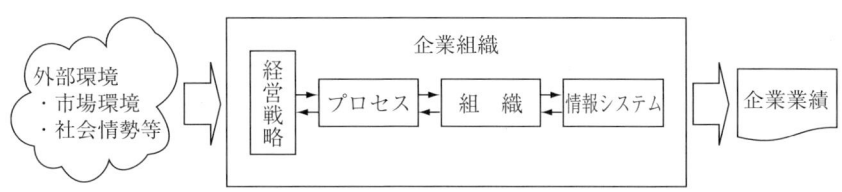

理不能に区分した．「管理可能」の意味は，組織が環境に適合し，かつ環境に対して組織が目標を達成する活動を追求できることである．これらの環境要因の組合せによる環境属性を図表 1-2 に示す（Ewusi-Mensah [1981], pp. 303-304.）．かかる環境に対処する経営戦略を支援する企業情報システムの役割は，以下のようになる．静態的環境では環境要因が構造的に安定し，外部環境情報の収集・処理・分析・評価システムが環境に適応して有効に作動する．このため環境変化に対する予測が比較的容易であり，環境予測情報を基礎に，組織は環境に対して攻撃的に対処することが可能となる．一方，動態的環境では環境の不確実性や複雑性が増加し，経営戦略に対する企業情報システムの役割は，環境変化に対するモニタリングとその観察情報の分析・解釈に重心がおかれる．企業組織は環境変化の方向を見きわめる変数を選択し，そのモニタリングをつうじて変化の予兆を的確に把握することが，生き残りの条件となる．

　管理可能な環境では，不確実性要因を可能な限り減少させることが重要となる．この環境では，組織内部及び外部情報が安定的に収集でき，その分析・評価・伝達の企業情報システムが整備されている．このような環境下における経営戦略は働きかけ（active）である．組織内・外部情報の蓄積により，組織は環境を自らの資源制約の中で逆に規定することが可能となる．一方，管理不能な環境では，環境変化の方向性が不確実で，その予測も困難である．また組織への影響も予測が不透明である．このような環境下での経営戦略は，反応的（reactive）である．環境変化の兆しとなるモニター変数を選択し，事象の発生に備えた計画・予測により，事後的組織行動を適切かつ迅速に実行して，環境に適合することが可能となる．

**図表1-2　組織環境の特徴**

| 組織環境 | 管 理 可 能 | 一部管理可能 | 管 理 不 能 |
|---|---|---|---|
| 静態的 | ・一定期間，環境要因は基本的に同一である．<br>・環境要因は相対的に同質性を持ちつつ異質のこともある．<br>・環境状態は比較的理解容易．<br>・データ収集の公式手続きが開発されている．<br>・例：顧客，供給者 | ・一定期間，同質性と異質性を有する環境要因は基本的に同一である．<br>・その他の環境要因は常に変化する．<br>・安定的な相互作用と変動要因のため環境は流動的になり，その一部しか組織には理解できない．<br>・情報収集の公式手続きのある情報が利用可能である．<br>・例：顧客，供給者，競合顧客／供給者，規制主体，組合<br>・企業の知見が活用される． | ・相対的に異質要因で，複雑性のため明解な理解が困難．<br>・分権化組織にとって観察が最良である．<br>・分権化に則った実行可能なデータ収集のための公式手続きが利用できない．<br>・企業の知見が活用される． |
| 動態的 | ・相対的に同質的要因であるが異質要因も比較的同質性を有し，変化は予測可能である．<br>・観察は，情報収集に対する組織能力に見合う種々の基準に沿って実施される．<br>・企業の知見は不用と考えられる． | | ・環境要因間に常に相互作用があり，不安定な状態である．<br>・環境状態の変化や複雑性の程度が理解されない．<br>・例：政治的混乱，社会／文化的要因，人口変化<br>・データ収集のシステム手法は，高度に分権化または局所的基準に基づく．<br>・企業の知見が必要である． |

### 1.2.2　情 報 特 性

　環境条件に対応して情報特性も当然に異なり，情報特性の考察が環境に相互作用的な企業情報システムの必須条件となる．Ewusi-Mensah は，それぞれの環境に対応し10種類の情報特性を図表1-3のように提示した（Ewusi-Mensah [1981], p. 310.）．

§1 経営戦略と企業情報システム 7

図1-3 異なる環境における情報特性

| 情 報 特 性 | 管 理 可 能 | 管 理 不 能 |
|---|---|---|
| • 情報の質 | 高くてリスクは低い | 低くてリスクは高い |
| • 情報の利用可能性 | 良好 | 貧弱 |
| • 情報価値 | 相対的に高い | 相対的に低い |
| • 意思決定への影響 | 相対的に高い | 相対的に低い |
| • 組織・環境間の相互作用 | 主として働きかけ | 主として反応的 |
| • 組織的探索 | ほぼ機械的探索 | ほぼ問題志向的探索 |
| • 反応時間 | 早いまたは遅い | 相対的に早い |
| • 時間のスコープ | 現在から将来まで | 主として将来的 |
| • 情報源 | ほぼ内部，一部外部 | 外部 |
| • 情報のタイプ | 定量的・定性的情報 | ほぼ定性的 |

この情報特性は，情報自体を包含して，意思決定を中心におく組織のマネジメント・コントロールの枠組みを構成するものである．戦略意思決定に直接影響を与える情報特性は，情報の質，情報の利用可能性，情報価値であり，最終的に情報源に依存する．信頼できる情報源を確保し，継続的に情報を収集するためには，経営目標を達成するための情報が何かを規定することが必要となる．かかる情報収集の基準は，組織と環境の媒介となる経営戦略策定のプロセスで明確に認識される必要がある．不必要な情報や誤情報の選択は，組織内部の意思決定に重大な過誤を与える．この意味で，情報とは経営戦略によって，外部環境をある属性（情報源，情報の種類・タイプ，情報量等）に従って，組織内部の利用可能情報集合に写像したものと考えられる．

## 1.3 企業情報システムの基本構造

環境要因によってそれぞれ異なる企業情報システムに対し，経営戦略に関連する情報の要求・収集・選択・評価を実行するメカニズムを組込むことによって，後述するように一般的でかつ弾力的な企業情報システム構造が得られる．

第1に，企業情報システムは内部企業情報システムと外部企業情報システムの両機能を含み，この意味で統合的である．前者は，主として組織内部情報を基礎に，業務管理，経営管理における組織内のマネジメント・コントロール機

構への情報提供に関わる．後者は，主として組織環境（管理可能／不能）における組織外部情報（環境情報）を基礎に，環境認識と戦略意思決定の情報処理を対象にする．いずれのシステムも，情報の収集・処理・蓄積・伝達のサブ・システムから構成され，機能定義によって両者のシステム特性が規定される．

　第2に，企業情報システム構造は弾力性をいっそう要求される．環境条件の変化に伴って，情報特性は変化するため，企業情報システムは環境状態に適応したシステム構造を持つ必要がある．環境状態は流動的に変化し，ある状態が組織にとって管理可能であっても，環境構造変化により管理不能の状態へ転換することがある．企業情報システム構造は，このような環境要因変化に柔軟に対応するメカニズムが，システム構造にビルトインされることが必須条件である．

　第3に，企業情報システムはユーザ・フレンドリーな構造を有する必要がある．ユーザの情報要請に基づく情報の検索・照会・処理・報告の支援とともに，ユーザによる情報登録の支援が求められる．特に組織の下部階層は，外部環境と常に接触し環境変化を実感しているため，ユーザによる環境情報を収集するシステムが必要である．シンプルで使い易いユーザ・フレンドリーなシステム構造を持つ必要がある（Sorter [1969], pp. 12-19.）．

　第4に，企業情報システムは情報収集システムの整備を図る必要がある．組織内の情報を主に対象とする内部企業情報システムは，情報の収集プロセスが公式化され整備されている．しかし，環境情報を主に対象とする外部企業情報システムは，情報収集の方針・方法・対象について検討し，情報源の選択，モニタリング情報の確定等のシステム化を図る必要がある．企業組織が環境に対して適合し，さらに働きかけるためには，環境情報収集システムの適否が最も重要になる．

　最後に，現代の企業情報システムは環境戦略支援機能を有するシステムである．情報選択基準，組織における戦略意思決定のための情報要請，組織戦略の3者は相互に関連し，全体として情報収集活動を規定する．この3者の相互関係を戦略パッケージと考えると，収集された情報は環境要因の変化を戦略パッ

ケージに伝達し，これを構成する各要素が環境上により修正・変更される．この結果，環境状態を示すよりよい情報収集活動が新たに展開される（Gordon, et al.[1984], pp. 42-43.）．80年代半ばには理論的に考察されていた企業情報システムが情報システムのパラダイム・シフトを経て，現在では外部環境適合型の企業情報システムに移行しつつある．

## §2 戦略的コスト・マネジメントの枠組み

　市場環境や取引条件等の外部環境の急激な変化は企業業績に大きな影響を与える．しかし，組織・プロセス・情報システム等の企業構成要素はそれぞれの慣性があるためにこの環境変化に瞬時に対応できない．本来，企業組織は激変する外部環境に関して自己適応メカニズムを持つが，その適応速度や適応範囲を外部環境の変化にあわせて取捨選択するメカニズムを制御するのが経営戦略である．図表1-1に示したように経営戦略はこの多様でランダムに変化する環境要因をフィルタリングして，企業がコントロール可能な資源や要因に転換する機能を持つ．

　例えば，急激な円高にはまず生産組織や生産方法などのプロセスが環境変化に対応し，次にそれを組織化するような人事や組織構造が確定する．そして最後にこれらを制御する情報システム（例えば会計情報システム）が環境変化に対応する．すなわち，それぞれの要因が環境変化に対応するためのタイムラグがある．このラグ構造の無秩序さが企業組織全体としての効果性や効率性を阻害し，企業組織全体の運営コストの増加を招く可能性がある．企業組織構成要因間に存在するラグを短縮化し，不適合を是正して環境変化に適応する企業組織を構築することにより経営資源配分の適正化と企業組織全体のコスト・マネジメントへの貢献が可能となる．経営戦略は企業組織における現在の経営資源（リソース）量と将来必要な経営資源量のギャップ，獲得すべき経営資源キャパシティ量，経営資源獲得時期，投資額等を測定し考量して必要な外部環境の変化を先取りし，迅速に環境変化に適合するために経営諸資源を適切に配分す

る．経営資源が消費されることでコストが発生するために，まず経営戦略の下でどのような経営資源が存在し，次にコスト発生にそれらの経営資源がどのように関係するかについて考察する．

## 2.1 企業組織の構成要素

経営戦略は企業組織と外部環境要因間の調整機能を持つが，企業組織の構成要素としての経営資源は資源ベース理論を背景に以下のように考察することができる．

資源ベース理論は，企業組織を生産資源の集合体として考察する理論であり，「資源とは企業が特定の課業を達成することができる固定的な投入要素である」と定義される（Rubin [1973], p. 937.）．企業は経営の効率性や効果性を改善するために経営戦略によって適切な経営資源配分を計画・実行するとともに，現在と将来の経営資源の識別・予測により適切な経営戦略の導入を可能にする．選択される経営戦略に対して，資源ベース理論は経営戦略の現実的な実行可能性を評価する大きな要因となる．

企業組織の経営資源は主として，物理的な資本的資源，人的資源，組織的な資本的資源の3種類の経営資源に分類される（Barney [1991], pp. 99-108.）．企業の競争優位性はこれら3種類の異なった属性を有する経営資源の融合性と資源の固定性相互の調和した状態に依存する．経営資源の融合性とはどの程度属性の異なる資源が企業内に調和して存在するかを示し，経営資源の固定性とは企業が他の競争企業から資源を獲得することが不可能であることを示す．

この資源分類は企業組織内に存在する人，物，金，情報（知的財産）等の要素別分類であるが，組織の主たる構成要素として物理的資源である人的資源と知的資源としての経営システム資源に分類できる．さらに経営システム資源は具体的に，活動方式であるビジネス・プロセスと企業組織全体を制御する情報システムから構成される．ここで，ビジネス・プロセスを企業組織活動の基準となる一連のルール，手順，方法，手続き等の活動原理・方法等の集合を総称して定義する．またマネジメント・コントロール・システムは広義の情報シス

図表 1-4　経営戦略と企業組織構成要素

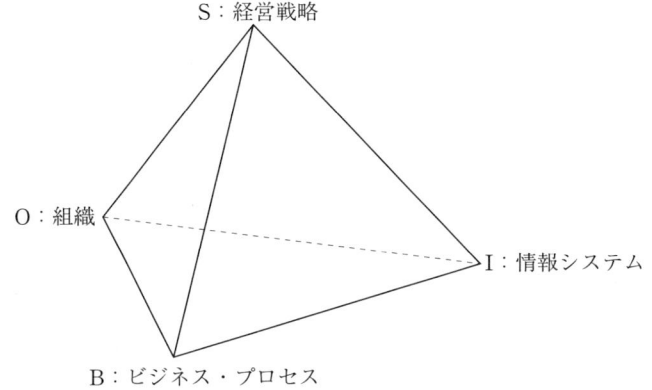

テムに包含されると考えれば，組織，ビジネス・プロセス，情報システム等の経営資源の集合が企業組織の構成要素として定義される．

　ここでは図表 1-1 に提示したように外部環境と企業内組織を連結する経営戦略との関連性から，企業組織の構成要素としてビジネス・プロセス，組織，情報システムの 3 者を機能別分類として取り上げ，各要素間の関係を図表 1-4 に示した．

　図表 1-4 では，三角錐 SOBI が企業組織の構造と活動を表す．経営戦略は事業部制等の組織構成や人的資源配分に影響を及ぼし，ビジネス・プロセスの枠組みを規定するとともに，情報システム構造を決定する．一方，組織，ビジネス・プロセス，情報システムの各構成要素もまた現実の資源制約条件として将来の戦略策定に影響する．企業組織における経営資源としての人，物，金，情報は企業組織を機能的に構成するそれぞれの要素である組織，ビジネス・プロセス，情報システムに配分される．

　経営戦略とそれぞれの頂点を結ぶ辺は，それぞれの構成要素に対する個別戦略を表す．例えば，組織と経営戦略を結ぶ辺 SO は組織策定や人事戦略を示す．またビジネス・プロセスと結ぶ辺 SB は合併，提携等を含むビジネス・プロセスの改革戦略を示し，情報システムと結ぶ辺 SI は情報システム戦略を表

すと考えることができる．

例えば，経営戦略が組織と情報システムで作る面 △SOI は情報システム部門の構造を表す．経営戦略がビジネス・プロセスと情報システムで作る面 △SBI は，事業戦略とビジネス・プロセスに対応したマネジメント・コントロール構造を示す．経営戦略が組織とビジネス・プロセスで作る面 △SOB は各ビジネス・プロセスに対応した企業の事業部組織構造を表す．

## 2.2　戦略的コスト・マネジメントの枠組み

図表 1-4 の三角錐を経営戦略を中心に展開すると図表 1-5 になる．底面 △OBI は企業組織における人，物，金，情報の経営資源の集合を表す．図表 1-4 は企業組織の各構成要素に経営資源が配分されていることを示し，これにより企業活動を行った結果として経営資源が消費され，コストが発生すると考えることができる．底面 △OBI は企業組織における経営資源の集合であるとともに，企業活動から発生するコストの集合と考えることができる．

図表 1-5　戦略的コストの枠組み

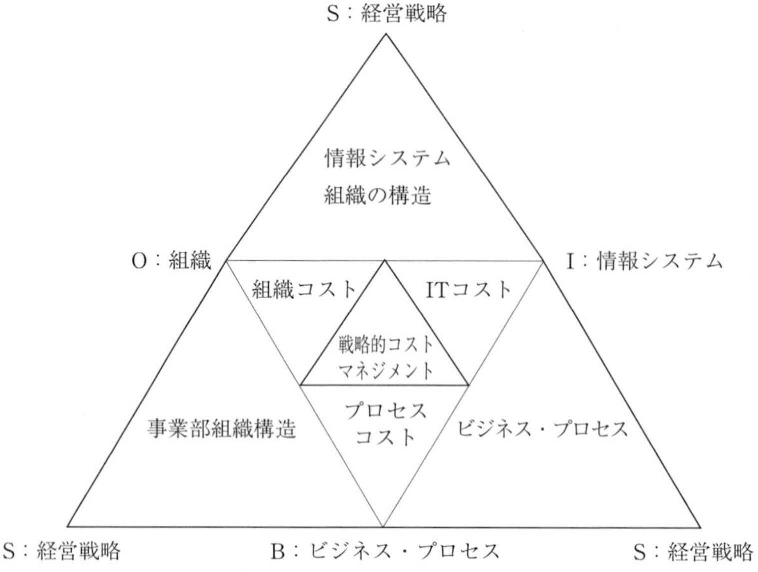

それでは企業活動から発生するコストの集合を，企業組織の構成要素に分解して把握するとどのように考察できるであろうか．1つの試みとしてこのコストの集合を各構成要素の主たる属性に影響を受けるコストに分解することが可能であり，この観点から企業組織がおこなう経営資源の獲得・維持・消費活動から派生するコストを組織コスト，プロセス・コスト，情報システム・コスト（ITコスト）として考えることができる．

組織コストは，組織活動の結果消費する人的資源から発生するコストである．例えば，ビジネス・プロセスの改善や情報システムの効率化による組織ラグの短縮化とこれに伴う時間・コストの削減と事業価値増加が考えられる．組織階層の短縮化による情報伝達速度の改善と意思決定の迅速化，情報共有化による統一的な営業・生産活動の実効化が組織コストに影響を与える．

プロセス・コストはビジネス・プロセスの変化が経営資源の消費量に影響を与え，その結果として生じるコストである．例えば，SCM[6]による無駄の削減とスピードの改善，BPRによるコスト改善，提携・連携等のネットワーク化によるプロセス改善が組織構造に影響し，結果としてプロセスに起因するコスト効果が発生する．

ITコストは情報システム活動に割り当てられるハードウェア，ソフトウェア，情報システム専門家等の経営資源の消費から発生するコストである．例えば，ビジネス・プロセス改善による情報システムのアウトソーシングによるコスト削減効果，経営戦略に連動した情報システム投資と情報資産の効果的活用による原価削減等が考えられる．

組織コスト，プロセス・コスト，ITコストの発生は経営資源の配分に依存し，経営資源が組み合わされて経営活動が展開されているために，各コストは相互に組織，プロセス，情報システムの影響を受けている．さらに経営資源は経営戦略と調和した配分が組織，プロセス，情報システムに実施され，それぞれのコスト発生と効果を規定している．情報システムの視点から経営戦略，組織，プロセスとの相互関係を把握し，組織コスト，プロセス・コスト，ITコ

---

[6] Supply Chain Management

スト3者のコスト・マネジメントを検討することが戦略的コスト・マネジメントの枠組みである．

## §3 リサーチ・メソッド

情報技術の進展は，企業情報システムを単なる業務データの処理を担う機能から，経営戦略を支える企業の最も重要な構成要素の1つへと役割を変化させてきた．また，インターネットの発展による電子商取引の進展は，ビジネス・プロセスを変革し，企業組織構造をも変化させるにいたっている．企業情報システムは，初期においてバッチ処理環境による職能別・部門別に開発された業務処理システムの集合体としてスタートしたが，昨今ではC/S，データベース技術，ネットワーク技術などの発展により，ERP[7]に代表される経営資源の効率化を指向した企業内統合のリアルタイム・システムへと移行してきている．さらに情報技術の先端的企業では，企業の枠を越えた企業間統合，あるいはインターネットを利用した顧客も含むコラボレーティブ・ビジネスに対応した企業情報システムの構築に重点が移りつつあるといえよう．

### 3.1 調査研究の目的

本調査研究では，最初に企業情報システムの現状とそれを支えるハードウェア，ソフトウェア，ネットワーク等の情報技術がどのステージに所属するかという基本的な分析視点を確立する必要がある．これによって，各企業における情報システムの発展方向が予測可能となる．次にSCMやCRM[8]等の要求に対応する業務間，企業間，グループ間における情報統合化の流れがインターネットと結合して企業情報システムの構成・形態・構造に与える影響を明らかにする．

企業情報システムは経営戦略，組織，プロセスの変化により影響される．さ

---

[7] Enterprise Resource Planning
[8] Customer Relationship Management

らに外部環境要因として情報システム技術変化，取引形態の変化等の要因も企業情報システム構造や運用に影響する．企業組織を構成する要素としての組織，プロセス，情報システムに経営戦略がどのような影響を与え，どのような構造的要因が情報システムの構造変化を引き起こすトリガーとなったのか，さらに企業情報システムの構造変化が先述した企業組織全体の戦略的コスト・マネジメントにどのような効果をもたらすのかを考察するのが本調査研究の目的である．

従来の情報システムとコスト・マネジメント研究の中で，ビジネス・プロセスのコストと情報システムのコストとの関係および情報システムのコスト・マネジメントに関する個別的な研究は散見される．本研究では，企業情報システムのコストとビジネス・プロセスのコストを規定するものとして組織設計に基礎をおく組織コストにも焦点を当てる．この組織コストをくわえた3つのコスト領域，すなわち企業の情報，活動機能，構造に対応したコスト領域の視点から企業組織全体への戦略的コスト・マネジメントへのインパクトが明らかになると考えられる．

すべての企業において技術的・機能的な最新の情報システムが運用されているわけではなく，各企業の状況によって環境に適合した多様な企業情報システムが運用されているのが現状であろう．採用されている情報技術水準における企業情報システムの構造変化の程度と組織，プロセスに与える影響の因果関係が明確になれば，その影響の測定尺度による効果測定が可能となる．

本調査研究は，情報技術水準の視点による企業情報システムの現状を分析した研究および活動基準原価管理，供給連鎖管理，顧客管理等と企業情報システムとの関係を個別に取り扱った研究の成果を，組織，プロセスを含めた戦略的コスト・マネジメントの視点から統合する試みと位置づけられる．このような目的で，企業情報システムの構造変化とこれによる戦略的コスト・マネジメントの実態を以下に述べる方法で調査を実施した．

## 3.2 調査研究の方法

わが国における企業情報システムの構造変化とこれが戦略的コスト・マネジメントに与えてきた影響の程度と方向性を研究するために調査研究を4段階に分解して実施した．

### 3.2.1 予備研究・調査

予備研究・調査は最初に企業情報システムの構造変化をどのような視点から把握し，情報システムの構造変化をどのような属性から定義するかについての共通理解を深めることから開始された．

具体的には企業情報システムの構造変化をまず歴史的な情報化技術の変遷の視点から把握した．情報化技術として EDP システムの構築による業務処理システム，汎用大型コンピュータの導入による集中型基幹業務処理システム，半導体の高性能化に伴うコンピュータのダウンサイジング化と PC の普及，インターネットの登場とネットワーク化・オープン化の進行が，情報技術の変遷とこれに対応する時代区分の主要な属性と考えられる．

このような情報化技術の変遷を基礎に，次に日本企業における情報システムの構造変化をどの視点から捉えるかが問題となる．情報システム先端企業の社史，予備的な文献調査やインタビューの知見を踏まえ，1990年代後半から2000年前後のいわゆる2000年問題が発生した時期に，情報システムのパラダイム・シフトとも呼ばれる構造変化が認められるとの仮説が設定された．

情報化技術の変遷と情報システムのパラダイム・シフトに関する具体的な内容とこれによって影響される研究成果についてのアウトプット・イメージを調整し統一するための追加的な文献調査・インタビューが本格的な調査研究の展開に先立って実施された．この段階で，諸資料・文献・インタビュー資料の調査結果から情報システムの構造変化についての見解を取りまとめ，これを中心に実態調査への応用，調査領域，調査深度などの検討を行った．

これによって，企業情報システムの構造変化の現状についての共通理解が形成され，これを基礎に情報コスト領域，組織コスト領域，プロセス・コスト領域に影響を及ぼす企業情報システムのパラダイム・シフトの仮説や企業情報シ

ステムの将来の方向性が検討され，予見することが可能となる．

### 3.2.2 パイロット・スタディと調査仮説の確認

第2段階調査のパイロット・スタディと調査仮説の確認段階では，第1段階で予備的に調査・研究した企業情報システム構造の変化が具体的にどのような項目から判断され，その判断結果が仮説と一致するかについて試験的な実態調査が実施された．調査方法は企業における情報システムの専門家であるCIO，情報システム部長等を中心に集中的なインタビュー調査を実施した．

インタビュー調査に当たって，その具体的な調査項目を作成するために，事前に数社の企業から調査の方向性，調査項目が企業情報システムに現実的に適合したものであるかを確認する事前調整が必要とされた．パイロット調査対象産業は原材料・部品の調達，製造，販売，物流等の一連のビジネス・プロセスを持つ製造業とし，企業規模としては中規模で，情報システムの全体的俯瞰が容易でかつビジネス・プロセスとの関連性がわかりやすい企業を採択する必要があった．そのため，平成14年に高千穂大学が実施した実態調査（河合久・櫻井康弘 [2002], p. 320.）で回答された202社の中から，上記の条件に適合するパイロット調査対象企業としてG社を選択した．

G社を対象に具体的な調査項目として，企業の情報化戦略，情報システムのハードウェア／ソフトウェア，情報システム部門の機能，情報システム・コストの管理，経営環境変化に対応する情報システムの構造変化等の項目があげられた．G社でのインタビュー調査の結果は全員で検討され，予備的調査段階で作成され調査計画と調査成果を照合し，それまでの調査仮説を確認ないし修正した．さらに調査項目の妥当性と調査仮説をクロス・チェックするために全労済情報センターにG社と同様な調査項目を設定してインタビューを実施した．全労済は消費者生活協同組合法に基づき，共済事業を営む生活協同組合の連合会で，非営利目的で運営されている．全労済の事業運営と発展を情報システムの面から担っているのが全労済情報センターである．今回の実態調査は原則として製造業の情報システムに限定して進めてゆく方針であったが，調査項目の予期せぬ欠落を回避するために，あえて非営利法人でサービス業の属性

をもつ全労済情報センターの情報システムを取り上げて調査した．この調査の後，サービス産業と製造業における企業情報システムの相違を明確にして調査項目の最終確認を行い，インタビュー時間や情報公開等の制約から，図表1-6に示すインタビュー・ミニュッツを作成して，次のインデプス・インタビューによる実態調査に備えた．

### 3.2.3　インデプス・インタビューによる実態調査

　企業情報システムに関するインデプス・インタビューがこの調査研究の根幹をなす実態調査である．実態調査の選択肢として，東証上場企業約1,500社を対象とするアンケート調査方式も考えられたが，以下の2つの理由からインデプス・インタビューを中心とした実態調査を行った．第1は図表1-6に示す項目は情報システム戦略から情報システム部門の管理方針まで広範囲にわたっており，単なる情報システム部門の専門家だけでは正確な回答が得られず，アンケート送付先が同一企業にでも数部門に及ぶ可能性があること，第2に各項目に対する回答が回答者の資質により信頼性のばらつきが大きくなる可能性もあること等の理由である．

　インデプス・インタビューの対象産業はG社を選択したと同様な理由から製造業とした．製造業から選択された企業は，基本的に平成14年に高千穂大学で実施された実態調査に回答を寄せた企業で，以下に述べる属性を持つ企業から選択された．

① 実態調査の趣旨から考慮して，対象企業は東証1部上場企業とする．情報システム部門が組織化され，基幹業務に情報システムが利用されている企業を調査対象企業とした．

② 調査対象企業を顧客に近いビジネスを展開している消費財産業に属する企業，中間財である材料・部品等を製造する中間財産業に属する企業，最終消費財と中間財双方を生産する企業を選択した．情報システム構造や情報システム戦略における業種別特性等の比較検討を試みるためである．

③ 情報システムのパラダイム・シフトにともない，統合化システムとしてERPを基幹システムとして運用している企業，自前の情報システムを運

図表1-6　情報システム研究に関するインタビュー・ミニュッツ

1. 企業の情報化戦略
   - 企業組織の構造（事業部制，マトリックス組織，カンパニー制等）
   - CIOの設置・機能
   - 経営戦略における情報システム戦略の存在
   - 中長期情報システム戦略の内容（技術，教育訓練，提携等）
   - 全社予算における情報システム予算の割合
2. 情報システムのハードウェア／ソフトウェア
   - 情報システムの導入年，OSの種類
   - 導入時の機器構成，ネットワーク構成，OS（組織図と関連づけて）
   - 現状の機器構成，ネットワーク構成，OS（分社，子会社，関連会社を含めて）
   - 情報システムの利用状況（全社的，事業部単位，機能単位，存在しない，その他）
3. 情報システム部門の機能
   (1) 全社的な位置づけ―組織図
       情報システム子会社も含む
   (2) 情報システム部門の機能
       機能―情報システムの全社的戦略策定
           システム開発，システム運用，システム保守，システム管理
   (3) システム開発のプロセス
       - 全社戦略的情報システム開発
       - 日常業務処理システムの改良・改善
       - H/S，ネットワークの開発等
   (4) 情報システムのアウトソーシング
       - バリューチェーンとの比較
       - 企業グループ経営と情報システム・ネットワーク
       - アウトソーシングの決定要因の検討
4. 情報システム・コストの管理
   (1) 情報システム投資評価

- 企業規模と情報化戦略
- 情報システム投資評価方法
- 情報システム投資に対するトップ・マネジメントの意思決定要因
(2) チャージバック・システムについて
- 算出方法（市価，全部原価，部分原価，振替原価，その他）
- 算出基準（CPU，アクセス時間，ELAPS時間，複合，その他）
- 現状の問題点
- 運用主体
(3) 情報システムの教育訓練コスト
- 利用部門
- 開発，運用，実施部門
(4) 新しい情報システム・コストの管理
- ABC／ABM

5. 経営環境変化に対応する情報システムの構造変化
(1) 情報システム統合化とERP
(2) CRMとサプライチェーン
(3) インターネットの活用
   活用範囲
   - グループウェア（全国的，全世界的自社情報の集約）
   - マーケティング手段（製品，サービスのPR）
   - 販売手段（e-commerce）
   - 会社の業務開示手段
   基幹系システムとの連動性
   - セキュリティの問題

用している企業を選択した．ERP導入の問題点及び特徴についての比較検討を試みるためである．

④ 情報システム機能を子会社として社外にスピンアウトさせた企業と社内に保持する企業とに分類し，情報システム戦略や情報システムのオペレーション，コスト・マネジメント等の相違が明確になる企業選択を試みた．

⑤ インターネットの活用と企業ポータルを情報システム戦略に取り入れている企業を一部選択した．

上記の結果，全労済情報センターとは別にパイロット・スタディを実施したG社とを含め，インデプス・インタビューの対象企業は，50音順に並べると味の素株式会社，花王株式会社，麒麟麦酒株式会社，日本発条株式会社，富士通株式会社，古河電気工業株式会社，森永乳業株式会社，株式会社安川電機，株式会社山武等である．インタビュー対象会社はA社，B社，C社，D社，E社，F社，G社，H社，I社として本書では仮名で表記されている．

これらの選択企業を中心に，企業情報システムの構造的変化が日本企業のコスト・マネジメントの各領域に対してどのような変化を与えてきているかを具体的に調査研究した結果，この傾向が日本固有の特性なのか，一般的に適用できる要因となりうるかについての吟味が必要であるとの結論に達した．このため，図表1-6の質問項目について外国電気機械メーカーY社，韓国自動車メーカーX社，X社グループの情報システムを制御するZデータ・システム社にもインデプス・インタビューを実施した．これによって，戦略的コスト・マネジメントのあり方に対し，企業情報システムの構造変化がどのようなインパクトを与えてきているかに関する一般的な方向性を分析していくことが可能となった．

# §4　本書の構成と結論

企業情報システムの構造変化は組織構造に変化をもたらす．コスト・マネジメントの立場から考察すると，この変化により情報システムのコスト，プロセスのコストが影響を受けるとともに，組織デザイン自体も大きく変貌する．この組織デザインは将来の組織運営のコストを規定し，情報システム・コストやプロセス・コストのマネジメントに構造的な要因となって影響する．

本書では，企業情報システムの構造変化が戦略的コスト・マネジメントへ及ぼす影響を下記に示す章構成から検討しており，各章における狙いと要約を示

す.

## 4.1 第1章「企業情報システムの基本構造」要約

　第1章の狙いは，本書全体のコア概念となる企業情報システムの基本構造を情報化技術や市場環境条件の変化と経営戦略との関連性の視点から明らかにし，その上で戦略的コスト・マネジメントに影響する資源要因を考察することにある．情報技術化の発展と流動的な企業環境の下で，ネットワーク化やオープン化等の高度な情報インフラストラクチャーを基礎とした企業情報システムは，MIS機能と，情報照会や分析能力を供給するMSS機能から構成されるハイブリッドな情報システムである．戦略的情報システムの概念は現代の企業情報システムの中に第4の経営資源として位置づけられている．

　第1節では，不確実な環境に適応するための経営戦略を媒介にした企業情報システムの環境適応メカニズムを検討した．経営戦略と組織効率性をもたらす情報システム設計について，経営戦略と情報システムの相互作用による環境への働きかけ，情報システムへのMIS・MSS機能の組み込み，組織の環境への適合プロセスに対する支援等の環境適応的な企業情報システム構築の視点を論じた．

　第2節では戦略的コスト・マネジメントの枠組みを規定した．具体的には資源ベース理論に基づく企業組織の構成要素として経営戦略，組織，ビジネス・プロセス，情報システムの4要素を選択した．経営戦略と各構成要素の結合形態により，それぞれ組織構造，ビジネス・プロセス構造，情報システム組織構造が規定され，各構造に資源が割り当てられる．事業経営は各構造に配分された資源が費消され，結果として組織コスト，プロセス・コスト，情報システム・コスト（ITコスト）が発生するが，その根本は経営戦略により影響を受ける．情報システムの視点から経営戦略，組織，プロセスとの相互関係を把握し，組織コスト，プロセス・コスト，ITコスト3者のコスト・マネジメントを検討することが戦略的コスト・マネジメントの枠組みである．

　第3節では，戦略的コスト・マネジメントへのインパクトを明らかにするた

めに以下の2つの理由からインデプス・インタビューを中心とした実態調査を行った．第1に，調査項目は情報システム戦略から情報システム部門の管理方針まで広範囲にわたっており，単なる情報システム部門の専門家だけでは正確な回答が得られず，アンケート送付先が同一企業にでも数部門に及ぶ可能性があること，第2に各項目に対する回答が回答者の資質により信頼性のばらつきが大きくなる可能性もあること等の理由である．これにより国外を含めた12社が実態調査の対象となった．

**4.2 第2章「情報化技術の変遷と企業情報システムの構造変化」要約**

　第2章の狙いは，本研究の出発点である「情報化技術の変遷と企業情報システムの構造変化」が日本においてどのように具体的に展開してきたかを明らかにするところにある．これまで日本においても，企業情報システムの構造変化について数多くの論述が存在するが，欧米の変化に追従する概念的な叙述に止まり，必ずしも日本における企業情報システムの構造変化の実態が反映されていないのではないかとの危惧があった．このような危惧を払拭し，企業情報システムの具体的な構造変化の実態を捉握するために，情報システム化に主導的・先駆的であった企業数社の社史資料等を渉猟し，これらを詳細に検討し，情報化技術の変遷と企業情報システムの構造変化に関連する具体的な事象を抽出することによって，日本における企業情報システムの構造変化の具体的姿，移行プロセスを描出することにしたのである．この章だけ読んでも，日本における情報化技術の変遷と情報システムの構造変化が具体的事例とともに要約されており，両者の史的展開が一望できるであろう．もう1つの狙いは，この第2章の記述に当たり，「情報システムの統合化」のあり方に焦点を当てたことである．情報システムはこれまで，常に「統合化」を目指し，情報システム進化の動因と考えられてきた．初期のコンピュータ時代も，オンライン・リアルタイムを完成させたメインフレームの時代でもこれは共通した認識であり，ネットワーク・コンピューティングの現在も同様である．しかし，その「統合化」の概念は大きく変化している．その具体的・現実的な変化の態様こそ，ま

さに「情報システムの構造変化」そのものと考えられるのである．

　第1節では情報化技術の変遷が取り上げられる．第1段階はコンピュータ・システムの利用は事務機械化が目的であり，これに沿ったEDPシステムが構築された．第2段階は汎用大型コンピュータの導入による集中型基幹業務処理システムが中心となる．1960年代前半の第2世代コンピュータから後半期の第3世代コンピュータ（IBM360）に移行するにつれ，データ入力システムが改善され，60から70年代にかけてはオンライン・リアルタイム方式が開始され，展開されてきた．80年代初頭にはIBM-PCがビジネス機として認知され，ワーク・ステーション，PCによるコンピュータのダウンサイジング化が急速に進展した．90年代にかけてユーザ・インターフェースの変革と漢字の利用解放が行なわれたが，これによって日本における分散処理システムは円滑に企業間に浸透し，次のインターネットの登場と情報システムのパラダイム・シフトの礎を築いたのである．

　第2節では企業情報システムの構造変化が取り上げられる．前節の情報技術の変遷と対応して，基幹業務処理システムの確立に始まり，90年代のパラダイム・シフトはC/SやEDI[9]に触発され，オープン化やネットワーク化が急激に進行した．ERPに代表される統合化システムは「統合化」を企業内部から企業の外縁部にまで拡張し，企業ポータルが発展している．このようなパラダイム・シフトのインパクトはアマゾンやデル等のニュー・ビジネス・モデルを誕生させ，業務プロセスのリエンジニアリングに大きく影響する．「統合化」概念はさらに情報システム間の関係が緩やかで弾力的な「協働」にまで発展していく．

　1990年代を境として企業情報システムはその体質を一変させている．この変革をタプスコット等にならって，「パラダイム・シフト」と呼び，今回の研究全体の主軸に位置づけた．

---

9) Electronic Data Interchange

**4.3 第3章「ビジネス・プロセスの革新と情報システムの役割」要約**

　第3章の狙いは，ビジネス・プロセスの革新が企業情報システムへ及ぼす影響と情報技術や情報システムの革新がビジネス・プロセスへ与える影響の2つの側面を明らかにすることである．

　市場構造が多品種少量製品の消費優位へとシフトするにつれ，企業はこれに対応した製品とサービスを確実に提供できることが要求されている．顧客嗜好の多様化や個別化への対応とは，適正なコスト，高い品質，充実したサービス，および迅速な対応といった点に具現される顧客満足の向上をはかることである．

　第1の狙いは，サプライヤーから原材料を購入して最終的に製品を顧客へ引き渡すまでのビジネス・プロセスを革新する必要があり，あらゆる業務活動やビジネス・プロセス全体の流れをコスト，品質，サービス，スピードの視点から見直し，情報システムによって効率化することが求められる．

　一方，近年の情報技術の進展は，ビジネス・プロセスを変革し，企業活動自体を変化させ部門間，企業間，企業顧客間におけるビジネスの統合化を加速させている．これが第2の狙いである．

　第1節では，企業経営とビジネス・プロセス・リエンジニアリングの革新の視点を明らかにした上で，業務プロセス改善による各業務活動の効率化とこれによってもたらされるコスト削減効果を論じている．さらにパラダイム・シフトとビジネス・プロセスの関係から，情報システムの役割が部門間の統合化から企業間の統合化へと発展するにつれ，ビジネス・プロセスも企業内から企業間へとオープン化する．

　第2節では，部門間の統合化はインターネットやC/Sなどの情報技術やERPパッケージの導入にもとづいて，部門間の情報システムを統合して部門横断的な情報共有と迅速な情報提供によってビジネス・プロセスの効率化が可能であるとしている．

　第3節では，企業間の統合化は近年のインターネットを象徴とする情報技術の高性能化や低廉化を背景として，サプライチェーン・マネジメントに代表されるような企業情報システムが企業個別システムから企業間コンピューティン

グへとオープン化され，取引関係や協力関係にある他企業を包含し広範囲化した企業間ビジネス・プロセスの効率化が実現可能となる．具体的にはインターネットを活用した電子商取引は，今後ますます企業間，企業顧客間において，特定の相手との取引から不特定な相手との取引に活用され，これに対応したビジネス・モデルが構築されることとなる．

## 4.4 第4章「企業情報システムの構造変化とその組織への影響」要約

第4章の狙いは，企業情報システムの構造変化が組織にどのような影響を与えるかの観点から具体的に，企業情報システムがナレッジを中心とする組織能力を形成する要因になる点，また，組織文化を変革させる要因になる点に注目し，経営パースペクティブの変化，組織能力形成要因，組織文化変革要因を対象に検討し，最終的に情報システムの組織有効性の評価視点を考察することである．

第1節では，ホスト中心アーキテクチャーからC/Sアーキテクチャーへの技術シフトは，近年の急進的な変化の中にあるビジネスを効果的に支援するIT環境をもたらしたことが指摘されている．これにより，組織は職能や事業単位の弾力的な協働関係が成立するネットワーク型組織へと変容し，非公式的情報も含む多様な情報が組織メンバーに広く共有され，競争優位の戦略または創発的戦略に沿って環境に柔軟に対応するためのマネジメントを展開することが可能になった．

第2節では，ネットワーク型組織（フラット型組織）への変革によって情報が組織メンバーに共有されエンパワーメントが広範囲に展開されるようになって，組織は新たな課題に直面したことがあげられている．1つは，情報をナレッジと認識してこれを組織的に展開する手段を講じることである．もう1つは，競争優位を獲得するために情報システムと情報活用方法を変更しようとすると，場合によっては，従前の組織文化を変革する必要に迫られることである．

ナレッジを経営活動に欠かせない資源の1つと捉えると，これを有効活用するには個人能力と組織能力を融合しうる組織デザインが必要になる．技術的に

は，組織のビジネス・プロセスを軸にするだけでなく，情報システムのユーザ個人やコミュニティーを軸にしたシステム統合を目指す最近の ERP と，最近の企業情報ポータル（EIP[10]）の連携が効果的である．EIP の先進的活用は例えばD社や外国電気機械メーカーY社に学ぶことができる．ERP と EIP の連携は，基幹業務システムである ERP をベースとして，プロセス（機能），情報（ナレッジ）およびコミュニティー（組織）の有機的関係を築く組織デザインによるシナジーを向上させる可能性が高い．

第3節では，近年の高い水準の IT を経営に活用しようとすると，従前の業務プロセスや情報活用体制の抜本的な変革が必要となると指摘されている．近年，例えばA社のように，強いリーダーシップのもとで新規情報システムの導入の検討段階で組織文化の改革を同時に進める企業が現れている．高い水準の IT 活用を情報共有やエンパワーメントを展開する過程で効果的にするには，組織の文化上の要素とナレッジ・マネジメントとがどのような関係にあるのかを模索することの意義は大きいだろう．

第4節では，近年の企業情報システムのパラダイム・シフトは，コストや投資のような財務的評価に加えて，組織能力を向上させるための組織デザインや組織文化の変革に対して IT がいかなる効果を及ぼしているか，という組織機能全体の視点から情報システムの有効性を評価する必要を示唆している．この章は，その有効性評価に取り込まれるファクターをいくつかの先行研究をとおして解明していく意図がある．

## 4.5 第5章「企業の情報化戦略と情報システム部門の機能変化」要約

情報技術の進展にともない，企業情報システムは適用範囲，情報内容，そして情報提供領域を拡張してきており，企業の経営戦略実現における情報システムの重要性はますます高まってきている．どのような目的をもって企業情報システムを構築するのか，具体的に企業の中で情報システムにどのような機能が期待され，実現してきたかによって，当然，情報システム部門（以下，IS 部

---

10) Enterprise Information Portal

門)の果たす役割,機能も変化してきている.

　第5章の狙いは,上記のような問題意識からIS部門の機能の多様化の実態,これに伴うIS部門の組織形態の変化,さらにIS部門の戦略化の傾向とCIO[11]の役割を明らかにすることである.

　第1節では,企業に情報システムが導入され始めた1950年代後半から現在にいたるまでの企業情報システムの特徴を概観し,公表された調査結果をも参照しながら,情報技術の適用領域が拡大したこと,それにともなってIS部門の機能が,データ処理機能から情報システムの統合化を中心とする情報資源の効率的な活用を志向した情報資源管理機能へ,そして経営戦略の実現をIT利用の側面から支援するという戦略支援機能へと変化してきたことが明らかにされる.

　第2節では,IS部門の組織形態が「分散型」「集権型」「連邦型」の3つに分類されることを前提として,各企業はそれぞれの組織形態のデメリットに応じた内容を組織上の課題として認識している現状が示される.1990年代以降のITのパラダイム・シフトを契機として,ITの戦略活用,IS部門の戦略支援機能を重視した「連邦型」への移行傾向を示しており,戦略支援機能,情報戦略企画機能を独立させ,IS部門を経営企画部門として設置するケースが最近になって顕在化したことが論じられる.

　第3節では,SCM,CRMなどITを戦略的に活用することが企業存亡の重要課題となっている現在,これからのIS部門に求められる戦略支援機能とはいかなるものかが論じられ,IS部門の機能実現にとってCIOの役割が重要となるものの,現実にはCIOの設置状況,役割は多様となっている現状が示される.そして,IS部門の主要機能が戦略支援に,そして組織形態が「連邦型」に移行しつつあるものの,現時点においては,各企業のIS部門に求められる中心的機能およびITの利活用のステージを軸として,CIOの設置の有無およびその役割,ITガバナンスの確立の程度,社外パートナーの利用の程度などの複数の要因によって,あるべきIS部門の組織形態を求めて「集権型」と

---

11) Chief Information Officer

「分散型」との間を模索しているのが IS 部門の現状であるとの主張が展開される．

## 4.6 第6章「情報システムの有効性とコスト・マネジメント」要約

情報システムの発展段階は Nolan によれば初期の汎用大型計算機を中心とした導入期から現在はオープン化，ネットワーク化を基礎にした統合期，成熟期にさしかかっていると考えられる．対象とする企業情報システムの時間的・空間的広がりとともに情報化投資も巨大になり，その有効性と投資効果，さらに情報システム・コスト管理が重要となってくる．従来のレガシー・システムでは第5章に述べられたように IS 部門が情報化投資や情報システム・コスト管理の権限と責任を集中して担ってきた．しかし，企業情報システムがオープン化，ネットワーク化することはコストの発生原因と結果の因果関係の捕捉を困難にし，適切な原価管理の実施が容易ではなくなっている．この意味で情報システム・コスト管理は源流である情報化投資のマネジメントの重要性に依存し，アウトソーシング等のソーシング戦略の活用がビジネス・プロセス全体の情報システム・コスト管理に影響することが認識されてきた．このような背景から第6章の狙いは，情報システム・コストのマネジメント手法とその実態を考察し，これをもたらす情報化投資とその有効性の評価について検討することである．加えて1990年代以降の情報システムのパラダイム・シフトに抜本的な情報システム資源管理として登場したアウトソーシング手法とその効果について戦略的原価管理の観点から検討する．

第1節では，Nolan のステージ理論を基礎に情報システムの構造変化とコスト・マネジメントの変遷を時代区分に従って検討した．調査企業の実態から考察しても，情報システムの段階は企業情報システムの経営戦略支援目的が明示され，業務の統合化，データ資源の戦略的管理が進展している段階であろう．一方，情報システムのステージが高位になることと情報システム・コスト管理手法の精緻化は必ずしも相関関係がある訳ではない．各社における企業情報システムの戦略的位置づけ，情報システム・コストの多寡等の要因が作用し，単

純にステージの高さと精密な情報システム・コスト管理は対応するとはいい難い．情報システム・コスト管理の方法を単なる情報技術の変化だけでなく，組織の管理方法の変遷，情報システム部門の機能変化とあわせて捉える必要がある．

第2節では情報システム・コストのマネジメント手法について検討する．情報システム・コストに対する管理手法として，一般管理費としての予算管理手法，チャージバック・システムによる管理手法とその実態が検討される．現状でも情報システム・コストを一般管理費で処理，または原価配賦法により利用部門に原価配賦をおこなう企業が多く，チャージバック・システムは情報子会社をつうじて課金請求に使用されるケースが多い．さらに課金や原価配賦の算定基準に最近では ABC[12] が使用されるケースもある．

第3節では，情報化投資に対する企業情報システムの有効性評価を検討する．情報システム活動の価値連鎖の視点から，情報システム活動のどのプロセスに価値が創造されるかを測定し，情報化投資との比較衡量からその有効性を評価する．パラダイム・シフト後のネットワーク環境下で，情報システム投資評価も多様化するため，情報化投資分類とこれに対応した情報化投資の有効性評価指標を考察する．

第4節では，ネットワーク環境整備等の特定の業務システムに依存しない全社的な情報伝達・処理・蓄積に寄与する情報基盤設備投資が，企業の持続可能な競争優位性の確保と維持に必須の重要な資源であるとの認識が深まっている．一方，情報基盤投資によって構築された情報システムを各事業部が使用して受益を受ける場合の課金算定については，情報システムのパラダイム・シフト後は合理的な算定が難しい．従来のような情報システム活動全般のアウトソーシングよりもむしろ選択された情報システム機能のアウトソーシングとインソーシングの適切な組み合わせによる多面的なマルチ・ソーシング戦略が，源流段階での情報システム設計に求められている．

---

12) Activity Based Costing

**4.7 第7章「エンタープライズ・システム構築に向けての情報化戦略」要約**

　企業における既存の情報システムを環境変化によく適合する情報システムにシフトさせるために，情報システムの計画，設計，構築，運用管理をどのように進めていけばよいのだろうか．業界特性，企業規模，当該企業の IT 化の歴史やその取り組みの相違により，理想とする情報システムは一様ではない．企業内の既存の情報システムの統合化が喫緊の課題である状態の企業もあれば，既存の情報システムに制約されることなく，抜本的改革を模索している企業など様々である．先見的な企業は，インターネットという新たなビジネス・チャンスという舞台の上で，電子的なリンクを介して取引先，提携先，顧客間におけるあらたな協働のコンセプトを模索し始めている．

　このような背景から，本章の狙いは，将来の情報システムのあるべき姿としての EA[13] がどのような可能性と問題点を有しているのかを以下の点について検討することである．① インターネット環境を前提に，どうすればビジネス・プロセスを柔軟な e プロセスとして展開できるのか，② この e プロセスを可視化するうえでこれまでの概念モデルはどのように機能しうるのか，③ 企業の視点にたった全体最適化や継続的・組織的な取り組みのためのフレームワークとして EA が，この e プロセスを環境適応的な柔軟な情報ステムとして機能させるカギとなるのか等である．

　第1節では，ビジネス・プロセスは e プロセスとして把握され，来るべき e プロセスの特性が論じられている．すなわち1社あるいは1グループ単位で自己完結的で直線的な「チェーン型プロセス」から，電子的なリンクが設定された補完・仲介企業のケイパビリティ（capability）を活用しながら活動が展開される「ハブ型プロセス」へと変化する可能性がある．このためにはプロセス構築のためのソーシング戦略やビジネス・ルールの定式化が必要である．ソーシング戦略によって自社と他社の能力を組み合わせて展開される e プロセスを支える技術的な基盤は，取引処理システム中心の「下部構造」，Web サイトである「基幹構造」，顧客との関係性を強化する「上部構造」の3階層から成

---

[13] Enterprise Architecture

立する.

　第2節では，上記 EA の3構造モデルについて概念データ・モデルによるモデル化，モデル化の対象範囲，このモデルの課題を検討している．概念データ・モデルは，企業の視点からの全体的なプロセスをモデル化，可視化することが可能となる．これにより，ビジネス・ルールの洗い出しや戦略的視点から取引先企業との新たな連携の可能性を検討する際の判断材料を入手できるのである．

　第3節では，長期的視点に立った全体最適，継続的・組織的な取り組みとして情報システム化の問題を考慮するフレームワークとして EA を考察する．このようなフレームワークなしには，外部環境変化に適合し，柔軟なシステム組み換えを可能とする情報システム化が効率的には進まない．EA のフレームワークは，「データ（What）」，「機能（How）」，「場所（Where）」，「時間（When）」，「動機（Why）」という4W1Hの観点による列と，システムに関与する人の視点（view）による行として，計画立案者（planner），所有者（owner），設計者（designer），構築者（builder），下請け（subcontractor），実働エンタープライズ（functioning enterprise）から構成されている．これらの行と列が交差する30個の各セルが情報システム・アーキテクチャーに必要となる記述モデルあるいは EA のビルディング・ブロックを構成する．まとめとして EA 活動の出発点と将来 EA プロセス実現に向けての方向性が示される．

## 4.8　第8章「情報システムの構造変化と戦略的コスト・マネジメント」要約

　企業情報システムの構造変化は単なる業務費用削減の手段ではなく，経営戦略を支援する重要な武器であり，ワイズマンが指摘する SIS[14] の概念が IT のハード／ソフト両面での技術変化の発展とともにビジネスに定着してきたと考えられる．このような企業情報システムに関する概念変化は当然に企業情報システムの構造変化に直接・迅速に影響を与える．高度情報化社会の中でビジネスを展開する企業にとって，企業情報システムの構造変化は企業組織構造の

---

14)　Strategic Information System

再設計による変化とビジネス・プロセスの変化に波及する．このようなビジネス環境変化とこれにコンティンジェントに相応する企業情報システムは，いっそうのインフラストラクチャー投資とその結果である情報システム・コストの飛躍的な増加をもたらす．CIO にとってその適正な管理と投資効果評価が重要な IT 戦略決定要因であると認識されてきた．

第1節ではこのような企業情報システムの構造変化を中心に，これがプロセス・コスト，組織コスト，情報システム・コストにどのような変化を及ぼすかについてビジネス・コスト，コーポレート・コスト，エンタプライズ・コストの観点から概括的に検討する．

第1段階は企業情報システムの構造変化は事業部におけるプロセス変化やこれに伴う組織設計と情報システム・コスト変化をもたらした．いわば，MIS の時代である．第2段階は各ビジネス・プロセスが経営戦略や統合的な情報システムによって全社的な統一が図られ，価値連鎖や供給連鎖の概念が企業全体を一貫してマネージする段階である．これには ERP が非常に効果的であり，戦略策定と業務管理の双方から統合化が進み，結果としてコーポレート全体のコスト構造が大きく変化した．これが ERP 主導の時代である．第3段階は各企業間の連携や提携などの緩い結合（ルースカプリング）により，企業グループ全体として CRM，SRM，EIP 等の情報システムがエンタプライズ・レベルでのコスト構造に大きく影響している．これが将来実現すると考えられる EA である．

第2節ではプロセス・コストの変化としてグローバル化，基幹業務と情報系業務の統合化，企業間提携モデルへの企業情報システムの拡張・応用，SCM や電子商取引に基づくプロセス変化とコスト構造への影響が記述される．

第3節では組織コストの変化として，プロセス構造変化が組織設計に影響を与え，マネジメント・コントロールの変化，組織構造や人事構造の変化，情報システム組織構造の変化によるコスト構造の影響について記述される．

第4節では企業情報システムそのもののコスト構造の変化を検討する．業務システムの統合化，部分最適から全体最適等の環境変化に即した弾力的な企業

情報システムはその構造から，アウトソーシングとインソーシングなどの選択的ソーシングに迫られている．アウトソーシング，インソーシングを含めた企業情報システムの戦略化に対応したコスト・マネジメントの有効な手法は，源流段階（IT投資の企画段階）でのシステム運用を見通した原価企画機能を考察するべきであり，インタビュー企業も現実的にはこうした決定を暗黙の内に実施している．

# 第2章　情報化技術の変遷と
## 　　　　企業情報システムの構造変化

公認会計士　今　井　二　郎

## §1　情報化技術の変遷

**1.1　コンピュータの利用開始：EDP[1]システムの構築へ**

　敗戦によって決定的なダメージを受けた日本企業が立ち直りの過程でいち早く取り上げた課題の中に，先進国アメリカの事務処理システムを導入して事務を機械化し，効率的な経営組織を作り上げようというテーマがあった．このため，終戦後まもなく先進的な大企業の中では事務機械化研究の動きが出ていた．

　日本の企業においても，一部の大企業では大正期から統計業務等に事務機械を使用した経験を持っていたので（例えば，日本生命は1925年にパワーズ統計機を導入し，1932年にはIBMホレリス統計機に切替えをおこなっている），1947年には戦前からIBMのホレリス統計機を使用した経験をもった5社（日本生命，住友生命，日本陶器，塩野義製薬，武田薬品）が事務機械化の研究会を開催している（日本生命社史 [1992], p. 206.）．

　また，住友系の諸会社は1953年以降「住友事務機械研究会（SBM）」を組織して具体的な事務機械化・コンピュータ化を検討しており，1961年にはその成果を「事務と経営」（1961/4-6月号）に公表しているが，ここには，銀行がまずリーダーシップをとり，これに保険が続き，金属，化学，電工等のメーカーがこれに続いたことが記されている（蒲田久男 [1963], p. 53.）．

　日本の企業が事務手続と組織の改善を取り上げ，さらに機械化への道を進め

---

[1]　Electronic Data Processing

るための検討は，1950年前後には開始していたとみることができるであろう．この事務機械化の流れは，まず単能事務機の導入から始まり，会計機，PCS[2])へと進む過程で，電算機の紹介と研究が始まり，第1世代のコンピュータ導入にいたることとなる．そして，日本の企業における電算機導入の具体的な流れは1955年頃から始まっている．

① 国鉄の計画：1955年に事務機械化のための5カ年計画を作成しているが，その内容は下表（図表2-1）のとおりである（「事務と経営」1957/6）．

図表2-1　第1世代における国鉄の5カ年計画

| 1956～58年： | PCS 16台による準備期間 |
|---|---|
| 1959～60年： | IDP 大型機1組，中型機13組，配車用機6組，パンチ式計算機6組，テレタイプ289組 |

② この時期に EDP 化計画を立案した企業のケースとしては図表2-2の例があり，その具体的な状況については次節§2で紹介している．

図表2-2　第1世代における EDP 化計画のケース

| 小野田セメント： | 1956年に IBM-CPC を導入，1959年に IBM-650 に，さらに1962年には IBM7040 に交替． |
|---|---|
| 八幡製鉄所： | 1954年に PCS による統合的な機械化方針を作成，1961年に IBM7070 を導入． |
| 東京ガス： | 1956年に Univac-120 を導入し1960年に USSC に交替． |

③ コンピュータが日本に紹介され導入され始めた時期を「事務と経営」に掲載された広告をみると，IBM 社およびレミントン・ランド社の「事務と経営」誌への広告は1955年までは PCS を中心としたものであったが，この年から EDPS の広告に切り替えていることがわかる．また，同誌における IDP[3]) についての解説記事は1956年から始まっている．

この時代，すなわち1950年代後半に導入・稼動されたコンピュータは，真空

---

2) Punched Card System
3) Integrated Data Processing；当時は EDP と同義語として使用されていた

§1 情報化技術の変遷　37

管方式のワードマシンであったが，当時としては大変に高価な機械で，高度なコンピュータを導入していると意識されていたようである．日本で最も早くコンピュータを導入した会社の1つである小野田セメントの導入機種の内容を見てみると，1956年に IBM-CPC（Card Programmed Calculator）を導入したが，この機械は card programmed calculator でまだ stored program 方式ではなかった（IBM Archives）．その後，1958年上記の IBM-CPC を返却し IBM-650 を導入している．この機械は Programmed Automatic Calculator と呼ばれているが，この機械もまた，真空管方式の word machine であった（IBM Archives；小野田セメント社史［1981］, p. 571.）.

機械化には不慣れで標準化の進んでいない当時の企業の事務を，こうした機械で処理するということがいかに大変な努力を必要としたかは想像に余るものがあるであろう．

**1.2　汎用大型コンピュータの導入と集中型基幹業務処理システムの構築**

1.2.1　1960年代前半の状況：第2世代コンピュータ（word machine，トランジスタ使用）による本格的な電算機使用の体制に入る

1958年にはいると，IBM 社はオールトランジスタの7070を開発し，UNIVAC 社も USSC でこれに続いたが，日本においても日本電気が1959年に NEAC2203 を，遅れて富士通も1961年に Facom222 を開発した．日本の電算機化も大型汎用を目指した第2世代に入ってきており，この段階にいたって日

図表2-3　第2世代における大型汎用機導入状況

| | | |
|---|---|---|
| IBM7070 | 1961年： | 東海銀行，八幡製鉄所，日本鋼管　等 |
| | 1962年： | 日本生命 |
| | 1963年： | 小野田セメント（IBM7040） |
| UNIVAC USSC | 1960年： | 富士銀行，東京ガス，日本石油　等 |
| | 1961年： | 日本鉱業 |

なお，東海銀行はこの導入計画に際して比較検討をおこなった機種は次のとおりであったという（事務と経営［1961］）．
　NEAC2203, FACOM222, USSC, NCR304, IBM7070 および 1401

本の先進的な企業は一斉に，本格的なコンピュータ化を志すにいたった．（図表2-3参照）．

上記のように，日本企業のコンピュータ化は第1世代のコンピュータから始められているのであるが，第2世代のコンピュータ（IBM7070および1401，UNIVAC-USSC等）の時代に入って，初めて，大量事務処理の本格的なシステム構築が可能となってきた．日本企業の事務のコンピュータ化は，1960年代に入って一斉に開花し始めたのである．

### 1.2.2 1960年代後半の状況：第3世代コンピュータで全面的普及の時期に入る

1964年になるとIBMは第3世代のコンピュータ，すなわち集積回路を使用したバイト・マシンIBM S/360シリーズを開発した．これまでのコンピュータは，それぞれ事務計算用，科学計算用等の特定業務専用コンピュータとして作られているのが普通であったが，S/360は，ソフトウェアの入替えによってさまざまな業務に対応できる，現在のコンピュータに近いシステムとして開発されたのである．

1964年に発表されたIBM S/360は世界初の汎用コンピュータであって，事務計算用，科学計算用等の区別が不要で，ビジネス上の問題も科学上の問題も，あるいはそれらの組み合わせでも，同じ能率で処理できることになった．また，ユーザは，システムの一部として装備される豊富な周辺装置によって，そのアプリケーションの多機能性をさらに強化しただけでなく，通信機能も強化された．数百台の端末装置が同時にシステムと通信でき，その間コンピュータは受け持ちの基本ジョブの処理を続けることができるというこの能力は，オンライン・リアルタイム・システムを急速に普及させていくことになる．

IBM S/360に引き続いて，第3世代コンピュータとして開発された機種には，この時期にはUnivac1108（1965年），HITAC8000シリーズ（1965年），NEAC2200-500（1966年），FACOM230-60（1968年）等があり，ユーザの選択の幅も次第に広がっていった．こうして60年代後半には，日本産業界の先進的な企業は，第3世代コンピュータを活用したシステム化に本格的に取り組ん

§1 情報化技術の変遷　39

でいくことになった．第3世代コンピュータの開発初期（1966～1968年）における日本企業の導入の状況をみると，図表2-4のとおりである．

図表2-4　第3世代における大型汎用機導入状況

| 1966年： | 電源開発がIBM360-50を導入（日本第1号機）． |
|---|---|
| 1967年： | 三井銀行がIBM360-40を導入． |
| 1968年： | 富士銀行がUnivac1108を導入． |
| 1970年： | 東京ガスがIBM360-65を導入． |

なお，東京ガスは，この導入に当たり計画時点で比較検討した機種は次のとおりであったという（東京ガス百年史[1982], pp. 419-420.）．
FACOM230-60, UNIVAC-1108, IBM360-65

この時期に特徴的な動きをしているのは，日立製作所である．同社は，この機会にコンピュータを自社製品に交代させるとともに，システムの総合化・オンライン化を図っている．すなわち，日立製作所は1968年に自社製の大型電算機H-8000シリーズを使用した全社的な電算化による経営合理化活動，HIMICS[4]を展開したのである（日立本社社史[1985], pp. 168-169.；日立工場75年史[1985], p. 150.）．

1970～80年代は，汎用大型コンピュータを中心とした企業情報システムの完成期である．日本においてもこの時代には，ほとんどの大企業がコンピュータをベースとした情報システムを構築し，コンピュータなしのシステムは考えられない状況にまで進んでいった．しかし，これは，ハードの進化だけでなく，ソフトの領域でも次々と進んでいった革新が背景にあったためでもある．

例えば，1960年には企業情報システムの構築には欠くことのできないコンピュータ言語COBOLが開発された後，1972年には日本版のJIS・COBOLが策定されている．また，1961年にMITで開発された時分割システムの理論はコンピュータの有効利用とオンライン・システムの基礎となっており，1963年にGEでは初めてのデータベースIDSを開発している．こうしたソフト領域での革新がいつ日本に届き，いつどのように実用化されてきたのかについては，必ずしも明確ではないが，日立製作所が，1970年に日立工場において自社

---

4) Hitachi Management Information & Control System

製造のコンピュータ H-8000 シリーズと自社開発のデータベース管理システム (IR/1) を使用して，ディスプレイ端末23台を使用したオンライン情報管理システムを構築し，これによって日科技連から第2回石川賞を受賞していること（日立工場75年史 [1985]) などをみると，これらの技術は日本においても比較的早くから移植され，成功してきたものと思われる．

1.2.3　入力データ収集システムの革新：オンライン・システムの開始と展開

高価なコンピュータを有効活用していくためには，大量データをどう一括処理するシステムとして組み上げるかということが重要な課題である．このため，EDP システムの構築に取り組んだ日本の企業では，比較的早くから全国データの収集システムの構築に取り掛かっている．

日本では，1950年代にテレタイプの導入が始まっているが，この導入はコンピュータへの入力データの収集システムが問題になる以前の課題として始まっているとみるべきであろう．テレックスおよびテレタイプの使用は，一般的な情報連絡についての最新の手段として導入されていったものであるが，その後，データ送信の重要な手段として認められて広く使われ，やがてオンライン・システムに地位を譲っていくことになる．

テレックスやテレタイプが，PCS やコンピュータへの投入データの収集システムとして利用されたのは，1950年代後半以降で，紙テープによるデータ送信・入力の基本機器と認識されていた．例えば住友電工においては，それまでの営業・工場の連絡のため郵送していた受注伝票を，1956年から穿孔テープで送信することにした．工場ではこの受信テープを利用して製作伝票のオリジナルを作り，これを用いて必要枚数の各種伝票を印刷したという．同社では1958年に NEAC2203 を導入し，これに穿孔テープのデータを入力することを計画している．ただ，1960年の段階ではまだ理想どおりには実現できなかったようで，何種類かのタイプライタの規格があわず苦労している旨の記述がある（村上昭三 [1960]，p. 19.)．

この全国データの収集による集中処理システム構築については，どの企業も強い希望を持ち，それなりのシステム構築を図っていた．特に全国的な規模の

事業をもつ先進的な大企業では，効率的なデータ伝送方式に対する要請が強く，第2世代のコンピュータの時代から，オンライン・システムへの志向を見せていたのであるが，この IBM S/360 クラスのメインフレーム出現によって全国オンライン化は一気に展開することとなったのである．下記①〜③のように，この全国オンライン・システムをいち早く構築した企業は，その計画を1957〜62年から始め，1960年代半ばには，早くも稼動を開始している．

① 1964年　国鉄：座席予約システム（日立 MARS101）

　このシステムは，1957年に計画が始まり，1960年に東京駅にて試作機のテストを開始し，1963年に本機納入，翌年にサービスを開始した．1日100列車3万座席の予約を扱うものとして設計されたわが国最初のリアルタイム情報処理システムである．全国83台の端末と接続された中央処理装置は HITAC3030 であった．

② 1964年7月　JAL：電子座席予約装置運用開始

　1962年11月にアメリカ航空業界の調査を開始し，1964年に稼動を開始した．JALの国内線座席予約システムは，NEAC 2230 2台を中心とし，端末59台を扱うシステムであった（山本敬 [1965], pp. 68-71.）.

③ 1965年5月　三井銀行：普通預金オンライン

　三井銀行では1960年頃よりオンライン方式の研究が始められ，1962年頃には普通預金にこの方式の導入を検討したという．1965年5月22日に本店営業部の普通預金の一部を対象としてスタートし，年内には都内10店舗が，1968年には首都圏全店に行き渡った．このときの電算機は，IBM1410，1440各2台であったが，1967年3月には IBM360-40 に更新している（三井銀行社史 [1976], p. 260.）.

1950年代後半に第1世代コンピュータによってスタートした日本の企業情報システムは，驚くべきことに，わずか10年でオンライン・リアルタイム・システムの構築を計画するところまで進んでいるのである．ただ，この段階の情報システムの性格を眺めてみると，オンライン・システムとはいえ，まだ，特定の業務処理に対する単純なデータ送信専用システムという初期の性格を変化さ

せたわけではなかった．当時，オンライン・リアルタイム・システムについていわれていた対話型システムというものも，結局は，データ入力や報告のアウトプットの処理をめぐっての課題であったにすぎなかった．

この時代，およびその後のパーソナル・コンピュータ（PC）出現までの時期の企業情報システムは，その高度な発展にもかかわらず，まだ EDP すなわちデータのデジタル処理システムの性格を継続している状況にあったということができると思われる．（メインフレーム技術によるオンライン化やシステム統合化の展開は§2に述べる）

### 1.3 パーソナル・コンピュータの登場とダウンサイジング

(1) パーソナル・コンピュータの誕生

PC は，初めマニアックな人たちの遊びの道具にすぎなかったが，1981年には IBM が MS-DOS を装着した16ビット・パソコン IBM PC を発表して，企業業務への適用が開始されることになった．日本では，PC が事務処理に使われていくためには日本語処理が重要な課題であった．まずワープロ機能を確立させ（1978年東芝が日本語ワープロ専用機を開発），この機能を搭載した PC が生み出されることが必要であったため，これに対応した国産 PC が普及していくこととなった．特に1982年に開発された NEC の16ビット・パソコン PC9801 は業務処理用のマシンとして広く普及していくことになる．

それまでのコンピュータに対する PC のメリットとそのインパクトについては，特筆大書すべきものが多々あるが，ここではまず，伝統的な企業情報システムへのインパクトという観点から，コンピュータのダウンサイジングとの関連について，見ていくこととしたい．

(2) ダウンサイジング

これまでの汎用大型コンピュータ（メインフレーム）は，高い信頼性を勝ち得たシステムであったが，他社コンピュータとの互換性がなく，初期費用も維持費用も高価であることが欠点であった．このメインフレームを最初に脅かしたのはミニ・コンピュータであるが，1980年代に入るとワークステーション，

§1 情報化技術の変遷　　43

PC 等がこれに代わり，PC によるメインフレームの置き換えが問題となるようになってきた．いくつもの PC がネットで結ばれた C/S[5] システムが生まれることによって，従来のメインフレームでなされていた多くの処理が LAN[6] で接続されたパーソナル・コンピュータに代替されることになったのである．C/S システムはメインフレームと比べて性能価格比がはるかに高く，操作性もよい上，第一線担当者の業務を各自の卓上で処理できる分散処理の体制を構築することが可能となるため，この置き換えは急速に進んでいき，やがてメインフレーム不要論が出てくるほどになっていった．

こうした変化をダウンサイジングと呼ぶのであるが，アメリカでは1980年代の後半に，UNIX を利用した UNIX サーバによって進められた．これに対して，日本では1990年に Netware 3.1 が導入されて始まったが，1994年には Windows NT 3.1 が，1995年には Windows 95 が発売されるにいたって PC によるシステム構築が急速に普及していった．

(3) ユーザ・インターフェースの変革と漢字の利用開放

ダウンサイジングの展開の中で，PC がその中心を占めることになったということによって，日本においてはこれまで解決が困難であったり，先送りにされてきた課題が一挙に解決されていくというメリットがもたらされた．その第1はユーザ・インターフェースの画期的な改善であり，第2は日本語および漢字の全面的な利用開放である．これらによって基幹業務処理が飛躍的に効率化されることとなったが，さらに，ワープロや表計算のソフトの利用を加えることによって，これまで手作業にゆだねられてきた事務作業のほとんどすべてが第一線従業員個々の手でコンピュータ処理されることになり，システムの利用可能性は格段に進歩することとなった．

この新しい分散処理システム（C/S システム）は，こうして短期間にスムーズに定着していくこととなったのである．

---

5)　Client／Server
6)　Local Area Network

## 1.4 インターネットの登場と情報システムのパラダイム・シフト

### 1.4.1 インターネットの登場

メインフレームを中心にしたこれまでの企業の情報システムの性格は，PCを中心としたダウンサイジングの流れの中で大きく変化し始めたが，この流れに決定的なインパクトを与えたのが，インターネットの出現である．これによって企業の情報システムは，低コストで企業組織外の他のシステム（取引先，顧客，個々の消費者等）と結合して新しい形での事業展開を進めることが可能となったばかりでなく，C/S システムがインターネットと一体化することによって，企業内部の情報システムまでが思いもかけない変革を遂げ，企業の業務活動や組織活動をこれまでとはまったく別のスタイルに進化させてしまうことになったのである．

インターネットが企業の情報活動に与えた影響は計り知れないものがあるが，簡単にそれを列挙してみると以下のとおりであろう．

① 企業イメージの形成と企業内容の開示ツール（企業広報の変容）――例：事業・製品および会社組織の紹介，財務情報の公開，採用人事情報の公示

② 製品・商品の販売・購買等の販売促進ツール――例：ホームページへの電子カタログの掲載，製品販売後の諸注意・取扱説明書・ドライバー等の送信サービス，電子メールによる説明や販売交渉

③ 社内コミュニケーションの基本ツール――例：社内告示・通達の掲示および社内メール，グループウエアによる情報交流，モバイルによる営業活動支援

④ 基幹情報システムの入出力ネットワーク――例：企業情報ポータルを経由したデータ処理，工場・代理店等の取引先との情報交流：入力データのダイレクト・インプット（EDI[7] →WEB）と出力送信

⑤ new business model の誕生と成長――例：BtoB，BtoC の電子商取引

---

7) Electronic Data Interchange

§1 情報化技術の変遷　45

1.4.2 基幹業務処理システムへのインパクト

インターネットが企業の情報活動に与えた影響は，上記のようにきわめて広範囲にわたるが，伝統的な企業情報システムとの比較の観点から見た場合，以下の諸点の変革には特に注目する必要がある．

(1) 多様なプラットフォームの活用

PCを中心としたC/Sシステムは，基幹業務処理に当たってのデータ入力と出力情報の活用を現場第一線の卓上処理にまで広めた．これはこれまでの汎用大型コンピュータの情報システムでは考えられないほどの有効性を発揮したのであるが，さらにインターネットの出現は，その機能に驚くほどの変化をもたらすことになったのである．特に，モバイル・コンピュータの利用やeメールの活用，さらには携帯電話とのシステム連結は，現場第一線のフロント業務を直接支援するシステムの構築を可能にしたのである．しかもその結果として，企業情報システムが支援する領域をこれまでのバックヤード・オフィス業務から，現業第一線での活動業務支援・意思決定支援にまで広げていくことになったのである．

(2) 情報システム間の連携の確立

自社のシステムを社外のシステムと連結させることによって情報システムのレベルアップを図ろうという構想は，まず，専用線またはVAN[8]を利用したEDIによって始まった．用途としては，取引先との情報連絡や入力データのダイレクト・インプットを中心としたものであって，まだ取引関係のある企業組織間のクローズド・システムの域を超えたものではなかった．これを一気に広げたのがインターネットの普及である．これによって企業の情報システムは，既存取引先との連携だけでなく，より自由に新しい関係先のシステムと連携をとることができるようになる．それはエクストラネットという形での拡大された会員制度の場合もあれば，完全に開かれたマーケット・プレイスの形もあるが，いずれにせよ，これまでよりははるかに柔軟な連結が作り出されることになったのである．

---

8) Value Added Network

(3) イントラネットの構築と業務環境の変革

イントラネットとは，インターネットの技術を利用して構築した社内システムのことであるが，これによって，社内のパソコンだけでなく，社内社外で活動するモバイル，携帯電話等の各種の機器からも，業務処理に必要なシステムにアクセスし，取引データの入力や要求情報の出力を瞬時に進めていくことができるようになる．この結果，業務処理の結果を入出力していたにすぎないこれまでのシステムから脱却して，第一線の業務処理を直接サポートするフロント・エンド型でのシステム構築が可能となっていくことになる．

(4) バック・オフィスの業務処理支援からフロント業務支援へ

① 情報共有によるコラボレーションの展開

従業員各人が自らのPCを持ち，これがイントラネットによって全社的に結合され，情報の共有と交流が自由になることによって，社内の情報については，必要とあればどのような情報にも接することができるようになる．これを実務的に可能としたのがグループウエアや企業情報ポータルのソフトの開発と各社への導入である．これによって各人は，組織の部門・階層を超えた情報交流を進めながら関係する人々とシンクロナイズしたチーム作業を展開できる新しいタイプの業務処理スタイルが生み出されていくこととなった．この変革は，定型的なルーチン業務のウエイトが減って，非定型的な知的業務が中心になってきていることと，既存の組織形態や社内社外の枠を超えてプロジェクティブなネットワーク・グループの形成が進んできていることと密接に関連している問題であるが，逆に，この新しい情報システムがこうした業務環境の変化を支援し促進する働きを持つことによって，新しい業務活動環境を作り上げることにもなっているのである．

② リアルタイム・システム構築への要求

この変革の過程で，コンピュータの処理スピードへの要求が，バッチ処理からリアルタイム処理中心のシステムへ移行しつつあるということも注目しなければならないであろう．リアルタイム処理はメインフレーム開発の初期からいわれてきたことであり，オンライン・リアルタイム・システムはメイ

ンフレームの功績に属する筈の成果である．しかし，この成果が第一線における実際の業務処理の中に定着して，リアルタイム型の業務処理体系が形成されていくためには，分散処理システムの確立が不可欠であったのである．特に，企業の情報システムが基幹業務のバック・オフィス処理だけでなく，チーム作業のための絶え間ない情報交流の手段として用いられるようになると，あらゆる情報がリアルタイムで処理されなければならなくなってくる．このレベルでのリアルタイム・マネジメントの達成は，それまでの大型汎用コンピュータではなく，パソコンとインターネットを前提としたネットワーク・コンピューティングの出現を待たなければならなかったのである．

(5) オープン化によるモジュール化，標準化されたシステム環境の形成

企業情報システムの構造に大きな変化をあたえた情報化技術の問題としては，さらに，PCによるダウンサイジングとインターネットの登場がもたらしたオープン・システムの展開を見なければならない．それまでの情報システムがメインフレームを中心としたものであったため，周辺機器も，OSもさらにはアプリケーション・ソフトも，そのベンダーの提供に依存しなければならなかった．このため，一度，汎用コンピュータを選ぶと，そのメーカーに囲い込まれる，というのが現実であった．これに対して，PCやインターネットの世界ではハードウェアやOS，アプリケーション・ソフトなどは，異なるベンダーによって提供された複数のメーカー製品を組み合わせて使用されることが可能となった．これをオープン化と呼ぶのであるが，これによって，ユーザ・サイトの情報システムは次のようなメリットを受けることになった．

① ソフトウェアの標準化・パッケージ化

・OSやユーザ・インターフェース，ネットワーク接続，データベース，プログラム言語などの標準化が進む結果としてパッケージされていき，異なる環境をまたいでのシステムの連結，アプリケーション統合等を実現することが可能となっていく．

・OSやミドルウェアだけでなく，各企業の業務処理のためのアプリケーション・ソフトにまでERP[9]のような標準化されたパッケージ・ソフトが

出現し，その選択を誤らなければ，業務の新設・改革改善が迅速に，低コストで実現できるようになる．

② アーキテクチャーの柔軟性と拡張性

・オープン化によって上記の標準化・パッケージ化が進み，ハード・ソフトのコンポーネント交換によって新技術への対応が容易になるため，アーキテクチャーの柔軟性と拡張性が格段に増大する．

・企業組織の変更，例えば吸収・合併・分割あるいは事業の急成長等の変化へのシステム対応が容易となる．

③ ハードウエア・コストの削減

・特定ベンダーへの依存から開放される結果は当然コストダウンにつながるが，同時に新しい技術を速やかに採用する柔軟性やシステムの拡張性が確保されることによって，ハードウエア・コストの削減が可能となる．

(6) メインフレーム中心システムの終焉：ネットワーク情報システム革命の開始

インターネットは，メインフレームのダウンサイジングに始まった情報システム革命をまったく新しい段階に押し上げることに決定的な役割を果たした．インターネットによる新しい業務展開は，これまでの情報システムの概念を完全に変革し，新しい情報システム構築の基礎を作り上げたのである．その変革の中心は何よりも，メインフレーム自体によって稼動され，付随する形で操作されていたネットワークやリモート端末の時代が終わって，独立した PC を組み上げた分散型のコンピューティングへ移行したということである．そしてこの移行によって，企業中の業務環境が一変するという事態が生み出されていった．

企業情報システムは，この時代，まさにこれまでのパラダイムに大転換が起こったともいうべき状況であった．これまでに築き上げてきた「メインフレームによる基幹業務処理」は，「ネットワーク・コンピューティングによる新しい企業情報システム」による新しい時代への移行が始まったのである．それは，

---

9) Enterprise Resource Planning

初期コンピュータの時代に，第 1 世代，第 2 世代と区切ってきたハードウエアの革新とは比べものにならないほど大きな，システム全体にわたっての世代転換であったのである．

それでは，この情報技術の変化が，日本の企業の情報システムにどのような展開をもたらしたのであろうか．

## §2 日本企業における情報システムの導入と構造変化

### 2.1 基幹業務処理システムの確立

#### 2.1.1 EDP 導入期の情報システム

前節 §1 で述べてきたように，日本における電算機の導入は1950年代後半に始まっているが，この EDP 化の主体となったのは，銀行，保険，証券等の金融機関のほか，国鉄，鉄鋼，セメント等の巨大企業が中心であった．

導入の計画にあたっては，多くの企業ではまず PCS を導入し，その後に EDP の導入をおこなうという手順を取っている．コンピュータの本格稼動が始まったのは，1960年前後と見るべきであろうか．日本では，早い会社は第 1 世代のコンピュータの導入から始め，それなりの苦労を重ねながら，第 2 世代のオール・トランジスタ・マシンに移行しているが，大企業は第 2 世代から，一般的には第 3 世代に入ってからシステム化を開始する企業が多かった．

この状況を，当時最も先進的な企業の 1 つであった小野田セメントの社史から見ると次のとおりである（小野田セメント [1981], pp. 571-573.）．

小野田セメントは前述したように1956年に IBM-CPC を導入して，1954年に導入した IBM 統計会計機を逐次返却していったのであるが，さらに1959年には IBM-650 磁気ドラム式電子計算機に交代させて，CPC を返却している．この機械はいずれも真空管でカードファイル方式であったが，同年に導入した UFC[10] は磁気テープ方式であったという．同社の社史によると「これは，電子計算機の性能向上が目覚ましかったため，新鋭機種に置き換えたこともある

---

10) Univac File Computer

が，同時に当社が電子計算機の運用について，日常のデータ処理は『連続自動化による無人化』を図り，OR[11] 等の経営計算に重点をかける，という基本方針を持っていたためである」とある．しかし，この社史はその後の運用が必ずしも思うとおりには進まず，1962年に事務機械化委員会を設置して，その問題点の検討をおこなったことも述べている．この時の検討の結果として挙げられた問題点は次の3点であったという．

① 事務機械化の目的不明確：機械化処理の対象を作業的な業務に限定するのか否かが不明確
② 機械化部門が中心になりすぎ，社内全体の推進体制がとられなかったこと
③ 現業部門の自主性が欠け，データ作成→処理→利用に適切さが欠けたこと

小野田セメントは，この答申の結果を踏まえて1962年事務機械化総合委員会を設置し，この委員会の検討結果として IBM7040 の採用を決定し，1963年に導入したという．

このトライ・アンド・エラーを重ねた小野田セメントと対照的な動きを見せているのは八幡製鉄所である．同社は1952年に IBM の PCS 3 セットを導入したが，その後1954年に機械化方針を決定して事務合理化の対象分野を定めて機械化を推進していった．電算機導入は1961年に IBM7070 を導入しているが，これは日本で4台目のマシンであって，レンタルの月額は1,300万円であったという（八幡製鉄所［1980］, pp. 357-360.；pp. 370-374.）．

また，日立製作所は，1951年に本社，亀有，亀戸に IBM の PCS を導入しているが，日立工場では上記より遅れて1958年に資材第1期機械化として PCS を導入している．しかしその3年後の1961年には IBM7070 を導入して，資材第2期機械化を実施している．

このように，日本の企業では特にメーカーの場合には，初めから生産管理システムのコンピュータ化に着眼しながら，まず PCS による機械化を進めてお

---

11) Operations Research

り，電算機導入の本格的な実施は1950年代末における IBM7070 クラスの第2世代コンピュータの出現を待つことにしたケースが多かったようである．

銀行・生保のような金融機関では，IBM 統計機以来の事務機械化の伝統を生かし，いち早く，コンピュータ化を目指して着々と実績を固めていった．例えば，日本生命では戦前からの IBM ホレリス統計機のユーザ5社が集まって事務効率化のための統計機研究会（1947年）を作ったことは前述したが，1949年には業界最初の IBM 会計機を導入して，保険原票をパンチカード化したという（日本生命 [1992], p. 206.）．

日本においては，このように戦後まもなく事務機械化の機運が巻き起こり，パンチカードによる会計機や PCS が導入されていくが，その動きはそのままコンピュータ導入へとつながっていくことになる．

例えば，日本生命の場合には，電子計算機研究準備委員会が設置されたのが1955年，その翌年には経営合理化5カ年計画に大型電算機導入を盛り込んでいるが，実際に IBM7070 を発注したのは1959年である．この間に事務機械化研究委員会を設置して事務分析をおこない，機械導入のための組織（計算機械部）を設置するなど，万端の体制を整え，さらに大型機へのつなぎ機械として IBM650 を先行導入している（この IBM650 は民間では，小野田セメントに次ぐ導入であったという）．IBM7070 が入荷し，本番稼動したのは1962年であったが，その前年にはアメリカに職員を派遣し，プログラムテストと同業各社の利用状況を調査している．電算機導入が当時はいかに大事業であったかをうかがうことが出来るであろう．

また，富士銀行の場合には，1958年に合理化委員会を設置して電子計算機の研究を始めた結果として，1960年に UNIVAC の USSC による貸出事務，定期預金事務の電算化を開始した．社史では「最も事務量が多く合理化が望まれていたのは普通預金事務であったが，初めての試みであったので，普通預金ほど事務量の多くない貸出事務，定期預金事務から着手した」（富士銀行 [1972], p. 1100.）と述べているが，その翌年には，普通預金業務の試行を数寄屋橋支店でおこない，1964年以降に全店に普及させている．

当時のコンピュータが驚くほどの高価格であったことからみて，その導入はいずれの会社においても社運をかけた一大事業であったにちがいない．さらに，この時代のコンピュータの試作的な性格と，その扱いの難しさを振り返ってみると，その導入がいかに困難であったかが判るし，採算を度外視した研究投資として取扱わざるをえなかったこともよく判るであろう．

このため，多くの会社では経理・企画・社長室等のトップ直属の組織の責任の下に，導入のための特別組織を編成し，通常の業務処理体制の外で推進していったのである．

### 2.1.2　業務別個別システムの構築とその課題

上記の諸事例から見て，先進的な企業における個別システムの定着は1960年前後とみるべきであろうか．

この当時のコンピュータ化の対象業務は，最初は経理・給与等の手作業時代でも標準化の進んでいた業務か，機械化の容易な部分的業務のシステム化から開始しているが，システム化の技術に熟練していくに従って，次第に営業・購買・製造等の基幹業務に進んでいった．

現業事務の機械化にとって最も重要な課題は事務の標準化であったが，このこともまた，経験の蓄積の中でのみ理解されてきた事柄である．この時代にはコンピュータ化の計画と準備のために初めて業務の時間分析をおこない，フローチャートを初めて作成したという会社も少なくなかったようである．各社とも，手作業時代の現業業務処理プロセスはそのほとんどが自然発生的に形成されていた．もともとが業務の実態的な処理（営業活動，在庫管理，製造業務等）に対する人的な補助機能としての事務システムとして組上げられてきていたし，先進的な企業から学んだ事務手続きであっても，それ自体が必要に応じて組み上げられた自然発生的な事務システムであったのである．

当時，コンピュータに組み込んでいった業務は，基本的には手作業事務の置き換えであった．企業の基幹的な事務は，そのほとんどが長い経験の蓄積の中で作り上げられた自然発生的な事務システムであったことと，経験豊かな能力のある従業員に恵まれていたために，標準化の発想は乏しく，担当者の判断に

依存する事務処理の部分が多かった．それだけに，日本企業におけるシステム化の戦いは標準化の戦いでもあったのである．こうした状況は，全国化・グローバル化等によって地域展開を進めたり，人員の増大や組織の大規模化がコンピュータ導入を要請した場合などの各段階において，標準化の問題がいくつも提起された．商品名などの名称の統一や詳細な処理手順の相違がシステム化を大きく妨げてきたし，伝票への記入事項の設定さえも，作成と入力までの承認手続きに関連して多くの議論を必要とすることがあったのである．

現業事務のシステム化の領域が広がっていくに従って，次に問題となったことは，第一線事務で処理されるデータの重要性である．それまでは，現業各部門の事務処理は当該部門のベテランの手でチェックされ，伝票として関係部門に回付されるか，チェック済みの情報による管理報告書としてまとめられて提出されるのが通常であった．手作業事務しか知らなかった事務担当部門では，ベテランの知識と経験に依存して事務処理を進める領域が少なくなかったため，入力データをそのまま多角的に利用しようと考えるシステム化の展開を進める場合には，まず，データの利用可能性と信頼性に問題が起こり，未熟な会社ではいくつもの事務の混乱を経験することになった．そしてここから，現業部門の事務管理組織を改革していくところも少なくなかった．

このような状況は，システム化を進めた企業では大なり小なり見られたところであるが，経験の蓄積の中でやがて，情報部門と現業部門との共同開発体制こそが成功の鍵であることが理解され，それが常識となっていった．そして各社とも，こうしたいくつもの経験の積み重ねの中で，1つ1つ，個別のアプリケーションの定着を図り，適用領域を拡大し，コンピュータの規模を大きくしながら，全社データの集中処理システムへ向けて進軍していくことになる．

こうした状況を背景にしたシステム化の展開状況を2つの企業社史の記述から抜き出してみると図表2-5のとおりである．

この当時では，システム化に当たっての目標は，手作業システムからの置き換えによって現業事務の人員削減がどこまで減進されるかという点におかれていた．その意味でコストダウンと省力化の目標は比較的早くから掲げられてい

図表2-5　全社データの集中化への道程（2社のケース）

| | | |
|---|---|---|
| 富士銀行 | 1958年 | 業務分析と電算機の研究を担当する合理化委員会設置. |
| | 1959年〜62年 | 1952年に導入を開始したテレタイプに対し，紙テープ送信システムを付加する方式を導入し，伝票の自動作成を図る. |
| | 1960年 | USSCによる貸出事務，定期預金事務の機械化から開始（事務量の小さな貸出事務，定期預金事務から着手したことについては前出）. |
| | 1961年 | 普通預金業務集中化の試行（数寄屋橋店）．この業務は，各支店の記帳会計機との連携で利息計算の集中化を図ったものであるが，これにOCRによる読取を併用する方式を世界で最初に採用した. |
| | 1962年 | 全店テレタイプ・システム稼働（全店185店舗）<br>オンライン・システムの研究開始. |
| | 1966年 | オンライン用端末機「フジセーバー」自社開発．直ちに，行員預金対象のオンライン・システム試行 |
| | 1967年2月 | 普通預金オンライン目黒支店で最初のスタート．<br>その後年内に，都内13箇所で普通預金オンラインの実施. |
| | 1967年10月 | 全支店のオンライン化完了. |
| 東京ガス | 1930年 | バロース計算機の導入. |
| | 1950年 | 事務体系簡略化の委員会設置．翌年事務機械化の検討開始. |
| | 1954年 | 事務管理委員会設置．<br>業務量増大と要員増に対応した集中化・機械化による合理化検討. |
| | 1956年 | PCS（U-12）導入により料金計算と領収書発行業務の集中処理実施. |
| | 1960年 | USSCにより事務量増大に対応（計画予測技術・燃料性解析・資金の最適活用等の技術計算も実施）. |
| | 1964年 | U-III導入により，各業務のシステム化をはかる. |
| | 1965年〜66年 | 勤労，貯蔵品，器具販売，ガス製造費部門原価，固定資産会計，調停料金業務のOCR化による改善. |
| | 1968年 | システム部設置需要家情報を一元管理する需要家情報システムの開発．これとともに経営管理的業務と大量処理業務のシステム化. |
| | 1970年 | OCRによるターンアラウンド・システムの導入 IBM360-35導入．オンライン化と業務の総合システム化（MS化）を狙う. |
| | 1975年 | 会計システムを頂点とした総合システム体系を構築. |

たわけであるが，実態としてはコンピュータへの投資コストが現在とは比較にならないくらい大きなものであったし，情報部門の人員はシステムの拡大とともに急速に増加していたため，全社的な観点からのコストダウンが達成できていたかについては問題が残っていた．むしろ，全体としてのコスト削減が困難であることは関係者の誰もがよくわかっていたことであったので，検討の重点は現業事務処理の省力化に置かれ，それもコンピュータ化によって手作業の事務工数がどこまで削減されたかのみを問題としてきたということができる．

### 2.1.3 全国オンライン・システムの導入と展開

オンライン・システムの構築は，日本においては，国鉄やJALの座席予約や，銀行の預金業務処理集中化のシステムから始まった．これについては前節§1に記述したとおりである．まもなく，一般の企業も，これらの経験を参考としながら，受注・売上等の基幹業務の処理を中心としたオンライン・システムの展開を開始した．

コンピュータ化が軌道に乗るに従って，コンピュータへの高い投資コストを吸収するためにも，コンピュータの処理能力の高さを引き出していくためにも，できるだけ広範囲の地域から，できれば全国すべての拠点から，入力データを収集することが要請されることになる．このデータ収集の方法は，当初は郵便による伝票送付から始まったが，比較的早くにテレタイプ・テレックスによるデータ伝送に移行している．そしてこうした経緯を経ながら，オンラインによるデータ送信が始まっていくことになる．

オンライン・システムは最初，特定地域での展開や主要拠点（主要支店，主要工場等）と本社との間に導入され，その後次第に拡大させるという方法が一般的であった．この全国オンライン化は，地方の第一線情報（特に営業情報）を迅速に本社に提供することを可能とし，高度成長期の中で大きな機能を果たしたはずである．例えば，日立製作所日立工場は1968年に工場内業務のオンライン・システムを構築し，1978年の第3期HIMICSにおいて，前者の営業システムと連結されていく（日立工場75年史［1985］）．また，これを日本生命のケースに見ると図表2-6のとおりであるが，これによって思い切った情報の

集中化とそれに対応した組織改革がおこなわれたことがわかる.

**図表 2-6　日本生命のオンライン・システム化**

| 1969年 | 全国オンライン計画. |
|---|---|
| 1972年 | 全国オンライン開通. |
| 1974年 | 経営革新5カ年計画が作成.<br>その中でのシステム化の骨子は以下のとおり.<br>① 積極的な機械化により，支社を拠点とする新しい事務システムと本店事務管理機構の再編成について検討を行う.<br>② 新しい事務システム検討の一環として，これまでの本店・支店間の帳票利用の連絡方式を，通信回線利用方式に変革し，本部一括処理がもたらすタイムラグの解消と合理化を推進する.<br>③ 新しい事務システムの効率的運営および販売拠点の弾力的設置の観点から，大都市を中心とした事務センター機構について検討を行う.<br>④ 各管理段階における情報の提供をタイミングよくサポートできるルートの開発により，将来の経営情報システム確立への足がかりとする.<br>⑤ 顧客サービスの徹底に向け，支社端末によるオンライン紹介，金通（金融通知）処分内容の充実を図る. |
| 1984年 | システム100の企画をスタート. |
| 1988年 | 本番稼働これによって営業現場の情報化を達成し，「本社―支社―支部」の事務組織を「本社―支部」の2層構造に変革. |

### 2.1.4　統合システムへ向けての展開

　日本企業における基幹業務のシステム化は，個々の手作業業務を個別アプリケーションの導入という形で展開し，その積み重ねの中で1つ1つのシステム化が進められていった．成功し定着した個別業務アプリケーションの数が増大し，相互に関連しあうケースが増えていくに従って，このアプリケーション間の連携を強化し，何よりも入力データの数を減少させることが重要と考えられるようになっていった．そして，このアプリケーション間の連携強化から基幹業務の一体性に目がいき，システムの統合化が要請されるようになる.

　もちろん，コンピュータの導入を検討した最初の段階から，統合システムの構想をもっていたところもあるし，さしあたっての展開に重点を置いて個別システムの構築を個々に始めたところでも，意識の底には業務の統合化が厳然と

## §2 日本企業における情報システムの導入と構造変化

して存在していたはずである．しかし，その課題提起がいつ最初になされたのかは別にして，日本では1960年代後半には，先進的な企業の中で統合化が明確に意識され，具体的なテーマとして取り上げられ始めていた．

東京ガスは，個別システムの積み上げの後に統合化を取り上げていったケースである．東京ガスは1954年に PCS を導入して以来，機械化・電算化の対象業務を拡大していったが，1967年，システム部を設置して統合化方針を打ち出している．この統合化方針について，同社の社史は下記のように記述している．

> 「当社の総合的業務システム化計画は，従来の個別機械化・データ処理から脱却し，企業全体の立場から考えられたものであった．すなわち，これまでのシステム化は，社内業務のほとんどを対象としているものの，各業務の大量処理部分のシステム化にとどまり，それらを相互に結合連携させたものではなかった．このため，〈中略〉業務の徹底的な合理化を進めるとともに，個別システムを相互に連結した総合システム体系を構築することを前提としていた」(東京ガス [1986]，p. 419.)．

> 「40年代半ばから50年代の前半にかけて (1970-1980)，主要な業務システムが相次いで開発されたが，これらのシステムは単独で機能するのではなく，すべて50年4月 (1975/4) に完成した会計情報システムに連結しており，関連する個別システムも相互に密接に関連していて，総合システム体系と呼ぶにふさわしいものであった」(東京ガス [1986]，p. 421.)．

事務の合理化とシステム化の検討を始めた当初の時期から統合化を目指していたケースとしては八幡製鉄所がある．同社は1951年に IBM の PCS 導入を正式決定し（翌年6月に最初の3台設置），1954年には機械化対象分野を日常業務系列，管理資料系列，技術計算系列の3分野とする新しい機械化方針を決定するが（図表2-7），このシステム化の検討について，社史には次のように述べられている．

> 「この機械化方針は単に個々の事務合理化によって，若干の人員・コストの節減を図るのはなく，経営組織そのものを対象とし，各業務系列を有

機的な関連において取上げ，最終的には動的な管理メカニズムを作り上げることを目的とした」(八幡製鉄所 [1980], p. 362.).

**図表 2-7 八幡製鉄所の総合機械化**

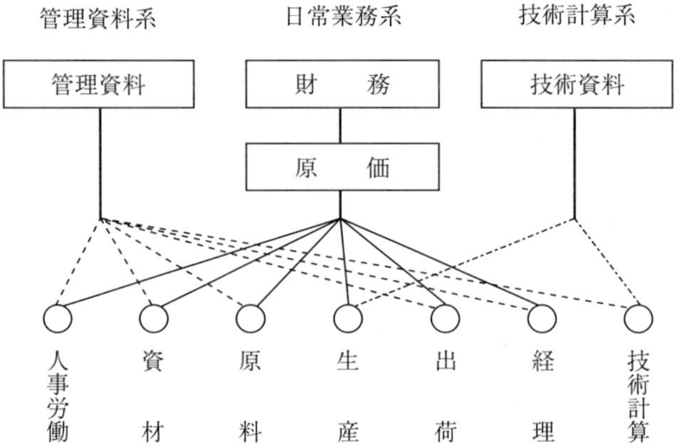

```
管理資料系            日常業務系            技術計算系

 [管理資料]           [財　　務]           [技術資料]
                        │
                     [原　　価]

    人　資　原　生　出　経　技
    事　材　料　産　荷　理　術
    労                        計
    働                        算
```

さらに，八幡製鉄所は1961年に IBM7070 を導入した後，業務機械化全体構想を打ち出しており，その視点を次のように説明している．

「この構想は，各部門における『計画・実績把握・管理アクションから最終的には原価・決算に連なる』個別管理から，総合一貫的な管理体制への発展を目指したものであった．さらに注目すべきことは，電子計算機の利用を前提とする限り，単なる『事務の機械化』というよりも，『業務の機械化』という視点が必要であることを強調したところにあった」(八幡製鉄所 [1980], p. 375.).

これに対して，統合化の課題を意識したときにあらためて経営診断をおこない，その上で全体構想を打ちたてようとした会社もある．日立製作所日立工場がこれであって，以下に示すように，コンサルタントの診断を受けた上で統合構想を作成している．なお，このシステムは日立工場内のシステムであって，全社システムの統合化は1980年におこなわれている．

「昭和43年2月 (1968/2)，HIMICS に関する社長方針が示された．すなわち，『受注から生産・出荷・売り掛け・入金にいたる業務を営業所・

§2 日本企業における情報システムの導入と構造変化　59

事業所・工場・本社などの分業体制の元に，仕事の流れに沿って一貫したシステムとして機械化し，全社的に有効な情報活動を組織化することが日立経営情報（HIMICS）システムである．〈中略〉』日立工場では，社長方針に基づく第1期 HIMICS 計画の推進に当たり，米国経営コンサルタント PPM 社（ピート・マーウィック・ミッチェル社）の経営診断を受け，体質改善の重要な方策として，総合生産管理システムなる機械化方式と，米国における機械化成功の要因として，トップの先導，専従スタッフの設置，利用部門の参画と責任についての進言を受けた」（日立工場75年史 [1985], p. 150.）．

上記のように，日本の先進的大企業は1960年代の末期から1970年代にかけて統合情報システムの構想の確立と実現に向かって動き始めている．そして，1980年代には，ほぼ，その目的を達成するところまできていたと見てよいと思われる．

### 2.1.5　統合型基幹業務システム構築の一般化：1980年代の動向

遅れてシステム化に乗り出した産業の大企業や成長性に富んだ中小企業も，1980年代の半ば以降には基幹業務のシステム化が定着し，統合化への展望を必要とするようになってきていた．自然発生的に進んできたシステムの統合化は，アプリケーション連結の形で進められてきてはいたものの，どこかでそれまでのシステム構想を再点検し，基幹業務のシステムを新しい統合システムとして再構築していかなければならないところまできていたのである．

(1)　戦略的情報システム構想の登場

この統合化構想をどう組み上げていくかという課題に応えて出てきたのが，システム設計における戦略発想の導入すなわち戦略的情報システムの構想である．生産・販売等の基幹業務のシステム化が個別的に完成したこの段階において，さらにその機能を高めるために何が必要かを考えなければならなかったし，情報活用の基盤となるデータベースとその利用の技術もこの時期，大幅に向上してきていた．この点もまた，市場重視の立場に立った戦略的コンセプトの確立が強調されなければならなかった所以であろう．

戦略的情報システム（SIS[12]）は，1988年に出版されたWisemanの"Strategic Information Systems"の紹介から話題となったもので，情報システムは戦略に従い，戦略的見地からシステム構築をおこなうべきであるという主張であったが，これからの情報システムのあり方を示唆するものとして，当時，広く話題にされたテーマであった．

その後，PCの普及・ダウンサイジングの進展やメインフレームへの批判などの動きが強まり，SISブーム自体は程なく下火となっていったのであるが，基幹業務システムの統合化のための再構築の動き自体はより強化されていき，1990年代後半でのERPパッケージの登場に引き継がれていくことになる．

(2) ERPの登場による統合型システム概念の普及

日本において，統合化された基幹業務システム構築の必要性を広く一般に実感させたのは，ERPの登場である．欧米の情報システム環境の中で生み出されたERPは，1994～95年にいたって始めて日本に紹介され販売された．

このERPのコンセプトは，会計システムを中心とした統合経営情報システム構築ということであって，当初は会計システムとしても販売されたようであるが，やがて，基幹業務システムを統合型のパッケージとして組み上げたものであるという認識が定着した．そしてシステム統合化の具体的な姿を目で見ていくことのできるソフトとして統合化についての一般の理解を格段に引き上げることとなっていったのである．

これまで，業務ソフトをパッケージ・ソフトとして購入するという慣習のなかった日本の情報システム業界ではERPへの抵抗も大きかったが，情報システムの統合化を可視化したこのパッケージ・ソフトの力は大きく，やがて，各企業ともシステムの改革に当たっては，レガシー[13]による統合かERPかという命題をクリアーすることが義務づけられるほどになった．ERPソフトを利用するか否かにかかわらず，自社の情報システムの統合化は至上命題であるという考え方はこうして，広く一般化していくことになっていったのである．

---

12) Strategic Information System
13) メインフレームを中心とした従来型の情報システム

## 2.2 パラダイム・シフトの開始

### 2.2.1 概況：情報技術のパラダイム・シフト——転換期としての1990年代——

日本の企業情報システムにとって，1990年代は大きな転換期であった．まず何よりも最初に大きな影響力をもって新しい情報システムの基盤を作り上げたのは，PC の登場とその普及である．日本において PC が普及するためには，まず日本語処理の問題克服という壁があったのであるが，1983年頃から16ビット用のワープロソフトが出現して日本語処理の問題が解決すると，事務用機器としての地位を完全に確立することとなる．

メインフレーム型の情報システムから，分散型・C/S 型のシステムへの変化は，前節§1に記述したように1990年の netware 3.1 の導入に始まり，1994年の Windows NT 3.1 以降に急速に普及したのである．1994年以降では，これにインターネットが加わって，日本の企業情報システムはまったく新しい段階に入り込むことになるのである．1990年代はまさに，新しい情報システムが登場し，伸張していくための準備期間であり，胎動の時期であったといってよいであろう．

### 2.2.2 C/S システムとインターネットの登場

1990年代は，新しい情報システム，ネットワーク・コンピューティングの開始と習熟のための試行時期と見てよい．1980年代にアメリカでスタートした C/S システムは，日本には1990年前後に紹介されてきたが，1990年以降に本格的な展開が始まり急速に広まっていった．1993年7月には日経情報ストラテジー誌が「ダウンサイジング元年」の特集をおこなうところまで進んでいる．その後，ダウンサイジングの決め手としての Windows NT, Windows 95 が発売され，1990年代後半には爆発的に普及していくことになる．

PC をベースにしたダウンサイジングのメリットについては前節§1で記述しているのでここでは繰り返さないが，当初は，基幹システムの補助システムとして，しかし，次第に基幹業務の重要部分を占める情報システムとして，その地位を固めていくことになる．

### 2.2.3 EDIとインターネット

外部企業との間で，情報システム上の入力データや出力情報を直接伝達する方式は，専用線またはVANを利用したEDIをもって始まり，やがてインターネットに引き継がれていく．この状況を今回の訪問会社でのヒアリングの結果で見ると図表2-8のとおりであるが，1980年代に始まった社外とのシステム連結が1990年代後半のインターネットに引き継がれていく状況が明らかになる．

図表2-8　EDIからインターネットへの発展（2社のケース）

| | | |
|---|---|---|
| A社 | 1986年 | 客先VAN（EDI） |
| | 1993年 | オープン・システム化　ダウンサイジング |
| | 1997年 | 新EDI対応，電子メール導入 |
| I社 | 1982年 | 購買外注ダイレクト化 |
| | 1992年 | 代理店ダイレクト（Dix） |
| | 1995年 | 全社電子メール導入，Y-NET構築（ルータ導入ほか） |
| | 1998年 | 代理店向け情報公開WEB |
| | 1999年 | 調達WEB-EDI |
| | 2000年 | Y-NET幹線強化 |
| | 2002年 | 代理店ダイレクト・インプットWEB化，Y-NET支線ADSL化 |

インターネットが日本において普及したのは1990年代の後半であるが，この普及によって企業の情報システムは一変したといってもよい．これによって，企業情報システムは，組織の枠を離れて，広く外部の企業とシステムが連結することになったばかりでなく，従業員間での情報の交流と情報共有が格段に進化し，社内の業務環境が一変するという革命的な変化をもたらしつつあるからである．さらに，個々の消費者との個別の取引が可能となり，不特定多数の消費者，投資家，市民に直接その意思を伝える手段を手に入れることができたなど，これまでには考えることのできない活動が展開されるようになったことも重要である．この変化の進行と現在の状況については次節に紹介する．

### 2.2.4 オープン化の進行と ERP の登場

日本の企業情報システムに対して，PC とインターネットが与えたインパクトの中で，もっとも重要視すべきものの1つに，システムのオープン化の登場とそれによるパッケージ・システムの多用化がある．

日本のコンピュータ業界においては，国産コンピュータ保護の政策もあり，メーカー数社が激烈な競争を繰り返してきた．アメリカでは IBM 1 社が大きなシェアを確保してきたため，メインフレーム中心のシステムであっても，IBM の OS をベースにした有力なアプリケーション・ソフトが市場で売り出されていた．しかし日本においては，通産省の国産メーカー育成政策によって，いくつかのメーカーが乱立した結果，メーカーごとに OS が異なることになり，業務ソフトについてはパッケージ・ソフトは普及する余地が乏しかったのである．特にミッション・クリティカルな基幹業務処理のソフトについては，情報システム部門の責任上からも，自社開発のオーダーメイド・ソフトによるべきであるというのがこの領域での常識であった．

1994年から日本で発売された ERP のパッケージ・ソフトは，基幹業務ソフトをベンダー提供ソフトからオープンな標準パッケージのソフトへ転換させる契機となったが，これは日本での ERP の紹介と販売の時期が，C/S システムの普及期と重なり，オープン・システムの C/S 対応ソフトであったことも成功の一因であったと思われる．さらに，日本の情報システム業界が2000年問題に遭遇し，何らかの抜本的解決が要請された時期であったということも ERP の日本導入を成功させる要因の1つであるといわれている（マネジメント・ケイ [1995], pp. 27−29.）．

いずれにせよ，この時期を境にして日本の企業はパッケージ・ソフトへのアレルギーを脱却し，オープン化のメリットを十分に享受する方向に転じることとなったのである．

## 2.3 日本企業における情報システムのパラダイム・シフト
### 2.3.1 社内業務システム・統合化の進展
① ERPをめぐる統合化の展開

1990年代には，各企業とも（中堅企業も含めて），本格的にシステムの統合化を目指した動きが進んだ．これは日本の情報システムの発展が，大企業のみならず中堅企業のシステムにおいても，統合化の課題に直面するところまで成長したことを意味するわけであるが，この時期にマーケティングを展開し始めたERPベンダーがパッケージ・システムという形で統合システムの姿を目に見える形で売り込んでいったことも大きく影響している．その結果，いずれの企業も情報部門は，トップからの「ERPは使えないのか」という質問に答えを要求され，ERP導入か自社開発のレガシー・システムによるべきかの形で統合化の課題を検討せざるを得なくなった．各企業はそれぞれの条件に従って，それぞれの結論を出しながら統合化への道を進んでいくことになったのである．

今回のわれわれの訪問調査においてはERP導入に進もうという会社と当面は自社開発のシステムを守っていこうという会社に分かれていたが，いずれの会社も，ERP導入の可否については真剣な検討をおこなっていた．

- ERP導入型：A社，B社，F社，H社，I社
- レガシー型：C社，D社，E社，G社

（2003年時点での調査結果）

また，ERP研究推進フォーラムが2003年2月におこなった実態調査では，次ページ（図表2-9）に示すように，翌年度（2004年）にERPの導入を予定する会社をモジュール別に報告している（ERP研究推進フォーラム[2003], p. 12.; p. 14.）．

② ワールド・カンパニーとしての統合システムの構築：もう1つの統合化

現在の日本の大企業は，上記の業務プロセスについてのシステム統合とは別に，コーポレート組織としてのマネジメントを強化していくためにシステムをどう統合化するかという課題を抱えている．不況下にあった日本企業は，

図表 2-9 最近の ERP 導入状況の予想

| モジュール | 現状 (2003/2) | 予定 (2004) | 増加割合 |
|---|---|---|---|
| 会計管理モジュール | 23.3% | 32.9% | 41.2% |
| 財務管理モジュール | 21.8% | 32.5% | 49.1% |
| 販売・在庫モジュール | 10.3% | 19.8% | 92.2% |
| 物流管理モジュール | 7.4% | 14.4% | 94.6% |
| 生産管理モジュール | 9.5% | 16.5% | 73.7% |
| 経営管理モジュール | 7.4% | 14.8% | 100.0% |
| 顧客管理モジュール | 3.3% | 9.9% | 200.0% |

リストラクチャリングの一環として分社化を進め，事業特性に合ったマネジメントの強化を図ってきているが，それと同時に，ホールディング・カンパニーを設置して組織連合としての一体的なマネジメントとガバナンスの強化も必要となってきている．

これを情報システムの面から見ると，分社化は事業別特性に適合した分社企業固有の特定型システムの構築を要請することになるが，コーポレート・マネジメントの面からは，事業特性ばかりでなく，国境，言語，法制，組織，さらにはシステムの相違を超えて，全社を見通しうる情報システムの構築が要求されることになる．システム構築におけるこの情報透過性の追及は現代の日本の企業組織に与えられた情報システムの持つもう1つの重要な課題なのである．

日本のこの組織環境からくる情報システムへの相反する2つの要請（事業特性を追求するシステムの個性化と，グローバルでコーポラティブな統一性）にどう対処するかが問題であるが，これに対する答えを ERP の導入の中に探そうという機運のあることもまた，注目しなければならないところであろう．今回の調査対象会社においても，ワールド・カンパニーとしてのシステム確立を求めている会社にこうした傾向が見られている（B社，F社）が，特にB社においては，自社製の ERP を持ちながらも，世界的なシステム統一のためにはと，ヨーロッパにおいてはドイツの SAP 製品の導入を図っているとのことである．

③ 統合化の内包的深化：ロジスティック型から製品ライフサイクル型のERPへ

　上記のように日本企業における統合化の検討はERP導入の可否をめぐって展開されているところが多いが，先進的な企業においては，これまでのERPが提供するシステム統合化の範囲を超えて，企業の活動プロセスをより広範にとらえて包括的にくみ上げた，より拡張された情報システムに深化させようとしていることも注目しなければならない．その1つは，現有製品や部品の在庫をめぐって製・販・物流を統合する，ロジスティックERPともいうべき現在のERPから，設計部品表と製造部品表の統合を試み，製品の開発設計から，アフター・サービス活動までを包括する製品ライフサイクル型とでもいうべき，より広範な全業務プロセスの統合化システムへ進もうとしているのである．統合化は現在のERPをもって終わりとするわけではないのである．

　情報化技術の進展は，さらに消費者家庭におけるシステムのあり方を変化させつつある．すでに，PCとインターネットの普及によって，企業と消費者とを直結したマーケティング（電子商取引）が成立発展しているが，家庭電器がすべてPCと直結し，インターネットによって管理することが可能な段階まで進めば，企業は各家庭のシステムと直結し，消費直結という意味では究極のSCMを構築することが可能となりうるのである．システムの連結とこれによる統合化の実現には，まだまだ先が残っていると見なければならないであろう．

　ERPのこの内包的な製品ライフサイクル型への進化の状況は，2003年（原稿の記述時点）においては，トヨタ自動車の情報システム構想が最も進んでいるようであるが（日経コンピュータ特集，2001/12.17），安川電機も量産製品事業部である「モーションコントロールSUB」において，同様な動きを見せている（技法安川電機［2003］，pp. 208-215.）．

### 2.3.2　企業情報システム統合化の外延的拡張

　C/Sシステムとインターネットの出現は，企業の情報システムは取引関係

のある企業とのシステム連結を容易にしたが,システムのオープン化がこれに拍車をかけることになった.

ERP の導入はこのオープン化のメリットを受けて展開された企業の業務システムの重要な変革であったが,社内社外のシステム連結が技術的に容易になっていくに従って,ERP によって社内業務プロセスの効率化に進んだシステムは,当然のこととして,会社の内と外のシステムを連結することによってより大きな事業効率の向上を図ることになる.日本の企業情報システムは,2000年前後を転換点として,企業内システムから,企業間のシステム連結によるバリュー・チェーン・プロセスの一貫化の構築を志向した動きが始まることとなった.

ユーザ企業のサイドに潜在していたこのような動向を先取りしたベンダーは,この課題への対応を,オープン化されたソフトとしての SCM[14],SRM[15],CRM[16] 等のパッケージ・ソフトを製作し,企業に売り込んでいった.企業サイドもこの動きを積極的に受け止め,企業間にまたがった物と金の流れを一貫したプロセスとしてシステム構築していくことになる.特に,すでに自社内のシステム統合を果たしているいくつかの企業においては,SCM によるバリュー・チェーンの一貫化には熱意を持って取り組んでおり,自社の情報システムを革新するための基軸に位置づけるところも出てきている.

「日経コンピュータ」誌は2003年1月に特集を組んで,松下電器産業が SCM を基軸とした IT 革新を計画実行している記事を掲載しているが(日経コンピュータ特集 [2003],pp. 40-47.),われわれの今回の調査会社において述べられた「今後の重要課題」については,下記の通りであるが SCM を今後の最も重要な改革テーマに取り上げている(2003年現在).

- A社:ERP と MES のデータ連携による総合生産管理(SCM)の実現.
- B社:グローバルな SCM 構築のため,SAP 製品を含む全面的な ERP

---

14) Supply Chain Management
15) Supplier Relation Management
16) Customer Relation Management

導入.
- E社：SCM，Tracability，Brand Mgt.
- F社：ERP 化を中心としたグローバル企業としての情報システム確立.
- I社：顧客満足を目的とした全社統合 SCM/ERP システムの構築.

2.3.3 企業情報ポータル (EIR) の成長

(1) 企業情報ポータルとは

イントラネットやエクストラネットが確立していき，企業情報システムが，社内外ともインターネットによって連結されるようになると，各ユーザは1つの情報窓口によって，必要とする社内外の情報にアクセスすることが望ましいことになる．当初のポータルは，ポータルとしての簡易な機能に検索エンジンを併設した形であったが，やがて，「ひとつのWeb 機能で企業内のあらゆる情報を一覧する」アプリケーションが提供されるようになっていき，さらにERP その他の現存の業務アプリケーションへのアクセスも可能になっていく．こうして，企業情報ポータル (EIP[17]) はネットワーク・コンピューティングの時代における情報共有の最重要なツールの1つの変わっていくことになる．「最近のポータルは，単に，株式相場表示や従業員便覧へのリンクを追加できるだけの"Web サイトの拡張版"ではなく，企業の IT インフラストラクチャーの重要なコンポーネントとして位置づけられるようになった．〈中略〉その結果，企業の多くは，戦略的な事業ビジョンの遂行を支援するためのツールとしてポータルを利用するようになってきており，エンタープライズ・アプリケーションを統合管理するための戦略的なツールとしてポータルを活用する動きが広まっている」(Valon [2003]).

日本における EIP の利用はまだナレッジ・ポータルの段階にあるが，やがてはアプリケーションの機能をユーザのニーズに合わせて提供することを重視するアプリケーション・ポータルに進むことになるとの指摘もあり（亀津敦 [2003]，p. 11.），企業情報ポータルの出現は日本においても，企業情報システムに構造的な変化を与える重要な要因と考えるべきものであろう．

---

17) Enterprise Information Portal

EIP の重要性については次のような指摘も見られる。「もはや EIP はグループウェア情報共有化ツールと位置づけるのではなく，ERP や EAI[18] と同じように，より基幹系に近いツールとして捕らえることが重要になる」(平古場浩之 [2003])．「実際，最近では，業務プロセスの柔軟な追加・削除・変更や B2B 取引など外部企業との連携を含めたアプリケーション統合の必要性が高まってきており，また，ナレッジ・マネジメントや BI（Business Intelligent）などを活用しながら，企業全体にまたがる形でアプリケーションを連携したいというニーズも出てきている」(吉川日出行 [2003])．

(2) 情報統合への新しい概念：2つの軸を持った統合化

この EIP をもって，ERP や EAI に比較すべき基幹ソフトであるという考え方はまだ必ずしも一般的なものとはなっていないであろうが，企業における今後の情報システムの構造を考えるためにはきわめて重要な視点である．

この点について，ERP の本家 SAP 社においては，EIP を中心としたシステム構成が今後重要性を増していくことを認め，従来の事業プロセスを軸とした ERP 本来の統合化に対応する形で，「ユーザを軸にした統合化」という形で概念化しているということには注意を払う必要がある．

SAP 社の共同会長兼 CEO の Kagermann は，2001年の「SAPPHIRE 2001, Tokyo」において，次世代のアーキテクチャーは「統合」と「コスト」の2つの課題を解決することにある，とした上で SAP の統合概念について次のように述べている．

> 「その答えが『エンタープライズ・ポータル』の技術を活用した，エンドユーザー中心のアプリケーションの統合です．つまりエンドユーザーのデスクトップ環境に注目する必要があるのです．組織における個々の仕事に特化したデスクトップのビューを提供することで，自分の仕事に必要な情報がすべて統合化されているように操作でき，企業内のすべてのアプリケーションにアクセスできるだけでなく，インターネットを介し，ビジネスパートナーのシステムにアクセスしたり，また Yahoo のポータルを経

---

18) Enterprise Applications Integration

由して最新の情報をうることができます.」(ヘニング・ガガーマン [2001], pp. 5-6.) としている.

さらに進んで,「すなわち, SAP の新たな統合コンセプトは次のようなものです. まず, インテグレーションのためのツールとして『エンタープライズ・ポータル』を展開し, エンド・ユーザー・レベルで利用されることによってエンパワーメントを実現する.〈中略〉そして企業内・企業間でビジネス・プロセスを共有するための『エクスチェンジ』の構築」をおこなうが「これらは HTML や XML など, すでに標準的なインターネット技術により実現されています.」(ヘニング・ガガーマン [2001], p. 6.), と述べているのである.

## 2.4 パラダイム・シフトの業務プロセスへのインパクト

(1) ロジスティック (受注・生産・在庫・物流) プロセスの再構築

ネットコンピューティングの定着によって既存事業の業務プロセスに与えたインパクトの中で, 最も目立つものは, ERP, SCM の導入によって, (あるいはレガシーをベースにして) グローバルな生産在庫情報がリアルタイムで入手できるようになったことであろう. これによって企業はグローバルな見地から全体最適な意思決定が可能となり, 在庫削減・納期短縮等の効果を挙げながら, 事業運営のあり方を変化させている. そしてこの展開はさらに進んで, 世界的な生産基地・在庫基地の配置に大きな変化が生まれることになったし, 生産在庫の管理方式についても革新的な手法を生み出す要因となっているのである.

海外への生産移動問題とともに, 国内生産の方式についても革新的な検討をおこなっている. 例えば, 安川電機では, SCM 体制確立の基礎として, 工場内の仕掛品・半製品在庫の一掃を計画し,「これまでの多量ロット生産から『一個流し』を志向した柔軟な生産のライン構成にパラダイムを切り替えた.」(技法安川電機 [2002], pp. 188-200.) と述べている.

(2) 受発注方式の変革

ネットワーク・コンピューティングは取引先の外部企業との関係も大きく変

化させてきた．電子発注方式もその1つである．電子発注方式については，もともと1985年にアメリカ国防総省（DOD）が，コンピュータ・ネットワークを利用して，軍需物資の調達を合理化するために発足したプロジェクトであった．これが日本に紹介されたときには，設計の標準化が遅れている日本の企業では，その効率的な採用はなかなか難しいのではないかといわれたものであったが次第に定着し，いくつかの業種別のマーケット・プレイスが設置されるところまできているし，既存取引先との間のWeb連結は常識となっている．イントラネットの完成の後を受けて，現在，エクストラネットが話題となっているが，これもまた受発注業務プロセスにおける新しい変化の1つである．

しかし，受発注方式に対するネットワーク・コンピューティングによる変革が最も大きく現れたのは，消費者の個別仕様要求をそのまま受け入れて生産・販売をおこなうシステムが開発されたことであろう．一般によく知られているのはPCメーカーのDELLの生産販売方式であるが，前述の安川電機の生産システム改革の構想の中にも取り入れられている．

(3) ニュー・ビジネス・モデルの誕生

ネットワーク・コンピューティングすなわち新しい情報技術が企業情報システムに当てたインパクトのもう1つは，まったく新しい生産性の高い業務システム・モデルを導入することが可能となったことである．上述のDELLモデルも新しいビジネス・モデルの1つと見るべきものかもしれないが，消費者に直結した電子商取引のように，これまでにない全く新しい事業形態がいくつも生み出されてきていることはよく知られているところである．

(4) 知的業務の作業環境への支援機能

ネットワーク・コンピューティングのインパクトとして忘れてはならないものに，従業員の作業環境を大きく変革してきたということがある．新しい情報システムでは，イントラネットの構築によって，必要とする者には必要とする情報が即時に提供できることになった．これは社内の従業員の業務処理の環境を一変させることになる．グループウエアの導入はともに働く仲間が現在どのような活動状況にあり，業務処理の結果がどこまで進んでいるのかをリアルタ

イムで把握することができるし，ナレッジ・マネジメントの導入は業務処理に必要な情報を過去・現在・計画・予測にわたって提供してくれるとともに，意思決定に必要なノウハウがどこにあるか，誰に相談すればよいかまでを教えてくれるのである．しかもそれはすべて，従業員自身のためにカスタマイズされた情報ポータルをつうじて収集できるのである．

　時代の変遷とともに，企業従業員の業務内容も大きく変化し，単純な作業的業務から知的創造的業務にウエイトを移してきているのであるが，こうした変化を大きくさせるシステムとして，新しい情報システムが機能し始めているのである．この領域における組織活動の変革については，本書第4章（河合久）が詳説しているので参照されたい．

## 2.5　統合（integration）から協働（collaboration）へ

　システムの統合化という考え方は，1960年代において，個別アプリケーションの連結から始まり，やがて，企業内あるいは1つの地域エリア内での単一システムの構築の目標として掲げられるようになってきた．それが今では，大きく拡張されて，外部の他企業の業務システムと連結し世界中に配置された企業グループの情報システムを結合させる合言葉となっている．しかも，この統合はユーザの側から見て自他の区別なしに自由に情報利用ができる，一体となった強固で緊密な統合システムであることが要求されている．個別アプリケーションの連結からスタートした統合化の概念は，現在ではここまで拡張されてきたということである．

　しかし個別システムの連結や，1つの企業の中でのERPの導入は，まさに統合の名に値するものであったであろうが，ここにいたってもなお，統合と称しうるものであるかは問題である．かつての統合化は，自然発生的に構築されていった個別のアプリケーションを連結してデータの入力工数を削減し，マスター・ファイルを合併することによって，情報の一体化を図ったものである．地域統合においても同様であって，専用線・VANで結ばれた全社統合やEDIで結ばれた取引グループのシステム連結は，すべてそれなりの投資を伴う一体

化が前提であった．そこには，単体としての1つのシステムを構築するというイメージが存在していた．

　これに対して，現在の新しい情報システムの中で追求されている統合化は，個々のシステムが独立して存在しているという前提がまずあり，この個々のシステムの自由な結合によってシステムの統合体を作り上げようという発想がある．この統合は分離も可である．分離がおこなわれても元に戻るだけであって，それによって個々のシステムの存在意義が失われるというものであってはならないのである．こうしたシステム結合を最近では，協働（collaboration）と称することも多いが，現在の企業情報システムは，まさにこの協働という形で，全一体としてのグローバルなネットワーク情報システムの中に参加していくことになるのである．

　現在進められつつあるシステムの統合は，まず最初に統合化の済まされた自社のシステムが存在し，他社のシステムはこの自社システムへの進入が許されるという考え方で説明されている．この考え方はこれまでの固定化されたVANであっても，エクストラネットをつうじた柔軟な契約であってもけっして変わってはいない．

　しかし，ネットワーク・コンピューティングの時代の結合は，他社のシステムを自社に取り入れることができるというだけではない．同時に，自社のシステムが他社システムの中に取り入れられて機能することが許されるということを意味しているのである．そして，この結合が何時崩壊しても，自社システムは，当然のことながら，厳然として活動を続けていくことができる．その統合は堅固で緊密なものでありながら，同時にアドホックな，いつでも切断可能な連結でなければならないのである．「相互の目的を達成するために，パートナーを次々と変えながら，企業が共同しあうという戦略的提携は当たり前のこととして議論されるようになった．」（Tapscott, et al.［1993］, p. 151.）

　システムの構築において，統合化はたゆみなく歩みを進めなければならない理想であった．それがある程度の達成感を持って振り返ることができるようになった現在，今度は協働化の姿で立ち現れており，システム・エンジニアは茫

漠たるシステムの大宇宙の中に漂う自社システムの姿を，あらためて見つめ直さなければならないところまできていたのである．

情報化技術の発展による情報システムの構造変革は，ここまで進んできているのである．

なお，本章の研究は2001年より2003年時点での調査結果をまとめて記述されたものであって，その後の企業情報システムの展開と変化による修正は行なわれていない．

# 第3章　ビジネス・プロセスの革新と情報システムの役割

高千穂大学　櫻　井　康　弘

## §1　企業経営とビジネス・プロセスの革新

### 1.1　顧客志向の経営とビジネス・プロセス

　現代における企業環境をとりまくグローバル化，情報化，ネットワーク化，および経済環境の成熟化などの変化に対して，企業はそれら環境変化への対応に日々追われている．とりわけ，経済環境の成熟化など市場の構造変化にともない，企業は顧客との関係性をいっそう重視して顧客の満足度を満たすという重要課題への対応に追われている．ここに市場の構造変化とは，製品の大量消費，大量生産を象徴とする生産優位の市場構造から，多種多様な製品の消費，多品種少量生産を象徴とする消費優位の市場構造へのシフトである．消費優位の市場構造においては顧客の嗜好は多様化，個別化しており，企業は多種多様化した顧客に対応した製品とサービスを確実に提供できることが要求されている．顧客嗜好の多様化や個別化への対応においては，適正なコスト，高い品質，充実したサービス，および迅速な対応といった点を重視した顧客満足度の向上をはかることが重要である．製品ライフサイクルの短縮化など日々刻々と変化する市場環境に，即座にかつ柔軟にあるいは先行して対応するような顧客志向の経営が，現代における企業経営の重要な課題である．

　顧客志向の経営においては，製品やサービスの提供プロセスを，その提供側である企業の立場から見た機能（function）単位という視点で構築することでは対応できない．顧客志向の経営においては，その提供プロセスを機能単位の

相互依存関係を重視した一連の連鎖の過程として捉えられるビジネス・プロセスの視点からそれを構築することが重視されている．ビジネス・プロセスとは，1つ以上のインプットを投入して顧客に対して価値のあるアウトプットを創出する活動の集合であると認識される（Hammer, et al. [1993]，訳書 p. 61.）．このように，ビジネス・プロセスは，契約を交わしたり，注文を処理したり，原材料を発注したり，製品を製造したり，製品やサービスを提供したりするといった，経営活動のアウトプットである成果物を生み出すために，論理的に関連し合い，実行される一連の業務の流れを指す．このビジネス・プロセスという視点から経営を思考することは，結局，機能別に構築される組織を前提にした個別単位の業務プロセスの効率化という思考ではなく，自らのビジネス・プロセスを顧客という視点で見直すこととなる．顧客の要求に応じて適正なコストで品質の高い製品とサービスを顧客へ迅速に提供するためには，サプライヤーから原材料を購入して最終的に製品を顧客へ引き渡すまでのビジネス・プロセスを最善のものとすることが課題となる．消費優位の市場構造における顧客志向の経営とは，企業が製品・サービスの開発および市場への投入プロセスとそれらの顧客への提供プロセスの高い効率化をおこなうことなのである．

このような現代における経営上の課題を克服するためには，厳しい競争環境下において各事業における競争優位を確立するための競争戦略という考え方が有効である．Porter によれば，市場の競争のパターンや業界の収益性に影響を及ぼす競争要因として，① 買い手の交渉力，② 売り手（供給業者）の交渉力，③ 新規参入の脅威，④ 代替製品・サービスからの脅威および ⑤ 競争業者間の敵対関係の5つを挙げている（Porter [1980]）．その競争戦略としては，コスト・リーダシップ戦略，差別化戦略，集中化戦略の3つが挙げられている．コスト・リーダシップ戦略は，競合他社よりも各業務プロセスを低いコストで遂行しようとする戦略である．差別化戦略は，競合他社の製品・サービスと品質などの面で差別化することで価値の高いそれらを顧客に提供しようとする戦略である．集中化戦略は，ある製品種類や特定の地域に経営資源を集中するこ

とによって限定された領域において優位な位置を獲得しようとする戦略である．Porter は，これら3つの戦略を選択するうえで実際にとるべき手段を分析するために価値連鎖（value chain）という概念を提示した（Porter [1985]）．顧客が企業の提供する製品やサービスに進んで支払う金額を価値としてとらえ，その製品やサービスの価値を創造するのに必要な業務プロセスの連鎖を価値連鎖とする．価値連鎖は，主要業務プロセスと支援業務プロセスとからなる．主要業務プロセスは，購買物流，製造，出荷物流，販売・マーケティング，サービスという5つの業務プロセスからなり，支援業務プロセスは，全般管理，人事・労務管理，技術・開発，調達という4つの業務プロセスからなる．競争優位の源泉は，顧客の価値を創造することである顧客満足度の向上にあるので，これらの業務プロセスそれぞれを，あるいは各業務プロセスの相互関係である価値連鎖を，競合他社よりも効率化するかまたは全く違う方法によって遂行することによってもたらされることになる．

競争戦略における競争上の優位性を確保するためには，ビジネス・プロセスの改善と革新をつうじてコストを最小化するようなビジネス・プロセスの最適化を推進することが課題となる．その課題を解決するためには，Porter が示すように情報技術の積極的な利用が不可欠となる．例えば，Porter は，競争戦略の分析的枠組みである価値連鎖において，各業務プロセスにおける主要な情報システムの利用分野を次のように挙げている（Porter [1985]）．主要業務プロセスでは，購買物流における自動倉庫，製造におけるFMS[1]，出荷物流における自動オーダ処理，マーケティングおよび販売におけるテレマーケティングと販売担当者用の遠隔端末機（Remote Terminal），サービスにおける遠隔サービス機器と保守部品スケジューリングおよび保守部品補給管理がある．また，支援業務プロセスでは全般管理における計画モデル，人事管理における負荷計画の自動化，技術開発における CAD[2]，調達におけるオンライン部品調達がある．

---

1) Flexible Manufacturing System
2) Computer Aided Design

競争優位の実現のためには，これらの各業務プロセス単位における自動化，情報化という視点に加えて，各業務プロセスを有機的に結合するようにそれらの業務プロセスを設計することが必要となる．企業における各業務プロセスを統合化し効率化することにより，さらに企業内に限定せずにサプライヤーから顧客までの企業間にまたがる業務プロセスの集合としての企業間ビジネス・プロセスを統合化し効率化することによって，製品やサービスのコストの削減，品質の向上，納期の短縮といった顧客満足度の向上が可能となるのである．企業は，厳しい競争環境下で自らを維持し発展させていくために，顧客満足度の向上という視点から経営を革新しなければならない．それは，革新的な製品やサービスの提供はもちろんのことであるが，それらをどのように顧客へ提供するのかというビジネス・プロセスの革新が現代において強く要求されているのである．ビジネス・プロセスの革新によるその効率性の劇的な改善は，コストを削減し，品質を向上させ，納期を短縮させ，当然の結果として顧客満足度を向上させることになる．企業における各業務プロセスを競合する他社よりも低コストでかつ効率的に遂行することが可能となれば競争優位を実現できると考えられているのである．このように競争優位の実現のためには，戦略を支援するビジネス・プロセスが不可欠であり，また，それを支援するための組織や情報システムが不可欠なのである．

従来から企業の関心事である情報システムの統合化は，企業内における情報システム間の統合化であった．しかし，現代においては，経営戦略と情報化戦略の統合とあいまって，情報システムの統合化は，企業内ビジネス・プロセスを対象とした統合化から企業間ビジネス・プロセスを対象とした統合化へとその外延を拡張している．経営環境がますます厳しさを増す中で企業間競争に勝ち生き残っていくためには，継続的な業務改善の実行と情報技術を活用したビジネス・プロセスの革新が重要な課題として掲げられる．

## 1.2 業務プロセスの改善とビジネス・プロセスの革新

1990年代以降，企業環境の変化への対応や顧客満足度の向上を実現するため

に，情報技術を駆使しながらビジネス・プロセスの革新を果たそうとするビジネス・プロセス・リエンジニアリング（BPR[3]）の概念が展開されている．

1990年代初頭に提唱されたBPRとは，「コスト，品質，サービス，スピードのような，重大で現代的なパフォーマンス基準を劇的に改善するために，ビジネス・プロセスを根本的に考え直し，抜本的にそれをデザインし直すこと」と定義されている（Hammer, et al.［1993］，訳書 p. 57.）．このBPRの最終的な目標は，顧客満足度を向上させるために，既存のビジネスのやり方をすべて否定してまったく新しいビジネスのやり方を創造することにある．すなわち，BPRとは，ビジネス・プロセスをコスト，品質，サービス，スピードの視点からゼロベースで再構築することにある．そのためには，BPRの対象を機能別に構築された組織やそれを前提とした個別の業務プロセスに限定せずに，それらの枠組みを越えた顧客価値を生み出す価値連鎖の過程としての一連のビジネス・プロセスとする．BPRは，開発にはじまり調達，製造，販売といった機能別に分断されている業務プロセスを，顧客満足度を向上させるという価値連鎖の観点から編成し直すことである．

ところで，BPR以前において，わが国企業では「カイゼン」という言葉に代表されるようなQC[4]サークルなどの小集団活動やTQC[5]活動によって，業務プロセス内における個別業務活動の改善がおこなわれてきた．例えば，小集団活動では，職場の中で小集団を組織し，品質，生産性，コストなどの改善目標を掲げて自主管理をおこない，組織における学習をつうじて，既存の業務活動の中で，継続的に改善をおこなっていくものである．小集団活動は，既存の業務プロセス内において各小集団が担当する個別業務活動の改善を継続的に進めていくが，それは一見すると部分的な改善のように見える．しかし，QCサークル，職務教育訓練，ジョブローテーションなどによって様々な職務経験や知識が共有化された集団では，各担当の業務活動だけを視野にいれて行動す

---

3) Business Process Reengineering
4) Quality Control
5) Total Quality Control

るのではなく，過去の学習から全体的な観点から職務を遂行し，結果として全体としての大きな改善につながっていると考えられる（遠山［1998］, p. 300.）．これらの改善活動はいわゆる，後工程を顧客として捉える考え方であり，個別業務活動の改善は業務プロセスの改善になり，各業務プロセスの改善はビジネス・プロセスの改善になる．これらは，結果として個別業務活動の改善が企業全体として顧客満足度の向上につながるようなビジネス・プロセスを漸進的に改善する手法であった．さらに，わが国企業には，「系列」と呼ばれる企業間関係が存在しており，一企業内のビジネス・プロセスの改善にとどまらず企業間におけるビジネス・プロセスの改善がおこなわれてきた．

　QCサークル活動のような小集団活動を代表とするような業務プロセスの漸進的な改善は，劇的な革新を指向するBPRとしばしば比較される．BPRは，古い伝統や慣習を否定し，一からやり直すことにより新しいビジネス・プロセスを実現し，飛躍的な業績の向上を目指すものである．それは，顧客満足度を向上させるという観点から，既存のビジネス・プロセスを見直し，まったく新しいビジネス・プロセスにするように劇的にそれを変える徹底した変革である．BPRのキーワードとして，根本的，抜本的，劇的，プロセスという4つが挙げられている．そのような視点にもとづくBPRの実行には，既存のビジネス・プロセスを対象とせずに，顧客満足度の向上という観点に立脚した全く新しい視点にもとづいて，ビジネス・プロセスの単なる改善ではなく，ビジネス・プロセスへの抜本的な改革を創造するために情報技術の活用を前提とするという点で大きな特徴を有する．すなわち，BPRでは企業のビジネス・プロセスをデータベースやネットワーク技術など情報技術を用いて再設計するところに注目すべきである．企業における各機能は連鎖し相互に依存して顧客価値を創造している．BPRの実現には，顧客価値を創造するための各業務プロセスの流れを見直しそれを効率化することが求められる．そのために製品開発から調達，製造，販売までのようなビジネス・プロセス全体での情報の共有化を進め，業務プロセス別の情報システムという機能単位により分断されたシステムではなく，共有データベースやネットワークによって統合化されたシステム

が不可欠となる．

しかし BPR は，短期間に劇的な成果の実現を重視したために，非現実性を指摘され，その後，情報技術や組織的，人的な要素を考慮した，ビジネス・プロセス・リデザインやビジネス・プロセス・リフォームといった概念に発展する．これらの概念では，業務プロセスの継続的で漸進的な改善と抜本的な革新の組み合わせが，ビジネス・プロセスの革新にとって有効であるというものである（Davenport [1993]）．BPR の本来の概念は，その実施の困難性もあり日本ではあまり浸透せずに，ビジネス・プロセスを構成する各業務プロセスやさらに業務プロセスを構成する各業務活動を対象としている．日本では，情報技術の活用を前提としたビジネス・プロセスの特定範囲での効率化といった各業務プロセスの改善・革新が中心であると考えられる．

図表3-1は㈶日本情報処理開発協会がおこなったアンケート調査のうち，BPR（業務プロセス改革）の実施状況（回答企業数1,893社）を示したものである．BPR の実施状況について，BPR を実施済みと回答している企業の割合は「特定部門の BPR」が32.1％，「複数部門・業務にまたがる BPR」が20.3％，「全社的な BPR」が13.9％，「取引先との関係で業務プロセス標準化」が

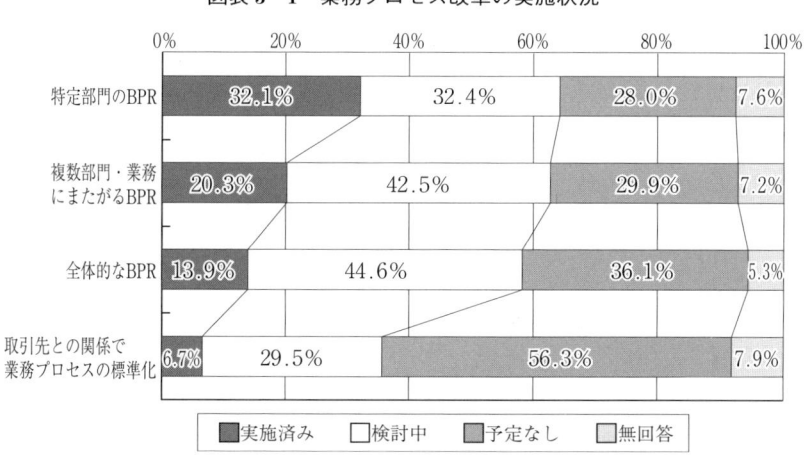

図表3-1 業務プロセス改革の実施状況

| | 実施済み | 検討中 | 予定なし | 無回答 |
|---|---|---|---|---|
| 特定部門のBPR | 32.1% | 32.4% | 28.0% | 7.6% |
| 複数部門・業務にまたがるBPR | 20.3% | 42.5% | 29.9% | 7.2% |
| 全体的なBPR | 13.9% | 44.6% | 36.1% | 5.3% |
| 取引先との関係で業務プロセスの標準化 | 6.7% | 29.5% | 56.3% | 7.9% |

出典：㈶日本情報処理開発協会 [2004/3], p.50.）の図表を基礎にして筆者が作成

6.7％と，BPR の範囲が拡大するほどその実施する企業の割合は少なくなる傾向にある（㈶日本情報処理開発協会［2004/3］，pp. 49-62.）．

このように，わが国の企業では業務プロセス単位での BPR が中心であり，全社的，企業間における BPR はこれからの課題とする企業が多いようである．しかし，今後，自社内での BPR から，他の企業をも巻き込んだ企業間 BPR が進展すると考えられている．例えば近年においては，サプライチェーン・マネジメント（SCM[6]）に代表されるような，企業間連携を基礎とするビジネス・プロセスの再構築が企業経営上の課題としてよく挙げられる．また，限定された資源あるいは能力しか持ち合わせない企業が同様な企業とネットワーク技術を利用して企業間で情報を共有化することによって企業間連携を推進することにより，顧客満足度の向上を図ろうとする取り組みも見られる．そこでは，各企業はそれぞれが得意とする能力を提供し，それぞれの得意とする分野を合わせて最大限の効果を発揮しようとするのである．

### 1.3 ビジネス・プロセスの革新における企業情報システムの役割

企業における情報システムは，業務における情報処理活動を合理的に遂行することを目的に，コンピュータやネットワーク技術などの情報技術を高度に利用したシステムであると捉えられる．企業の情報システムの利用目的を基本的処理の自動化，情報ニーズの充足，および競争戦略の形成・支援として捉えて，その機能をトランザクション処理（transaction processing）機能と検索・分析機能とに区分する見方がある（Wiseman［1988］）．そこでは企業における情報システムのうち，トランザクション処理機能を担う情報システムを MIS[7]，検索・分析機能を活用して情報ニーズを充足する情報システムを経営支援システム（MSS[8]），さらに両機能を活用して競争戦略の形成・支援を実現する情報システムを SIS[9] として定義している．このうち，伝統的に，トランザク

---

6) Supply Chain Management
7) Management Information System
8) Management Support System
9) Strategic Information System

ション機能を担うMIS概念は，各業務を自動化することを役割期待とした．業務の自動化の目的は，業務の効率化にあり業務の省力化や，業務プロセスのコストを削減することにあった．企業の組織構造は，専門的な業務を遂行する調達，製造，販売，経理，人事といった機能単位で構成されてきた．このような機能単位での組織編成は，専門的な分業によって各機能単位である専門的な業務の高度化を図ることが目的とされる．すなわち，専門的な分業は，組織構成員をその専門的な業務に集中させることを可能として，それらをその業務に熟練させて能率を高めることができる．多くの企業では，個々の機能単位における情報処理活動を担う，個別の情報システムを有していた．しかし，分業思考のもとでは，基本的にある業務で生起することが，他の業務と連携するといった思考が十分に考慮されなかった．

同様に，ある業務で構築されて機能する情報システムにおいても，それらは各業務において個別に機能するものとして捉えられてきた．このような情報システムの構築アプローチは，1960年代から1980年代にかけて，大型の汎用機である集中処理のホスト・コンピュータの利用を前提とした時代に見られたものである．この時代においては，情報システムは，業務プロセスの自動化によって事務の省力化，迅速化，正確化といったその効率化を目的として，基本的には事務処理に関連するコストの削減を狙いとして各業務単位で導入された．この集中処理の時代においては，大規模なコンピュータを駆使することによって情報処理活動に関するコストを大幅に削減しようとしたのである．また，ビジネス・プロセスの視点における情報システム構築においては，そこにおける情報処理活動を可能な限り情報技術に委ねて自動化することを目的としておこなわれてきた．情報処理活動の自動化においては，様々な情報システムを連携させるようないわゆる情報システムの統合化が推進されてきたのである．

近年では，1980年代後半からパーソナル・コンピュータの高機能化，低廉化に象徴されるダウンサイジング，LANやネットワークによるシステム間の接続によって，集中処理から分散処理へという流れがいっそう顕著となってきた．顧客志向の経営を実現するために，企業では情報システムによる各業務プロセ

スでのいっそうの効率化とビジネス・プロセスにおける情報の共有化を促進させることとなった．Hammerらは BPR の実現のためには，データベースの共有，エキスパートシステム，テレコミュニケーション・ネットワーク，意思決定支援システム，無線データ通信とポータブル・コンピュータ，双方向ビデオテックス，自動位置確定技術と追跡技術，および高性能計算機能の利用が不可欠であると指摘している（Hammer, et al. [1993]）．

このように BPR の実現には，情報ネットワーク技術にもとづいた企業間や企業と顧客の間を直接結ぶ情報システムの役割が強調されており，企業間のトランザクションなどを迅速かつ正確に処理する企業間コンピューティングである企業間情報システムの構築が今後ますます不可欠になると予測される．Porter が指摘したように，各業務プロセスの中で特に外部企業との情報のやり取りが多い調達物流，出荷物流，マーケティングおよび販売，サービスの分野において，情報システムの役割が増すと考えられる．調達物流は原料，部品，材料の調達にともなう受発注データ交換を中心とした企業間情報システムが，また出荷物流では製品の出荷にともなう受発注データ交換を中心とした企業間情報システムが発達してきている（Porter [1985]）．近年の BPR にもとづく情報システム構築は，サプライヤーから顧客への納品までの期間を極端に短縮することにより，顧客満足度の向上を図るとともに，在庫費用を抜本的に削減したり資金の回収を円滑にしたりすることを目的としている．

### 1.4 パラダイム・シフトとビジネス・プロセス

Tapscott らは，ビジネス社会に影響を与えている4つのパラダイム・シフトを提案している．そのうち，情報技術を中心とした変革の方法については，汎用機を中心とする集中処理のホスト・コンピューティングからパーソナル・コンピュータやワークステーション，グループウェアなどを中心とする分散処理型のオープンネットワーク・コンピューティングへと情報技術のパラダイム・シフトが起こることが企業内あるいは企業間の BPR の原動力となる，と主張している（Tapscot, et al. [1993]）．そこでは，第1世代として捉えられ

ている伝統的な組織構造に伴うビジネス・プロセスを再考し，オープンでネットワーク化された組織構造を前提としたビジネス・プロセスである第2世代へのパラダイム・シフトが今後の企業経営によって重要であることが指摘されている．図表3-2は，パラダイム・シフトにおける企業の将来像と，情報技術，情報システムの役割およびビジネス・プロセスとの関係を図示したものである．

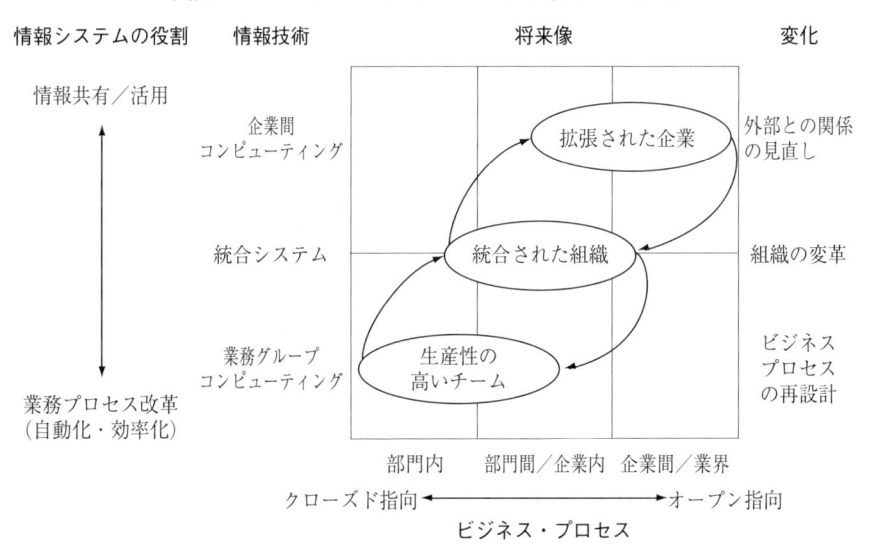

図表3-2 パラダイム・シフトとビジネス・プロセス

| 情報システムの役割 | 情報技術 | 将来像 | 変化 |
|---|---|---|---|
| 情報共有／活用 ↕ 業務プロセス改革（自動化・効率化） | 企業間コンピューティング | 拡張された企業 | 外部との関係の見直し |
| | 統合システム | 統合された組織 | 組織の変革 |
| | 業務グループコンピューティング | 生産性の高いチーム | ビジネスプロセスの再設計 |

部門内　部門間／企業内　企業間／業界
クローズド指向 ←―――――――→ オープン指向
ビジネス・プロセス

出典：(Tapscott, et al. [1993], p. 39.) を基礎にして筆者が加筆し作成した

　第2世代においては，情報技術の有効かつ適切な利用により生産性の高いチーム，統合された組織，および拡張された企業への実現が示唆されている．第1に，生産性の高いチームの実現は，コンピュータの個人利用から作業集団を主体とした業務グループ・コンピューティングが指摘されており，システムへの柔軟なかつ自由なアクセスと，各個人のコミュニケーションを促進するような情報技術の利用が不可欠である．スタンドアローン型の組織より情報技術により統合されたチームのほうが組織全体の効率化をはかることができ，また，業務グループ・コンピューティングの利用により業務プロセスのリエンジニア

リングを図ることができる．第2に，統合された組織の実現には，個々の孤立した情報システムから統合システムの利用により個別にもたれていた情報が共有化されることになり，さらにオープン化されることになる．第3に，情報システムが企業個別システムから企業間コンピューティングへとオープン化されると取引関係や協力関係にある他企業を包含し広範囲化した拡張された企業の実現が可能となる．拡張された企業とは，Porter が指摘する各企業の価値連鎖の連携としての価値システムであると考えられる（Porter [1985]）．高度な情報技術を適用した企業間コンピューティングによって拡張された企業は，企業間の関係を情報やコストを共有しながら最適化し，競争優位性を獲得しようとするものである．

　既存のビジネス・プロセスを前提とした情報システム化は，現代のような動的な経営環境に適合していくための効果を見込むことはできない．第2世代の特徴は，拡張された企業への実現に向けて，ビジネス・プロセスも企業間ビジネス・プロセスとして外延的に拡張されオープン化し，それを実現するために情報システムの役割が業務プロセスの自動化や省力化に加えて情報の共有化や活用といった点へとシフトする点にある．第2世代は，インターネットを象徴とする情報技術の高性能化や低廉化を背景としてそれらの利用を前提として，現状のビジネス・プロセスに制約されることなくまったく白紙の状態からそれを見直す BPR の発想が実現可能になったと言えるのである．ビジネス・プロセスに情報システムを対応させるのではなく，情報技術を最大限に駆使した情報システムを前提としたビジネス・プロセスの設計が可能となっている．さらに，その BPR の範囲は，企業内ビジネス・プロセスから企業間ビジネス・プロセスへと拡大され，オープン化と情報共有といった情報システムの役割期待が高まっているのである．

## §2　企業内プロセス統合と企業情報システムの役割

### 2.1　企業内ビジネス・プロセスの統合化

　価値が機能を横断して連鎖するような，連続した各業務プロセスをビジネス・プロセスとする場合，従来，各業務プロセスにおいては，そこで発生する取引を処理する情報システムが業務プロセスごとに構築されてきた．その情報システムの構築目的は，第一義的に業務プロセスの自動化を役割期待とした．それは，業務プロセスの省力化やそれにともなうコストの削減という業務プロセスの効率化の側面であった．例えば，基幹業務プロセスにおいては，調達，製造，販売業務がそれぞれ固有の取引活動を有するプロセスを形成している．調達業務プロセスでは発注・検収・支払，製造業務プロセスでは製造指図・製造，販売業務プロセスでは受注・出荷・回収といったような，各業務プロセスにおいて活動が連鎖している．この業務プロセスを支援するために，業務プロセスの自動化および統合化を指向して，1960年代では，業務プロセスで発生するデータをそれぞれバッチ処理し，コンピュータにそれらを乗せるために業務の標準化を推進しつつ定型化された業務プロセスを自動化した．さらに，1970年代においては，データ通信の活用により，広く分散した個々の端末機が中央の大型ホスト・コンピュータとつながるオンライン集中処理がおこなわれた．この時代においては，業務プロセス別に構築された情報システムが，機能の水平的な統合化を意図して自動化された．ここでは，ファイルを介した各業務プロセスの統合化が推進された．

　このような業務プロセスの統合化では，業務プロセス内の各活動は円滑におこなわれ連鎖し，業務プロセス内における整合性が図られ徹底的にムダが排除され業務プロセスの効率化が促進される．しかし，このような業務プロセス内だけの統合化においては，図表3-3のように各業務プロセス間での協調的な行動は生まれず他の業務プロセスとの間には連携はなく部分最適化を指向することになる．すなわち，この業務プロセス内の統合における情報システムの特

図表 3-3　業務プロセスの最適化と統合化

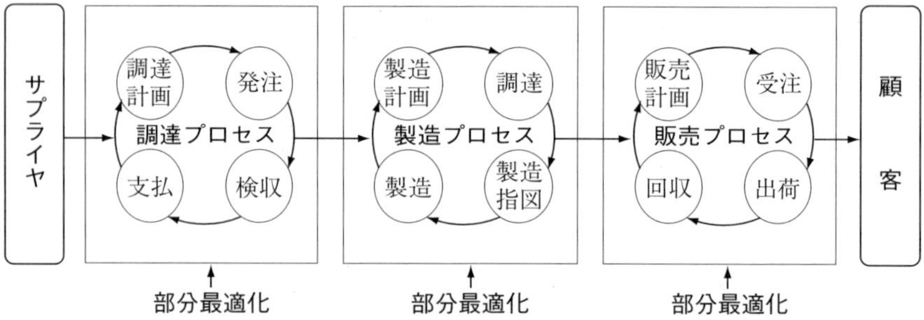

サプライヤ → 調達プロセス（調達計画・発注・支払・検収）→ 製造プロセス（製造計画・調達・製造・製造指図）→ 販売プロセス（販売計画・受注・回収・出荷）→ 顧客

部分最適化　　部分最適化　　部分最適化

徴は，ある業務プロセスの処理が終了し，その情報が次の業務プロセスに送信され，次の業務プロセスの処理がおこなわれるような処理を前提として分散処理／バッチ処理による連携を指向したクローズド指向の統合型情報システムであると位置づけられる．そのために，業務プロセスと業務プロセスとの間の連携部分に不整合が生じたり，さまざまな機能に重複が生じたりすることになる．ただし，この業務プロセス間での連携部分を変更することで，さらなる効率化が望めることになり，業務プロセス間の真の統合化へと進展する．

　1980年代以降においては，業務プロセスの自動化，統合化という水平的な拡大から管理活動の自動化，統合化という垂直的な拡大を指向した，1970年代に提唱された MIS 概念が実現される．MIS 概念は，オンライン・リアルタイム処理と全社的なデータベース管理機能を特徴とした統合型情報システムである．オンライン・リアルタイム処理と全社的なデータベースの構築は，あらゆる業務プロセスおよび管理階層からの情報要求にも対応し，必要な情報をすべて一元的に管理する可能性を備えている．データや情報の共有化によって実現する業務プロセスの統合化は，ビジネス・プロセスを再構成する契機となり，さらなるムダの排除という観点から実施される．各業務プロセスで取得された情報は，関連する業務プロセスに伝達され，情報の共有化が促進される．業務プロセス間でビジネス・プロセスに対する情報，例えば各業務プロセスの業務の進捗状況に関する情報などさまざまな情報が共有化されることによって，企業におけるビジネス・プロセスは大きな変革をさらに遂げることが可能となる．顧

客志向の経営においては，情報を共有化し，各部門が課題に対して同時並行的に業務を遂行する仕組みが必要となる．同時並行的なビジネス・プロセスを実現するためには，各部門の状況がリアルタイムに他の部門に伝達されることが必要となる．情報伝達のスピードとその仕組みが極めて重要な課題となり，情報の共有化の手段として情報ネットワークやデータベースの活用が前提となる．すなわち，異質な業務プロセス同士が多彩な情報交換や情報共有をしながら，ビジネス・プロセスの視点にもとづいた企業全体としての目的を達成することになる．この業務プロセスの統合における情報システムの特徴は，企業内ビジネス・プロセスを最適化することを目的に，各業務プロセスの状況がリアルタイムに他の業務プロセスに提供されることが重要である．この情報システムは，技術的な基盤として情報ネットワーク技術や全社的なデータベースを活用し，分散処理／リアルタイム処理をおこない，業務プロセスの連携を指向したオープン指向の統合型情報システムであると位置づけられる．図表3-4は，企業内ビジネス・プロセスの統合化の概念を描いたものである．

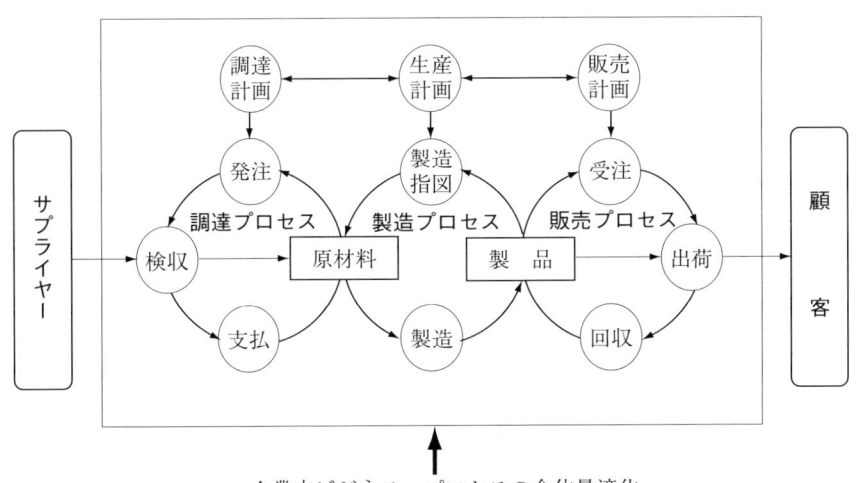

図表3-4 企業内ビジネス・プロセスの統合化概念

企業内ビジネス・プロセスの全体最適化

出典：(Robinson [1986], p. 254.) を基礎にして，筆者が加筆し作成した．

今日的な経営環境においては，戦略の変更が即座にビジネス・プロセスを変更し，企業の環境への適応が即座にビジネス・プロセスに反映されることが必要である．その点で BPR とは，企業を取り巻く環境や戦略に合わせてビジネス・プロセスを再設計するものである．しかし，経営環境やそれに対応した戦略は，不断に変化することになる．各業務プロセスにおいてお互いにさまざまな情報を共有化することによって，その業務プロセスも自律的に調整されてくることになる．業務プロセスの統合化が進んでいる企業では，ビジネス・プロセスが動態的であり，かつその形成過程は試行錯誤を含む調整の過程であり，外部との連携が特に重視されることになる（海老澤栄一 [1994]，p. 172.）．

### 2.2 企業内統合型情報システムの現状

わが国の企業においてもこれまでの情報システムは，機能単位の組織編制を反映して，調達システム，製造システム，販売システム，会計システムといった業務プロセス単位に沿って構築されてきた．それらの業務プロセス別に構築されてきた各サブ・システムは，ビジネス・プロセスの観点から統合化され，連携される傾向にあった．しかし，これらのシステム構築アプローチは，部分最適化にあった．すなわち，顧客満足度の向上という観点から，ビジネス・プロセスを見直すような全体的な視点からではなく，局所的に業務プロセスを見直すことが，それにつながるという発想である．業務プロセスにおいて，ある活動にとって次の活動が顧客といった思考が，結局全体として顧客満足度を向上させることができるといった発想である．そのために，企業においては，各業務プロセス単位で構築されている情報システムを統合化という名のもとに，コードやデータ・フォーマットを統一するといったようなインターフェースやデータベース検索言語等の標準化によって業務プロセス単位別の情報システムを連携することによって全体としてビジネス・プロセスの最適化を指向してきた．

わが国の大企業においては，比較的早くから各業務アプリケーションを統合した情報システム構築がおこなわれてきた．近年では，顧客満足度の向上や，徹底的な無駄の排除，2000年問題という観点からビジネス・プロセスの再構成

を含めた企業情報システムの再構築が注目を集めている．このような動向には，情報ネットワークとデータベースの活用を前提とした情報システム構築によって，情報の共有化と情報提供のリアルタイム化により戦略変更をビジネス・プロセスに反映させることが重要視されている．

　ERP研究フォーラムのわが国企業を対象にした2003年度調査をみると，企業における情報システムの構築課題として，「全社情報システムの統合と情報共有」とする企業は，全回答企業の68.3%であり，次いで「コスト削減」が59.3%を占めるという結果がある．さらに2002年の同様の調査と経年比較した場合，この2つの項目に対する回答割合は拡大しており，経営における情報システムに対する意識がよりいっそう高まっていることを明らかにしている（ERP研究フォーラム[2003]，pp. 26-27.）．

　また，高千穂大学総合研究所の研究プロジェクトチームがおこなった上場企業を対象にした実態調査によると，統合型情報システムの特徴である情報の共有化は企業において年々進展している（河合久・櫻井康弘[2002]）．その調査では，調達プロセス，在庫プロセス，製造プロセス，在庫プロセス，および販売プロセスといったビジネス・プロセスの視点から，各業務プロセスより上流に位置する他業務プロセス（販売プロセスであれば調達プロセス，製造プロセスであれば在庫プロセスなど）の業務情報を共有できる傾向にあり，下流に位置する業務プロセスの業務情報は利用できない割合が相対的に大きいという結果を得ている．過去の類似した調査（河合久[1999]）と比較して，他業務プロセスの関連する業務情報を利用できないとする割合が少なくなり，全体として，情報の共有化が進んでいる．特に各部署に配置された端末機での他業務プロセスのデータや情報の参照・加工の可能性が進展したことから，機能横断的な情報共有と情報活用の環境が急速にわが国の企業において進んでいると見ることができる．このような状況は，最近の調査でも明らかにされており，企業内において情報の共有化と活用が実現している範囲については，受発注情報・在庫情報・顧客情報などの業務情報をデータベースで管理し，部門内で共有・活用している割合は7割を超えており，またデータベースで管理された業務情

報の一部について関係する部門間でのみ共有・活用している割合も同じく7割を超えている（㈶日本情報処理開発協会 [2004/8]，pp. 87-88.）．

　ところで，顧客満足度の向上や収益性の改善を目的としておこなわれるビジネス・プロセスの再構築は，近年では最新の情報技術を利用したERP[10]パッケージを全面的に導入することによって実現しようとする試みが主張されている．それに従い，わが国企業においてもBPRを目的にERPパッケージを導入するケースは増えている．ERP研究フォーラムのアンケート調査においても，ERPパッケージを導入する目的として，業務プロセスの改革であるBPRを目的として導入するケースが多い（ERP研究フォーラム [2003]，pp. 83-88.）．その調査結果において「BPRを実践する手段としてERPパッケージを利用する」とする企業は，全回答企業の42.8％を占めており，次いで「自社業務をERPパッケージに合わせてBPRを狙う」企業が40.9％と続いている．ERPパッケージの企業への導入においては，8割の企業がパッケージ導入とBPRの実践が直接的な関連をもって実行されていることが明らかにされている．その効果としては，「ERPはBPRの実行に非常に有効」と回答した企業は，回答企業の11.5％であり，「ある程度有効」と回答は57.7％を占めている．一方，「ERP導入でBPRは実現できない」との回答は30.8％存在した．また，「自社業務をERPパッケージに合わせBPRを狙う」企業は，「BPRを実践する手段としてERPパッケージを利用」する企業と比べて，より強い姿勢で業務改革を前提としていると推測され，その効果においては「非常に有効」とする企業の割合は17.4％と比較的多い結果となっている．

　ERPパッケージは，統合化の推進，計画重視のマネジメント，リアルタイムな情報提供，標準化によるグローバル対応，最新の情報技術の活用という機能的な特徴を備え，基幹業務プロセスを統合化するシステムである．ERPパッケージは従来の情報システムと異なり，複雑かつ大規模な基幹業務全体を対象に設計された既成のアプリケーション・ソフトウェアである．共通のデータベースを利用し，マネジメント・リポーティングツールを共有化することに

---

10) Enterprise Resource Planning

よって，全社的なビジネス・プロセスを管理することを支援する．諸機能を統合することによって，ビジネス・プロセスの効率的なオペレーションを支援することができる．ベスト・プラクティスを標榜するERPパッケージを利用したBPRでは，他社の優れたビジネス・プロセスを自社に導入することにより自社のビジネス・プロセスの効率化と標準化が推進される．一方で，ERPパッケージの導入により，ビジネス・プロセスを大きく変更することになり現場など従業員の負担や反発につながる可能性も指摘されている．その点から，自社のビジネス・プロセスを他社と比較して特性，優位性がある場合は，自社独自の情報システムを導入するケースも多く，他社との業務プロセスにおいて差がない部分に，例えば会計や人事の機能においてERPパッケージを部分利用するケースが非常に多い．

　われわれが訪問調査したわが国の代表的な大企業においても，ERPパッケージへの対応はそれぞれ異なる．F社では，グループ会社を含めた情報化構想においてビジネス・プロセスの改革や企業情報のリアルタイム化を目的として，それを実現するための利用技術としてERPパッケージを導入している．その理由には，F社の業務をERPパッケージに合わせることが可能であるという判断があったからであり，さらにグローバル経営にむけた基盤整備という理由があった．I社やA社おいても，BPRを目的に積極的にかつ全社的にERPパッケージの導入を進めている．一方で，ERPパッケージの検討をおこなったが見送ったケースや，部分導入にとどめている企業もある．G社はERPパッケージを検討したが，原価計算などの機能面の不十分さからそれを断念し，E社はERPパッケージの導入費用や保守費用というコスト面から，加えて自社開発の情報システムで十分であるという機能面から導入しない結論を出している．D社では，自社のビジネス・プロセスにERPパッケージはなじまず，他社にはないノウハウ（強み）に関してERPパッケージは適さないという結論を出している．また，ERPパッケージの特徴の1つとしてよく言われるリアルタイム処理による即時的な情報提供機能に関しては，業種や企業ごとにその機能の要求度が異なる．われわれが訪問してかつERPパッケージ

を導入している企業では，I社が売上情報などを即時的に取得していた．一方で，ERPパッケージを導入していないE社は，そもそもリアルタイム情報は必要なく，現在の処理方式であるデイリーバッチ処理による情報提供機能で十分であるという．

　企業によってERPパッケージへの対応は様々であるが，その導入の検討または導入の背景には，次のようなことがある．① BPRを目的とした業務プロセスの改革への利用として，業務が非効率（組織の肥大化や古い商慣習，ルールによって）となってしまっている企業が，ビジネス・プロセスの再構築を目的としてERPパッケージを積極的に検討または導入している．② システムの再構築問題であったいわゆる2000年問題への対応として，既存システムの限界から選択肢の1つとしてERPパッケージを検討または導入したケースがある．③ 企業間連携や顧客連携のために情報基盤の整備をおこなうことを目的にERPパッケージを検討または導入する．④ さらに，国内市場の頭打ちから，グローバルに経営を展開するための情報基盤としてERPパッケージを利用するケースや，国内のグループ経営のためにそれを検討または導入するケースがある．

　ところで，われわれが訪問調査した海外の代表的な大企業である，外国電気機械メーカーY社や韓国自動車メーカーX社は，全社的にERPパッケージを導入している．Y社は，日本企業の一部がようやくERPパッケージの導入を検討し始めた頃である1995年からERPパッケージを導入し始め，2001年には，海外法人を含めてすべての業務において導入を完了している．日本企業のERPパッケージへの対応と比較するとそれらの海外企業の対応は非常に迅速であり，早くから企業経営における情報システムまたはERPパッケージの役割を重要視してきたと思われる．また，Y社は1968年の設立，X社は2000年の設立という点でも，既存の情報システムに縛られることなく全社的にERPパッケージが導入できたという見方も可能である．しかし，企業のトップ・マネジメントが，強力なリーダシップのもとに企業経営に積極的に情報システムを導入し，情報の共有化や情報の迅速な提供などにより情報を積極的に

活用することが経営に有効であるという認識がある．また，従業員にも情報システム導入による抵抗はあるものの，それを比較的早く受け入れ活用していく組織文化が存在していると思われる．なお，情報システムと組織文化についての考察は，本書第4章（河合久）においておこなわれる．

## §3 企業間連携と企業情報システムの役割

### 3.1 企業間のビジネス・プロセスの統合化

伝統的な情報システムへの役割期待は，個別部門や部門間における業務・管理活動の合理化であったり，情報処理活動の効率化であったりした．現代においては，部門間や企業間において業務・管理活動と情報処理活動とを統合化し，競争優位を実現するために諸活動を有機的に結合するようにそれら活動を設計することが必要となる．

情報ネットワークやデータベースといったような発展的な情報技術を適用した情報システムの活用は，企業間の新たな取引関係を生み出すことになる．すなわち，一企業の内部におけるビジネス・プロセスの改善や革新を追求するものから，企業間取引のあり方（企業間ビジネス・プロセス）を改善したり大きく変革させたりする圧力が特にネットワークの進展によって生じることになる．企業間取引を変革させたものには，1980年代に構築されたVAN[11]，企業間におけるデータ交換の標準化に関連するCALS[12]やEDI[13]の普及，1990年代に推進されたECR[14]，QR[15]といった概念があり，今日の企業間の電子商取引（EC[16]）の進展をもたらした．ECRやQRといった概念は，SCMの概念の基礎となっているが，それらはEDIによってPOSデータなどを共有化して製造会社とサプライヤーや小売業者の間の業務プロセスを効率化することを目

---

11) Value Added Network
12) Commerce at Light Speed
13) Electronic Data Interchange
14) Efficient Consumer Response
15) Quick Response
16) Electronic Commerce

的とした．具体的には，EDI によって文章の作成，処理といった業務を削減することができ取引処理を劇的に改善することができ，EDI を実行する企業間の取引処理にかかるコストを削減することが可能となる（Cooper, at al. [2000]，訳書 p. 260.）．これらの進展によって，コンピュータ・ネットワークを介して企業間や顧客と企業との間で商品やサービスの取引が電子的におこなわれ，いわゆるクローズドからオープンへという取引の転換が図られている．

当初，企業間の受発注情報交換の迅速化，正確化が，主たる企業間情報システムの構築目的であった．従来の企業間情報システムは，主としてある大企業を中心とした企業集団内に位置する閉じた情報システムであった．したがって，このような企業間情報システムに参画する企業は，大企業と継続的な取引関係にある協力企業や下請け企業といったいわゆる系列そのものであった．

一方で，インターネットの急速な普及により，従来からの特定企業間の情報システムに加えて，不特定企業を対象とするオープンな企業間情報システムが登場してきている．情報ネットワークの浸透により，地域・国境などの境界や企業間・組織間の境界，企業・顧客の境界などの様々な境界がなくなっていく．様々な境界がなくなることによって，企業はビジネス・プロセスを見直すことにより，企業間ビジネス・プロセスの観点からあらたなる競争優位性を確立していくことが求められる．そのために企業間情報システムは，単に受発注情報の交換にとどまらず，決済情報，顧客情報，技術情報の共有化などのあらゆる領域の情報共有化と活用を推進していくことになる．

コラボレーションといったような近年の発想は，これまでの機能単位別で構築されてきた情報システムの最適化によってビジネス・プロセス全体を最適化しようとするには，もはや個別企業単位での努力に限界がきている場合に適用されるものである．さらに，コア・コンピタンスやソーシングの発想は，自社の強みとなる資源を最大限利用できる特定のプロセスを重視して，ビジネス・プロセスを構成するのに必要な他の部分は，外部資源に依存するといった発想である．競争関係にある他社とも協調して，顧客満足度の向上という観点から，企業内に留まらず企業間においてビジネス・プロセスを構成することが重要で

§3 企業間連携と企業情報システムの役割　97

ある．例えば，製造業におけるアウトソーシングとして，インターネットを介した情報システムの運用で他社の優れた専門工程の利用などを前提としてビジネス・プロセスの再設計がおこなわれる可能性がある．最近では，部品の設計，製造，物流に至る一連の製造工程を製造業からアウトソーシングする EMS[17]の進展がある．これにより，部品の標準化，共有化が促進され，部品製造業への量産効果と調達コストの削減が実現可能となる．

　市場の構造が，大量生産によって作れば売れる生産優位の構造から，いかに在庫リスクを少なくし，かつより早く顧客のニーズに合ったものを多品種少量生産する消費優位の構造へとシフトした．それによる課題は，顧客満足度の向上とビジネス・プロセスの全体最適といった点に重点がおかれている．この課題は，製品の需要を的確に把握し，それに合わせて原材料調達から生産や物流，小売りに至るまで，製品を供給する企業間ビジネス・プロセス全体の無駄を省いて効率化することにある．そのためには企業間の連携が不可欠であり，企業間をまたぐビジネス・プロセスを最適化するための情報システムが不可欠となり，各企業単位の情報システムをインターフェースの標準化などによって企業間情報システムを構築することが課題となる．

## 3.2 SCM の展開

　近年，価値連鎖としての企業内のビジネス・プロセスから，価値システムとしての企業間のビジネス・プロセスへという流れの中で注目を集めているのが，サプライチェーンである．サプライチェーンとは，「原材料の段階から最終消費者にいたるモノの流れおよびこれに付随する情報の流れに関わるあらゆる活動をさす．すなわち，モノや情報がサプライチェーン上を川上，川下の双方向に流れること」をいう（Handfield, et al. [1999]，訳書 p. 2.）．企業の活動は，市場ないし顧客に価値を提供し，それを実現する活動である．したがって，企業の活動は，顧客に価値を提供する活動の連鎖である．この連鎖こそサプライチェーンであり，効率的なサプライチェーンの構築によって企業は顧客の信頼

---

17) Electronic Manufacturing Service

を勝ち取り維持発展することが可能となる．

　サプライチェーン・マネジメント（SCM）とは，継続的な競争優位性を確保するために，サプライチェーンの連携関係の改善をつうじて川上から川下にかけての一連の活動を統合していくことを指す（Handfield, et al.［1999］，訳書 p. 2.）．SCM は，特に製造業において最新の顧客情報を共有化することによって，生産計画サイクルを極限まで短縮化して需要変動に対応する企業間連携をいう場合が多い．また，関連する企業で顧客情報の共有化をつうじて，顧客サービスの向上をはかり，顧客満足度の向上を図り，顧客との長期的な関係性を構築しようとする CRM[18] の概念が普及している．このように，SCM や CRM は，企業単独のビジネス・プロセスという視点だけではなく，サプライチェーン上に存在する企業間でネットワークを利用して，顧客情報を共有化し，部品調達，製造，物流，販売までのサプライチェーンである企業間ビジネス・プロセス全体を最適化することを目的として構築されるものである．このような関係は図表 3-5 に示される．

　例えば，企業間において販売計画，販売実績や製造計画を共有することに

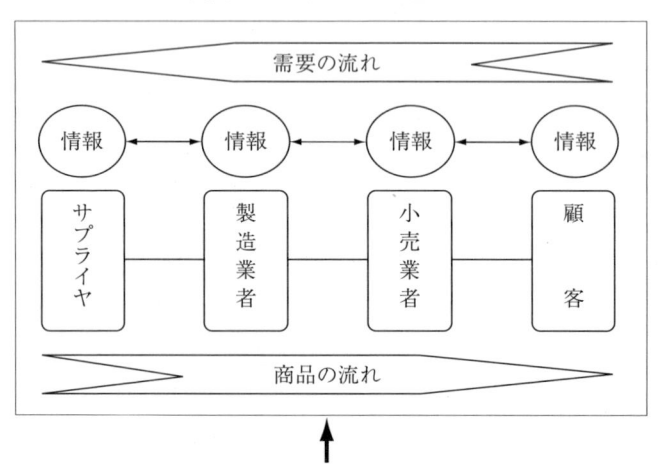

図表 3-5　サプライチェーン

---
[18] Customer Relationship Management

よって，小売業者では，販売状況をみながら販売計画を立て，品切れがないように調達計画を立てる．この小売業者の調達計画は，製造業者やサプライヤーにとっての販売計画でありその計画情報を利用して製造準備が可能となる．各企業が業務プロセスを独立でおこなう場合には，各企業において無駄が生じることになるが，資材調達，製品調達，配送などの情報を企業間で共有化することによって大幅に効率化することができる．各企業は情報を共有化することで，顧客の需要に応じた製品の設計から配送までの企業間ビジネス・プロセスの最適化をつうじてリードタイムの短縮と在庫量の圧縮を実現することができる．各々の企業が独自に予測や計画立案するよりも全体として計画の精度が上がることで在庫の無駄がなくなることが大きな成果となる．このような計画情報や実績情報の共有化の他にも，例えば販売会社へ顧客から寄せられる様々な情報を共有化することで，製造会社がその情報を新規の製品開発等に役立てることも可能となる．各企業が機能特化しつつも，全体最適が実現されるところに，ネットワークをつうじた企業間情報システムの役割がある．

SCMは，現状において企業への普及段階であるとともにSCMの捉え方自体も企業によって異なる．例えば，SCMの分類には次のような考え方がある（久道雅基・多部田浩一 [1998], p. 74.）．

- 第1段階（カンパニーワイド・サプライチェーン）：自社のロジスティクスプロセスを統合．
- 第2段階（拡張サプライチェーン）：取引関係にある原材料供給業者（さらにその先の原材料供給業者）から自社，自社の顧客（さらにその先の顧客）に至るまでのロジスティクスプロセスを統合するもの．
- 第3段階（グローバル・サプライチェーン）：第2段階をさらに拡大し海外に展開しているサプライチェーンをグローバルに統合したもの．
- 第4段階（サプライチェーン・コンソーシアム）：個別に独立して構築されたサプライチェーンを構成するパートナーやリソースを共有した，より大きな（業界全体にわたった）サプライチェーン・モデル．

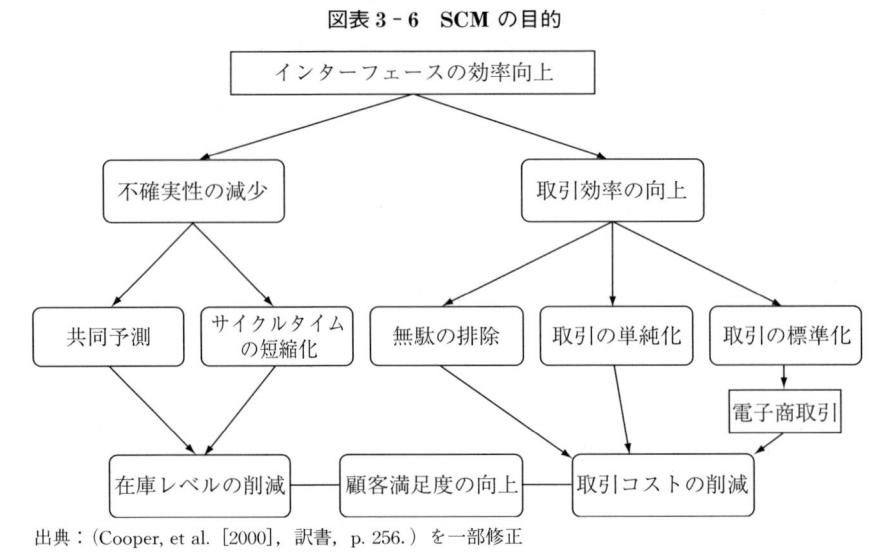

図表 3 - 6　SCM の目的

```
                    インターフェースの効率向上
                    ／                    ＼
            不確実性の減少            取引効率の向上
           ／        ＼            ／      ｜       ＼
      共同予測　　サイクルタイム　無駄の排除　取引の単純化　取引の標準化
                  の短縮化                                   ｜
                                                         電子商取引
            ＼        ＼            ／      ／
         在庫レベルの削減 — 顧客満足度の向上 — 取引コストの削減
```

出典：(Cooper, et al. [2000]，訳書，p. 256.) を一部修正

　また，SCM の目的は，一般的に次の 3 つに分類することができる．

　① 在庫の削減，② コストの削減，③ 顧客満足度の向上（または顧客サービスの強化）である（秋川卓也 [2004]，pp. 28-30.）．図表 3 - 6 に示されるように，企業間連携という企業間のインターフェースの効率向上による情報の共有化と活用が，不確実性の削減と取引効率の向上を促進し，結果として在庫の削減，取引コストの削減をもたらす．その過程では，欠品率減少などの生産性の向上や製品の納期短縮などのリードタイムの向上による売上機会の増大，さらに取引の単純化や標準化などによる物流の円滑化，在庫の削減によってもたらされるコストの削減によって効率的な経営が実現して，最終的には顧客満足度の向上に繋がると考えられる．

　このように，SCM の概念においては，企業間取引の効率化手段に焦点が合わせられることが多い．市場構造が生産優位の構造から，消費優位の構造に移行する中で，劇的な速度で変化しつづける市場に即応していくための戦略手段として，SCM をとらえることが重要である．SCM は，製造会社と流通会社が販売情報や在庫情報などをお互いに共有することによって，市場の変化に即

応した無駄のないサプライチェーンを実現する経営手法として捉えるべきである．情報技術を駆使することによって社内だけではなく，取引先の部品会社や物流会社，販売会社との間におけるリアルタイムでの垂直連携を可能にし，1社単独ではなく異業種提携によるアライアンスを前提とするのである．SCM導入効果は，パソコン，家電，アパレル業界のような市場変化のスピードが速く顧客ニーズの多様化が著しい業界ほど大きい．企業間ビジネス・プロセスを単に電子化することにとどまらず，顧客中心の消費優位の市場構造において顧客の立場で最もふさわしいビジネス・プロセスを提供するための手段としてSCMを捉えることが重要である．

以上のように，SCMにおける様々な定義や分類のいずれも，ネットワーク技術を利用して，企業間情報システムを構築することがキーワードとなる．SCMは，以前の同一社内における企業内ビジネス・プロセスの合理化や効率化を目指す統合型情報システムを，さらに企業間ビジネス・プロセスの最適化を指向し，企業間取引まで拡張したものである．このように，SCMは垂直統合された仮想企業体を形成する価値システムそのものであり，企業間コンピューティングを前提とした拡張された企業を目指すものである（Tapscot, et al. [1993]）．

### 3.3 企業間連携型情報システムの現状

#### 3.3.1 わが国企業のSCMの導入状況

ERP研究フォーラムが実施したアンケート（ERP研究フォーラム[2003], pp. 124-134.）によれば，SCMの導入状況および関心の程度を測る8つの項目のうち，「導入作業中」「導入し現在利用中」「利用範囲を拡大中」というSCMを導入中とする項目に回答した企業の合計は10.7%であった．また，「導入に向けて検討・準備中」とする項目に回答した企業が13.2%である．この両者を合わせると回答企業の23.9%がSCMを導入済みまたは検討中という結果である．また，全体の49.0%の企業が「一般的な調査・検討中」と回答している．SCMを導入している企業は，全体としてまだ少ないが，製造・

建設業や流通業での導入が非製造業の業種への導入を大きく上回る．導入事例は少ないものの，企業における関心は高く2002年度と2003年度の同様の調査項目を比較すると関心の高まりが伺える．

### 3.3.2 I社の事例

われわれが訪問調査したI社は，電動力応用技術を中心にした，鉄鋼・プラントシステム，一般産業用向けの各種電機品やシステム用電気品を製造・販売している．とりわけ，主な事業領域別に3つのSBU[19]を位置づけて事業展開している．

I社では，各時代における経営上の課題に対応するために，その時代の先端の情報技術を利用しながら情報システムを構築してきている（松本豊樹・松尾努・下田清［2003］，p. 202.）．情報システムの導入は，1960年代から1970年代に作業効率化という経営課題のもとに経理業務や給与計算業務へのシステム導入にはじまり，製造関連業務へのシステム導入がおこなわれた．1970年代初めには東京支社と本社の間が回線接続されている．1980年代前半においては，製品競争力の向上という経営課題のもと，営業，製造，設計の情報化を推進している．具体的には，自社開発の技術，製造の統合システムと，同じく販売・技術・製造の統合システムを構築し，基幹システムの統合化を実現している．また，1980年代中盤以降，順次工場内においてLANが導入されはじめる．1990年代においては，事業戦略競争力の向上という経営課題のもと，グループ経営を推進するための情報化が推進されている．また，この年代にダウンサイジング化，集中から分散へという流れがある．1990年中盤以降，グローバル戦略競争力の向上という経営課題の中，IT化加速によるネットワーク化，統合化が推進され，1999年にはERPパッケージを基盤とした新経理システムの導入がおこなわれ，その適用業務領域は拡大しつつある．1995年にはインターネット接続，電子メールの全社導入，社外向けWebを開設している．1998年には，代理店向けにWeb上で情報公開を開始し，1999年にはWeb-EDI調達用の電子情報交換を導入している．

---

19) Strategic Business Units

近年の企業環境の変化の中で，顧客満足度の向上という視点から，よりよい品質，顧客への短期納入，低価格の製品提供をという課題に応えるべく，顧客満足度の改善と高収益構造への変革を目的とした中期経営計画を策定した．その計画では，2002年1月からすでにSCMが導入されている1つのSBUを除いて，SBUにSCMを導入しそれを支援するための情報システム構築を目指すことになった．I社でのSCMの定義は，受注前工程から調達・製造・納入までの全工程を連続するチェーンとしてとらえて，ITの高度な利用により，最少の棚卸資産で最短の納期の実現を目指す全体最適システムとされている（有竹岩夫・木内陽一 [2003]，p. 189.）．導入の具体的な目的には，① 顧客要求納期に対応する，② 需要変動に追従できるビジネス・モデルとする，③ 極少の棚卸資産，間接業務で運用する，ことが掲げられている．これを実現するために，SBU単位ごとに製品の生産特性を明らかにしたうえで，そのビジネス・プロセスをリードタイムの短縮という観点から見直して，それを支援するために最新の情報技術を利用した情報システムの再構築に取り組んだ．従来，業務プロセスの改善という観点から，例えば生産性の高い機械を導入したりしてきたが，工程間の最適化，あるいは全体最適といったビジネス・プロセスの改善には及んでいなかった．顧客満足度の向上という観点から，現在の機能単位ごとの情報システムの統合である統合型情報システムからビジネス・プロセスを反映した全体最適を指向したより高度な統合型情報システムへとシステムを再構築した．図表3-7は，I社のSCMを支援する情報システムの構造概念である．

　従来では，不可能であったSCMの概念を今日の情報技術を利用することによって構築される情報システムでようやくそれが具現化できるようになったという．SCM体制に向けて，需要予測，調達状況，および製造計画などの情報を共有化することによる短納期・納期順守と，棚卸資産・業務の最小コスト運営を支援することが情報システムに期待された．SCM体制の実現には，需要予測精度の向上，需要予測に基づく製造・調達計画の立案，現場進捗情報の収集，組立て手前の材料確保，および現場工程の最適日程計画立案が課題だった

104　第3章　ビジネス・プロセスの革新と情報システムの役割

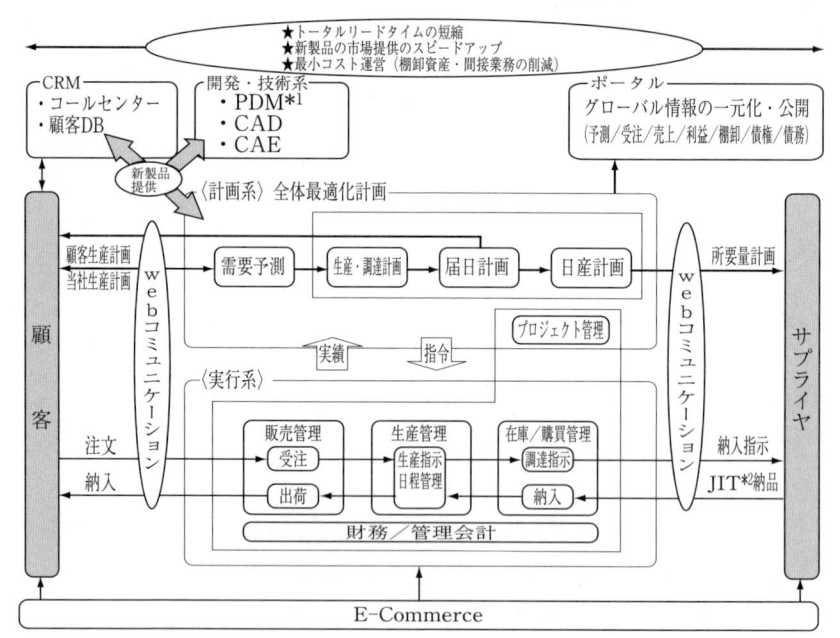

**図表3-7　I 社の SCM システムの構造概念**

★トータルリードタイムの短縮
★新製品の市場提供のスピードアップ
★最小コスト運営（棚卸資産・間接業務の削減）

CRM
・コールセンター
・顧客DB

開発・技術系
・PDM[*1]
・CAD
・CAE

ポータル
グローバル情報の一元化・公開
（予測／受注／売上／利益／棚卸／債権／債務）

〈計画系〉全体最適化計画

顧客生産計画／当社生産計画　―　需要予測　→　生産・調達計画　→　届日計画　→　日産計画　―　所要量計画

プロジェクト管理

〈実行系〉

販売管理（受注／出荷）　生産管理（生産指示／日程管理）　在庫／購買管理（調達指示／納入）

財務／管理会計

顧客　―　注文／納入　―　web コミュニケーション　―　…　―　web コミュニケーション　―　納入指示／JIT[*2]納品　―　サプライヤ

E-Commerce

*1　PDM：Product Date Management
*2　JIT　：Just In Time

出典：（松本豊樹・松尾努・下田靖 [2003], p. 203.）

という．この課題を解決するために ① 需要・製造現場情報の収集，管理，② 製造計画，材料調達計画の立案，実行管理，③ 関係外部への情報公開，交換，が情報システムの機能として求められた．この SCM 体制を支援する情報システムの構造は，計画系と実行系の2つにより構成されており，計画系は統合シミュレータツール，実行系は ERP パッケージをシステム基盤として，2つの系統のシステムを統合している（松本豊樹・松尾努・下田靖 [2003], p. 203.）．

SCM の成功にとっては，材料の的確な調達がその成否を決めるために，サプライヤーとの協調的な親密な関係を築くことが重要な要件となる．I 社では，サプライヤーとの協調関係を強化するために，これに先立ち製造計画の Web 公開，納入期日の Web インターフェース，VMI[20] の採用をおこない今日的

---

20)　Vendor Management Inventory

な情報技術を前提とした情報システムの構築をおこなうとともに，納入者オフィスの社内設置（ブランチオフィス運営）や EMS としての製造専門会社の設立などを実施し，より緊密な連携による運営を実現している．製造専門会社は，製造コストの削減と負荷変動に即応したオペレーションを目指して設立されている．SCM の実現にとっては，企業間情報システムの支援はもちろんであるが，それを支えるあるいはビジネス・プロセスに対応した組織体制を編成することが重要であることを示している．

### 3.3.3 その他企業の事例

I 社は SCM の導入により在庫金額の削減を効果としてあげているが，C 社では，具体的に SCM の導入により在庫金額が 40％削減され，欠品件数が 60％削減されるという効果をもたらしている．B 社では，グローバル化の進展に合わせてグループとしての全体最適を目指して情報化を促進しており，各事業の実情に合わせた形での SCM を推進している．国際的な分業化という観点からのグローバル化を進展するために，海外製造拠点に共通の情報基盤を整備し連携を強化するためそれぞれに自社開発の ERP パッケージを導入している．ハードディスク事業部では，国内外の部品調達拠点，部品・装置製造拠点を ERP パッケージで統一化し，イントラネットである WAN を介して本体である B 社とまた国内外の販売拠点とを連携させるグローバル SCM を構築している．

外国電気機械メーカー Y 社では，1999年より在庫を削減することを目的に，製造から販売までのリードタイムの短縮を推進するために SCM 構築を検討した．Y 社では，すべての製品系列をカバーした膨大な SCM を構築している．SCM 構築によって市場の変化に即応することが可能となり，生産量の再調整が1週間単位で可能となり，1997年には8週間だった平均在庫日数は，2001年には3週間にまで短縮された．

## 3.4 インターネット時代のビジネス・プロセス

ネットワーク技術の進展は，ビジネス・プロセスにも影響を及ぼしている．

先に考察された企業間にまたがるビジネス・プロセスの最適化を指向するSCMもその典型である．EC（電子商取引）と呼ばれる企業における受注や発注業務などの取引処理が，ネットワーク技術を利用して電子的におこなわれるとともに，あらゆる商取引がネットワーク上で活発化している．とりわけ，インターネットを活用したECによる企業間ビジネス・プロセスを拡張するためのシステム構築が盛んにおこなわれている．インターネットは，電子データ交換によって業務プロセスを効率化するために必要となる安価な情報技術基盤を提供することになる．従来のECでは，顧客や取引先とコンピュータで結ぶには回線を確保したり，取引先の手元に専用端末を設置したりして多大なコストが発生していた．しかし現在においては，パソコン1台があれば多くの投資を必要とせずにデータ交換や情報共有が可能となる．従来はEDIによる特定企業間のECがおこなわれていたが，現在においてはインターネット上でのオープンなEDIとして，企業間のECとしてのBtoB[21]，企業対顧客のECとしてのBtoC[22]が実現しているのである．

情報化白書によると，製造業や小売業などで約3割以上の企業が他社との電子商取引をおこなっており，今後もその拡大が見込まれている（㈶情報処理開発協会［2004/8］）．従来までは，製造業者と小売業者とを専用回線で結んでいる場合が多く，データ交換方式は業界・企業ごとに異なるといったケースがあった．近年では，インターネットを活用した企業間ECとしてのBtoBは，ビジネス・プロセスの効率化やデータ交換の効率化，また取引先の獲得や取引関係のグローバル化といった取引機会の拡大を目的として急速に発展している．例えば，部品や原材料をインターネット上で購入するECが，調達プロセスの基盤として進展している．インターネット上での電子調達システムは，受発注期間の短縮やコスト削減を目的とした調達プロセスの劇的な改善を狙う企業との間に利用が急速に拡大している．電子調達システムは，企業間で商品内容や在庫状況，受発注などの情報をオンラインでやり取りをおこなう．電子調達

---

21) Business to Business
22) Business to Consumer

§3 企業間連携と企業情報システムの役割　107

の流れはいっそう活発化し，例えば，E社では，調達コストの削減を目的に特定の原材料について電子調達システムを導入している．また，製造会社がWeb上に部品の価格や購入数量を公開して，部品メーカーからの自由な応札をまち，今まで取引が全くない数多くの企業の中から品質やコストなどの点で優れた企業に発注を決定する電子調達である不特定企業間でのECも実施されている．電子調達システムは，コスト削減や購入交渉における売買契約においても時間短縮につながることになる．このように，インターネットは，企業単位での部分最適ではなく企業間をまたがる全体最適を実現するため，オープンな企業間取引の再編への重要な役割を担いつつある．

　ただし，ECの実施に関する情報処理開発協会の調査によれば，BtoBの実施は，回答企業の34.8％が「特定の取引先との取引」であるクローズドなECを実施しており，とりわけ製造業においては48.8％が実施している．一方，「不特定多数の取引先との取引」であるオープンなECを実施している企業は，回答企業の2.7％に過ぎず「検討中」とする企業を含めても13％程度である（㈶情報処理開発協会［2004/3］）．

　一方，ECにおけるインターネット上のBtoCでは，取引当りのコストが飛躍的に削減され，店舗，人件費，在庫の負担が減り，流通業者が介在しないなどの利点が指摘される．さらには顧客側から見ると，それは顧客が要求する仕様の製品を迅速にかつ安く提供できることを可能にする．例えば，インターネット上での書籍販売や，パソコンを個別受注・製造販売を行っている企業の成功例はよく聞かれる．インターネット上でのビジネス・プロセスでは，製品やサービスを提供する側の企業が連携をとるだけではなく，顧客である取引先や消費者自身がビジネス・プロセスの構築と運用に主体的に参画する点に特徴がある．例えば，顧客が自らWeb上で商品を検索し，顧客が要求する仕様を顧客自らが画面上に入力して直接的に注文する行為は，商品やサービスを提供する企業側が本来おこなう受注処理を顧客が担っていることになる（遠山暁・村田潔・岸眞理子［2003］，pp. 270-271.）．しかし現段階において，このようなインターネット上のビジネス・プロセスを実施あるいは経営として成功させ

ている事例は一部に過ぎない．情報処理開発協会の調査における BtoC の実施状況では，「特定の顧客との取引」で 6.4％，「不特定多数の顧客との取引」で 8.1％の実施に留まる（情報処理開発協会 [2004/3]）．

　インターネットを含めたネットワーク技術の進展は，今後さらにビジネス・プロセスという観点から企業間や企業と顧客との関係に対して重要な影響を及ぼす．また企業のおかれている競争環境の激化によって，企業間の提携や，企業統合など企業の再編を含んだ形での企業対応がますます促進されてくる．他の企業との間における柔軟かつ迅速なビジネス・プロセスの再構築（統廃合や組み替え）がますます要求されてくる．従来のような企業における機能単位の視点から，あるいは個別企業単独でのビジネス・プロセスの視点から情報システムを構築するアプローチは，今日的な競争環境に適合しない．個別企業がビジネス・プロセスを単独で構築するのではなく，サプライヤーなどの取引先，顧客との協調・連携によって，仮想企業体としてのビジネス・プロセスが拡張すると予測される．将来を見とおした企業間，顧客のビジネス・プロセス，消費プロセスにまでまたがるビジネス・プロセスの組み替えを視野において情報システムの統廃合や運用管理が円滑かつ適切に推進されることが企業経営において今後の大きな課題となるであろう（遠山暁・村田潔・岸眞理子 [2003]，pp. 272-274.）．このような情報システム構築の課題については，本書第 7 章（堀内恵）において考察される．

# 第4章 企業情報システムの構造変化と その組織への影響

中央大学 河合 久

## §1 情報システム構成と経営パースペクティブの変化

### 1.1 情報技術水準と情報システム構成の変化

　情報システムの構造を規定するハードウェアとソフトウェアの構成は，IT水準の高度化に応じて絶え間ない変遷を辿ってきている．例えば，オンライン・システム，ネットワーク・システム，データベース管理システム，PC[1]，GUI[2]，インターネットなどのITは，従来，OA化，FA化，分散化，統合化，標準化，オープン化といった企業の情報化の展望を方向づける契機となり，EDPS[3]以降，経営の様々な場面で導入されてきた．もちろん，いかなる展望のもとでも，企業が情報システムを再構築する背景には，データ処理能力の向上，業務効率の向上，適用業務およびデータの拡大，情報活用可能性の増大など，より現実的な期待があることはいうまでもない．本書第2章（今井二郎）で詳しく述べられてきたようにITの不断の進歩が企業の情報化の展望や期待の実現に応えてきたことは間違いないが，加えて重要なことは，IT水準の高度化は企業情報システムの構造を改善してきただけでなく，しばしばその機能や適用方法の転機を招いてきたという点である．

　企業における情報システムの本来的な機能は，広くマネジメントまたは意思

---

1) Personal Computer
2) Graphical User Interface
3) Electronic Data Processing System

決定に有用な情報を提供することである（涌田宏昭 [1970]，[1971]；長松秀志 [1979]；Lucas [1982]）．これは，1960年代後半から70年代にかけて定着した給与計算，一般会計処理，受発注業務，予算統制情報産出などの基本的処理のオンラインによるトータル・システムを経営情報システム（MIS[4]）と称して以来の共通認識である．しかし，当時の IT 水準のもとで提供されていた管理情報は，取引処理システム（TPS[5]）を基礎とした過去または現在時点における要約的，定型的な業績報告に限定されていたため，MIS はアドホックな意思決定問題の解決に向けた多元的な情報ニーズに十分に対応できなかった．特定のエンド・ユーザが要求する分析的な意思決定支援情報を提供する意思決定支援システム（DSS[6]）とエグゼクティブ情報システム（EIS[7]）を含む経営支援システム（MSS[8]）が浸透したのは，その後1980年代であった．

当時の MSS は日常的な企業活動と密着した MIS とは切り離された独立型システムであったが，その実現を可能にした IT は，1980年代半ば以降に性能を高めた PC と，PC 用の表計算ソフトや DSS パッケージ・ソフトであった．専門的観点からマネジメントを担う管理者やアナリストにとって，PC の普及が MSS の推進力になったのは確かである．この段階になると，ホスト・コンピュータとダム端末との接続を前提とした初期の MIS を超えて，企業情報システムの機能と適用領域は飛躍的に拡大した．

MSS が台頭した1980年代は，ビジネスのグローバル化，顧客の価値観の多様化，製品ライフサイクルの短縮化など，企業内外の経営環境が著しく変化し，企業はそれらの変化に即応して競争優位を確保するための戦略を形成する必要に迫られた．情報システムの戦略形成支援が現実的に強く期待されたのもこの時代である．Wiseman は，当時の先端企業が既に情報システムを競争目的に活用していた事実に照らして，情報システムの機能を「組織上の用途」と「技

---

4) Management Information System
5) Transaction Processing System
6) Decision Support System
7) Executive Information System
8) Management Support System

術的な機能」との2つの軸からとらえ直し，企業に適用される諸種の情報システムの位置づけを再規定した（Wiseman [1988]）．それによれば，MIS は「基本的処理の自動化」の用途に向けられた「トランザクション処理」という技術的機能を果たす情報システムであり，MSS は「情報ニーズの充足」の用途に向けられた「検索・分析」という技術的機能を果たす情報システムである．Wiseman はさらに，それら2つの組織上の用途に「競争戦略の形成・支援」を加え，この用途に向けられた MIS と MSS の両方の技術的機能を果たす情報システムを戦略的情報システム（SIS[9]）と呼んだ．

SIS 構想の台頭は，組織上の用途の視点から機能の異なる情報システムを区別したうえで，戦略形成のレベルを包括する企業情報システムの将来像を明示した点で，歴史的に重要な転換点となったと考えてよい．わが国でも，1985年の電気通信事業法のもとでの通信の自由化によって，組織内外のネットワーク通信網の整備を前提とする統合的情報システムの重要性が従来よりも強く認識され（津田眞澂 [1990]；武田隆二 [1991]），情報システムの革新的な再構築を戦略上の重要課題とした企業は増えた．しかし，SIS を即座に構築しなかった企業も少なくなく，SIS を一時のブームとみる風潮もあった．だがその後の分析によれば，SIS が停滞した背景にはいわゆるバブル景気の崩壊や，SIS を構築できるだけの体制が企業内に十分に整備されていなかったことなど，技術以外の要因もあり，普及が遅れたからといって「SIS が目指した理念や機能までが否定されるものではない」（遠山暁 [1994], p. 9.）との指摘がある．むしろ1990年代後半から近年にかけて，ビジネス・プロセス，組織，戦略および情報処理機構を統合した企業情報システムの再構築に向けた取り組みはますます加速している．

さて，そうした取り組みを加速させた近年の IT 環境は，LAN[10] とデータベースを基盤とする C/S（クライアント／サーバ）システムに基づくネットワーク・コンピューティングにほかならない．C/S システムの最大の特徴は，

---

9) Strategic Information System
10) Local Area Network

複数のクライアントおよびサーバ(ハードウェア・プラットフォーム)にアプリケーション(ソフトウェア・コンポーネント)を細分化して配備し,特定の機種に依存しない柔軟なネットワークを展開可能にするオープン・アーキテクチャーであるという点である.この技術的特長によって,ネットワーク構成要素の拡張可能性(scalability)やソフトウェアの移植可能性(portability)が高まり,情報システムは組織構造やビジネス・プロセスの変更に柔軟に対応可能となった.また,データウェアハウスやデータマイニング機能を担う有効なデータベース管理システムとの併用により,オンライン取引処理(OLTP[11])とオンライン分析処理(OLAP[12])とを連携して,部門横断的情報活用を推進し,SISの基本理念である基幹業務システム(またはTPS)とMSSとの継ぎ目のない連携を促進することが期待されている.

実際に,わが国の上場企業を対象にした近年の実態調査をみても,C/Sシステム環境とホスト中心システム(host centric system)環境との間にTPSの運用スタイルが大きく変化していることがわかる.例えば,TPSのコア機能である会計システムをC/Sシステム上で運用する企業数はホスト・コンピュータ上で運用する企業数と同程度まで増加している(河合久他[2002]).また,購買部門,製造部門および販売部門の間で関連する業務データを横断的に利用できるとした企業数の割合は1995~2001年に全部門平均で約1.5倍に増加し,また,基幹業務システムと表計算ソフトとの協調によって分析的管理情報を活用している企業に限定すると,ホスト中心システム環境よりもC/Sシステム環境のほうが部門横断的情報活用の程度は高い傾向にあることがわかった(櫻井康弘[2004]).

C/Sシステムは,単一のメインフレームまたはミッドレンジ・コンピュータに情報管理資源を集中するホスト中心システムをもはや旧式のレガシー・システムに後退させてしまうほどの画期的なアーキテクチャーを提供したと認識されている(Mckie[1997]).あるいは,ホスト中心アーキテクチャーから

---

11) Online Transaction Processing
12) Online Analytical Processing

C/S アーキテクチャーへの移行は，今日までの IT の進展の中で最も重要な技術シフトの1つであると認識されている．Tapscott らによれば，前者は MIS をサポートする第1世代の IT であり，後者はビジネス・プロセスへのタイムリーな貢献や EIS をサポートする第2世代の IT である（Tapscott, et al. [1993]）．その技術シフトは，たんなる技術革新という意味を超えて，経営におけるコンピュータ利用方法や組織をもドラスティックに変革させる可能性があるという意味で，企業情報システムのパラダイム・シフトであるともいわれる．かかる技術シフトが認識されてから10年以上が経過しており，多くの企業にとって近時はまさに SIS の基本理念の実現段階にあるといえよう．

## 1.2 経営パースペクティブの変化

ここでは，企業情報システムの構造変化を，単純に，ホスト中心アーキテクチャー（第1世代）から C/S アーキテクチャー（第2世代）への技術シフトとしてとらえることにする．もっとも，IT を情報システムの経営への適用構想の実現手段とみれば，C/S アーキテクチャーの経営への適用構想は既にホスト中心アーキテクチャーにおいて芽生えていたと考えるべきであろう．例えば1990年代半ばの実態調査（今井二郎 [1999]；河合久 [1999]）をみると，当時，C/S アーキテクチャーを前提とする ERP[13] パッケージ・ソフトの導入を実施または検討するとした企業はそれほど多くなかったが，その一方では TPS を構成するアプリケーション別のデータを分散または総合データベースのもとで統合し，部門横断的情報活用を意図して管理会計情報を産出するという，ERP 概念の素地を形成していた企業も一定程度あった．問題は，新規 IT の導入それ自体ではなく，従来の情報化の変遷と同様に，新規 IT の導入がマネジメントに対してどのような意義をもつのかである．この点で，C/S アーキテクチャーが普及する前の SIS 構想の台頭段階で，今後の経営の指針となるパースペクティブは潜在していたと考えるのが妥当である．

ここで留意しておきたい点は，戦略形成の支援あるいは構造化されない意思

---

13) Enterprise Resource Planning

決定問題の解決に関連する情報システムへの役割期待は，既に第1世代から認識されていたことである．周知のように，Anthony は，オペレーショナル・コントロール，マネジメント・コントロールおよび戦略的計画からなるマネジメント・プロセスのすべての局面で情報処理が重要な役割を担うとするスキーマを提示していた（Anthony [1965]）．その後，そのスキーマを基礎として，マネジメント・プロセスの各局面での情報要求は意思決定問題の構造性の高低に依存して異なるという考え方が一般化された（Keen, et al. [1978]）．さらに後になって，例えばオペレーショナル・コントロールにおける構造的意思決定には TPS が機能し，戦略的計画における非構造的意思決定には EIS が機能するというように，異なる情報要求に応じた各種情報システムの適用と位置づけに関する分析枠組みが提唱されたこと（Leitch, et al. [1992]）も広く知られている．

それら一連の情報システムの適用概念は，組織を情報処理システムとしてみる組織観に立ち，企業情報システムの評価枠組みとしては第1世代に特徴的なパラダイムであったといえる．その場合，企業情報システムの評価枠組みは，IT がいかにして意思決定を支援できるかという意思決定に対する効果を問題にしていた．したがって，日常的な企業活動に関するマネジメントは中長期的に計画された所与の戦略の範囲内でコントロールされるという考え方（計画的戦略）に基づき，将来の基本構造としての戦略策定に対する IT の貢献は，オペレーションズ・リサーチ（OR）に代表されるように，DSS や EIS を活用した高度な意思決定モデルに基づく最適解の産出に求められた（分析的戦略の考え方）．経営戦略の策定において市場や業界に関する外部情報の重要性が認識されていたとしても，当時の MIS は内部事象のデータ処理に向けられていたため，戦略形成支援への対応は不十分であった．

そのような戦略策定支援に関する第1世代の情報システムへの役割期待は，SIS 構想の台頭期に展開された新たな戦略論の勃興と IT の飛躍的な進歩によってやや影を薄めた印象がある．その新たな戦略論とは差別化やコスト・リーダーシップなどの競争優位性の源泉を企業内部の価値創造プロセス，すな

わち価値連鎖 (value chain) をなすビジネス・プロセスに見出す競争優位の戦略 (Porter [1985]) にほかならない．本書第3章 (櫻井康弘) で考察されたように，競争優位の戦略のもとでは，最終的に顧客に引き渡される価値は企業内部の価値連鎖（価値活動）のアウトプットであると認識されるので，ビジネス・プロセスの効率化による納期短縮やコスト低減が問題となる．つまり，企業が競争優位性を追及しようとすれば，ビジネス・プロセスの再構築 (BPR[14]) が必要となる．

アメリカン航空やヤマト運輸などの当時の成功事例はネットワーク・システムによるリアルタイムな情報活用を競争戦略の原動力としたイノベーションであったが，どれもが顧客との接点や個々の業務発生点に情報端末を配するようなIT活用を指向していた．このようなIT活用は，CIM[15]やPOS[16]といった当時からの情報化の流れにも当てはまる．競争優位の戦略は，ネットワーク・コンピューティングに基づくインフラ整備を前提とし，ビジネス・プロセスとITとの連携によって環境適応と組織の全体的調整を図りながら，内部活動をつうじて付加価値を醸成していくという発想をもたらした．情報システムの適用面からみると，第1世代に典型的な戦略への対応がバックオフィスからのリファレンス情報の提供 (MSS) にとどまっていたのに対し，SIS構想の台頭期以降になると，業務を直接的に支援するフロント業務への情報システム適用の拡張が戦略形成にとって重要な役割を担うことになる．競争優位の戦略は，近時の情報化を方向づける経営パースペクティブの根幹をなす発想であるととらえてよいであろう (Hammer, et al. [1993]；遠山暁 [2004]；堀内恵 [2004])．

第1世代の戦略論から第2世代の戦略論への発想の転換は，分析的戦略または計画的戦略という伝統的戦略のもう一方の極に，不連続な環境変化への敏感な対応を可能にするように，異なる職能や事業単位の連携を重視して経営の内

---

14) Business Process Re-engineering
15) Computer Integrated Manufacturing：コンピュータ統合生産
16) Point Of Sales：販売時点管理

**図表4-1　第1世代と第2世代の経営パースペクティブの特徴**

| | 第 1 世代 | 第 2 世代 |
|---|---|---|
| システム構造 | ホスト中心アーキテクチャー | C/S アーキテクチャー |
| 経営戦略形成 | 分析的戦略／計画的戦略 | 計画的戦略／競争優位の戦略／創発的戦略 |
| 情報システムの戦略的対応 | バックオフィスからのリファレンス情報の提供（MSS） | MSS／フロント業務支援 |
| 意思決定機構・組織観 | ・機械的組織観<br>・階層型組織<br>・ヒエラルキー型分業（組織機能の分断）<br>・官僚機構志向<br>・集権的意思決定<br>・公式的コミュニケーション<br>・組織を情報処理システムとみる | ・有機体的組織観<br>・ネットワーク型組織／フラット型組織<br>・ネットワーク型分業（組織機能の統合）<br>・自主参加／権限移譲<br>・分権的意思決定<br>・非公式なコミュニケーション<br>・組織を情報の解釈システムとみる |
| 業務改革・情報化の視点 | 〈業務改革の対象と目的〉<br>・現行の業務プロセスや部門単位を対象<br>・合理化／能率化と受動的環境適応目的<br>〈業務改革と情報システムの関係〉<br>・改革後に情報システム設計<br>・情報処理と業務を分離<br>〈情報化視点〉<br>・コントロール志向<br>・情報処理志向（シンタックス情報の重視）<br>・情報伝達志向 | 〈業務改革の対象と目的〉<br>・ビジネスフローとしての業務プロセスと部門の垣根を除く組織全体を対象<br>・顧客満足と能動的環境適応目的<br>〈業務改革と情報システムの関係〉<br>・情報システムを前提とした改革<br>・情報処理と業務を統合<br>〈情報化視点〉<br>・イノベーション志向<br>・情報創造志向（セマンティクス情報の重視）<br>・情報共有志向 |

cf.（Tapscott［1993］；遠山暁［1994］；大月博司［1999］；大月博司［2001］）

部活動から新たな戦略の機会を創造または創発するという創発的戦略を加える考え方である（十川廣國［2000］）．ここに第1世代から第2世代への経営パースペクティブの重大なシフトを認識することができる．この2つの戦略観の相違を基準にすると，図表4-1に要約するように，両世代では意思決定機構，組織観，業務改革の視点，あるいは情報化の視点が異なる．それらの特徴的な相違は以下のようである．

第1世代においては，職能の高次の水平分業が成立する厳格な階層型組織のもとで，公式的情報が特定の管理者に集中し，計画的戦略に沿ってマネジメン

トと意思決定が展開されてきた．これに対して第2世代においては，職能や事業単位の弾力的な協働関係が成立するネットワーク型組織のもとで，非公式的情報も含む多様な情報が組織メンバーに広く共有され，競争優位の戦略または創発的戦略に沿って環境に柔軟に対応するためのマネジメントと意思決定を展開することが重視される．こうした経営パースペクティブの変化は，情報システム構成あるいは情報伝達の経路の観点からしても，スター型ネットワークを構築可能とするにすぎないホスト中心アーキテクチャーから複合型情報ネットワーク（斎藤環 [1989], pp. 31-33.）を構築可能にする C/S アーキテクチャーへの変化に符合する．第1世代の経営パースペクティブがクローズドな情報システム構成とマネジメント機能を志向していたのに対して，第2世代はオープンな情報システム構成とマネジメント機能を志向するようになる．

## §2 組織能力の形成要因としての企業情報システム

### 2.1 組織能力とナレッジ

第2世代の企業情報システムは，組織内に張り巡らされた情報ネットワーク環境のもとで，フロント業務支援を推進し，個々の組織メンバーが業務に関する意思決定に自主参加する状況をうむ．前節に述べたように近年の IT が経営に与えた影響は大きいが，その中でも特に注目しておきたいことは，機能横断的情報共有を目指した BPR を核とする組織変革が展開され始めたということである．その場合の組織変革の典型はフラット型組織への転換であるが，この変革により個々の組織メンバーには，エンパワーメントに象徴される主体的な組織コミットメントと，日常的な業務遂行を超えた戦略形成に寄与する能力が求められるようになった．このような環境が競争優位の戦略における顧客重視の価値創造プロセスを活性化するために必要であることは，多くの企業において近年の情報化ビジョンを提示する際の共通理解である．

情報が組織メンバーに広く共有され，意思決定権限が広範囲に委譲されるようになり，そこにおいてチームやグループ間の柔軟なネットワークによって情

報が創造されるという点に注目すると，企業情報システムの新たな課題が浮き彫りになる．これは，従来いわれている自己組織化と関連する課題である．組織は自身の中に環境の不確実性に対処するために自律的に秩序をつくる自己組織化能力を有し，そのプロセスにおいて組織に蓄積されたナレッジや情報が結合して新しい意味をもつ情報が創造され，この情報相互作用により自律性を発揮することが戦略の要となるといわれる（野中郁次郎［1998］）．この主張は組織を情報の解釈システムとみる組織観につうじるものであり，記号的なシンタックス情報を意味的なセマンティクス情報に変換する組織性を要求する．意思決定や人間の行為は，情報の取捨選択や多様な文脈から引き出された意味に反応するからである．経営におけるこの関係は一定の組織体制のもとで成立するから，このような状況を実現しようとすればナレッジの蓄積と学習が組織にとって課題となり，このような状況が実現したならば蓄積され創造された情報やナレッジは組織能力形成に有効になる．

　企業情報システムに蓄積される情報やナレッジが組織の意思決定プロセスやビジネス・プロセスと密接な関係をもって競争優位性の獲得に貢献すると認識する場合，ビジネス・プロセス，企業情報システムおよび情報は競争優位性の源泉に位置づけられ，組織の有効性を向上させる資源とみなされる．こうした考えは資源ベース論の枠組みで説明されるが，藤田誠はこの枠組みを組織能力，組織デザインおよび知識（ナレッジ）の観点から以下のように整理している（藤田誠［2001］，pp. 128-134.）．

　資源を組織構造や意思決定プロセスとならんで組織特性の要素ととらえるならば，組織能力および組織デザインは資源と区別される概念である．その場合，組織能力は資源を獲得，活用，蓄積，開発し，製品・サービスを産み出す力であり，組織デザインは組織特性の要素間の内的関連（組織内の条件整備）である．ここで，組織能力を引き出す資源の所在や活用方法に関する組織的記憶として表現される知識は組織デザインの中に蓄積されるので，両者は知識を共通にして重複すると考えられている．そして，組織能力はそのメンバーの個人能力の相似的拡張（たんなる集まり）ではなく，両者は組織デザインによって連

§2 組織能力の形成要因としての企業情報システム　119

結されるという．この考え方のもとでは，組織デザインは個人能力と組織能力を連結する体系あるいはシナジーを発揮する枠組みと認識される．

　そのような理解を前提とすれば，組織の有効性は資源を十分に活用する組織能力に多くを依存することになり，ひいては組織能力の中核をなすナレッジに左右されることになる．このナレッジの根源は組織メンバー個人が身につけている暗黙知，すなわち言葉にはうまく表現できないナレッジである．したがって，組織能力の向上は個人の暗黙知を組織的に統合する能力と深い関係がある．個人の暗黙知を組織的に統合する能力は，個人の暗黙知を相互に結びつけ，これを公式の体系的な言語で伝達されるナレッジである形式知に変換し，さらにこの形式知を新しいナレッジとして組織に蓄積する知識変換能力である．この一連の過程は組織的知識創造の知識変換スパイラル過程であることもよく知られている．

　組織的知識創造は，環境の不確実性を軽減するように行動する情報処理システムとして組織をとらえる第1世代のパラダイムとは異なり，イノベーションによる環境への能動的対応にとって情報創造の発想が必要であるとする第2世代の組織観を背景にすえている．第2世代の組織観のもとで組織が情報の解釈システムとみなされるのは次の理由による．すなわち，競争優位性を獲得するための企業独自のプロセスや構造化された手続きなどの制度としての組織特性は，ある段階で認識された情報あるいはナレッジを企業のビジョンやドメインに即して解釈し，組織的に統合していく組織学習過程をつうじて創発されると考えられるからである．組織的知識創造過程と組織学習過程とは必ずしも一致する概念ではないとされるが，次の指摘をみる限り類似性が認められる．

　「学習プロセスは，個人レベルで獲得した知識や技能を組織メンバーが共有していくプロセスである．そして学習結果は，組織メンバーに共有されたメンタル・モデルとして定着していくのである．共有されたメンタル・モデルは組織メンバーの世界観を表し，明示的な理解と暗黙の理解を含んでいる．組織メンバーは，共有されたメンタル・モデルをベースに未知の事柄に対する見方や解釈をなし，新たな情報の獲得，利用，削除などを決定する．したがって，組

織学習は，組織行動に有用な知識や技能に関するメンタル・モデルが形成されるプロセスともいえるのである」（大月博司他［1999］, pp. 119-120.）. ここでメンタル・モデルとは思考習慣の意味であり，行動傾向（ノウハウ）とならんで経験の反復によってスキル化される暗黙知の具現であって，知識変換スパイラル過程においては，組織内に新たに体系化された形式知が個人に再び内面化する段階で認識される（大月博司他［1999］, pp. 125-126.）. このように組織的知識創造における個人の暗黙知を組織の体系的な形式知に統合する過程と，組織学習におけるメンタル・モデルの形成過程とは類似し，共に組織に蓄積される構造的ならびに非構造的情報の共有と解釈を必要とする.

近年，こうしたナレッジの組織的管理を支援するための IT 活用が推進されている. 暗黙知は個人に体化されるスキルのような性格を有するために，例えば販売担当者の販売交渉ノウハウやクレーム対処方法など，組織メンバーが日常の業務遂行過程で得た経験に基づく意見のラフな交換によって，暗黙知の組織内共有は可能である. これを組織全体に浸透させるために，イントラネット環境下もしくは web 環境下でナレッジを非構造的な情報として蓄積し，提供可能にするナレッジ・マネジメント・システム（KMS[17]）が構築されつつあり，企業情報システムの重要なコンポーネントに位置づけられるようになった. ナレッジの蓄積・統合と組織学習の効率化という課題に対して，次節で取り上げる企業情報ポータル（EIP[18]）は，第 2 世代の IT を駆使した新たなソリューションとして，組織資源の効果的な活用を向上させる組織能力と組織デザインの形成に貢献する可能性を有している.

## 2.2 組織能力の向上に向けた企業情報ポータルの意義

組織内にナレッジや情報を蓄積し共有するためのツールとして，従来はイントラネット環境下でのグループウェアが有効とされていたが，最近になって，EIP が注目されるようになった. EIP とは，単一の Web ブラウザー画面から

---

17) Knowledge Management System
18) Enterprise Information Portal

イントラネットへのアクセス，グループウェアの参照，データベースへのアクセスなどを可能にし，社内文書や業務アプリケーションといった情報資源へのエンド・ユーザによるアクセス統合を指向したアプリケーションである．わが国における EIP の実践的な適用は2001年以降とされ，その歴史は浅く，多くの企業に定着している段階ではないといわれている．しかし，企業の組織能力の向上にとってナレッジ・マネジメントの重要性が認識されるようになったのに伴い，EIP が有するナレッジ・マネジメント支援のための機能性に対する関心が急速に高まっている．

〈D 社の例〉

われわれが訪問調査した D 社（2004年）では，社員が利用できる端末機に共通のブラウザー画面が表示され，そこに配置された多様な項目から社員個々人が目的のリンク先にアクセスできる．具体的には，電子メールや電子掲示板などのコミュニケーション・ツールへのアクセスだけでなく，例えば社員の営業訪問に関する業務スケジュールの登録と参照が可能であり，基本的にはすべての社員がお互いの行動をどの端末機からでも把握することができる．さらに，ブラウザー画面上のフレームから各種の業務アプリケーションにジャンプすることも可能であり，社員は自分の仕事に直接に関係する業務アプリケーションを操作したり，他部門の操作によって蓄積された在庫データのような業務データを参照することができるようになっている．このような EIP を構築することによって組織全体として情報活用が盛んになり，部門間ならびに社員間の情報共有が社員個々人の日常業務に関する問題を効果的に解決する助けとなっているという．

EIP は一般に，そのオープン性に加えて，エンド・ユーザの日常的な利用目的に適合する情報を蓄積情報から選別し，組み合わせて提供するパーソナライゼーションと呼ばれる機能を有する．情報の選別は，基幹業務システム上のデータベース，ドキュメント，電子メール，ファイル・サーバなどの複数の情報源を横断的に検索することで可能となる．この機能によって組織内の情報を

エンド・ユーザが共有して横断的に活用する環境が整うことは，ERP パッケージのようなオープンな基幹業務システムと同様であるが，取り扱う情報の内容が定型的・定量的情報だけでなく定性的情報を含む点，また，エンド・ユーザ個々人の利用目的に適合する文脈依存情報（セマンティクス情報）を提供できる点が大きな特徴である．

そうした特徴は「Information ポータル」と呼ばれる初期の EIP 製品にも備わっていたが，今日までに，EIP の周辺にある業務アプリケーションへのアクセスとデータ統合を強化した「Application ポータル」や，コンテンツのコラボレーション，自然言語の検索，電子ディスカッションなどのナレッジ・マネジメント支援を強化した「Knowledge ポータル」といった機能特化型の製品が市場に登場している．将来的にはそれらの特徴を包括した「Workspace ポータル」と呼ばれる EIP が主流になると予想されている（亀津敦 [2003]）．

ところで，亀津敦によれば，EIP を導入し有効に活用するためには以下に要約する3つの検討ポイントが重要となる．

① ビジネス・プロセスの改革に向けたシナリオの重要性

EIP のユーザがパーソナライゼーション機能を活用して利便性を感じている状況でも，基本的な情報検索を超えた業務改善に向けて EIP を有効に活用できる保証はない．そこで，導入を検討する初期段階から，ユーザを参画させて，実際に EIP を利用するシーンを具体的に想定し，将来の業務改革のシナリオを関係者で共有することが重要である．

② 情報資産の棚卸しの重要性

パーソナライゼーション機能は有効であるとしても，EIP 自体にユーザごとの必要情報を自動的に峻別する技術的能力はなく，事前にニーズに適合するための情報の選別と組み合わせを定義しなければならない．その際，情報やナレッジを競争優位性の獲得に向けて活用しようとすれば，社内の情報資産の内容や格納場所を確認し，冗長を排除し，ユーザに周知することが重要である．

## §2 組織能力の形成要因としての企業情報システム

### ③ コミュニティーのデザイン

EIP をユーザが情報やナレッジを共有する場としてとらえると，ある情報を必要とする組織内のユーザや部署のつながりを特定する必要がある．このつながりには公式的な組織単位間のつながりだけでなく，組織単位を超えた非公式の個人的つながり（コミュニティー）もある．組織内の緩やかなコミュニティーを発見し有効なコラボレーションを志向することは，ユーザの自発的な EIP への参加を促し，効果的な組織デザインの形成にとって重要である．

以上 3 つの検討ポイントは，EIP 構築にとって業務改革（プロセス），コンテンツ（情報）および人（コミュニティー）のあり方の適切な形成が必要となることを指摘したものであるが，そこには近年の経営がナレッジをその重要な組織資源に位置づける考え方が底流している．では，IT 適用を前提とする企業情報システムが扱うナレッジとは何か．この点についても亀津敦は重要な指摘をしている．すなわち，ナレッジとは厳密には「ビジネスバリューを生み出す行動を起こすために必要となるスキルや判断基準，経験」（亀津敦 [2003]，p. 5.) であり，具体的には，体系化されたリファレンス情報とこれを基礎として築き上げられるマニュアル，経験・ノウハウ，プログラム化された手続きなどから構成される．この意味におけるナレッジは「コア・ナレッジ」と呼ばれ，組織の競争力そのものであり差別化の武器になる．しかし，コア・ナレッジの醸成と活用には日常的な業務に関連するデータや情報が必要になることから，それらも広くナレッジに含められて「やわらかいナレッジ」と呼ばれている．結局，組織全体のナレッジはコア・ナレッジとやわらかいナレッジとから成り立つとされる．

さて，やわらかいナレッジを構成する経理データ，顧客データ，在庫データなどのファクト・データは日常の業務活動のデータ処理（取引処理）によって蓄積される．この取引処理をめぐる近年の動向は組織内外の価値連鎖の合理化を意図したビジネス・プロセスの統合を志向しており，一般に OLTP のフェーズでその能力は発揮される．OLTP は，ビジネス・プロセスを軸にし

た事業単位の統合化を実現するという点で，まさに基幹業務システムの中心的な役割を演じている．そうしたフロント業務支援の方向性に加えて，ERPパッケージは財務分析や OR などの分析的情報の産出に向けて，データウェアハウスを介した DSS または OLAP（オンライン分析処理）というバックオフィス支援への統合化を目指してきており，いわゆる基幹系と情報系の融合の実現に貢献している．さらに最近では，ERP パッケージによるプロセス統合は，組織単位間の情報共有化とエンパワーメントをキーワードとする情報活用の有効性に結びつけられ，既に本書第 2 章に示されているように，情報システムのユーザ（個人やコミュニティー）を軸とする統合に向かって概念化されつつある．ERP パッケージのこのような方向は EIP の機能性によって補完される．

〈外国電気機械メーカー Y 社の例〉

われわれが訪問調査した外国電気機械メーカー Y 社（2004年）は，先進的な企業情報システムを構築していることで世界的に著名であるが，EIP の適用状況にも目を見張るものがある．同社ではバリューチェーンをとおして全社的に ERP（ERP II）を採用している．コードや BOM[19] などのリアルタイムなマスター・データを ERP と連携し，さらに顧客との接点に機能する CRM[20] 上に顧客関連のポータルをリンクし，サプライヤーとの接点に機能する SRM[21] 上にサプライヤー関連のポータルをリンクしている．ERP を中心として，それら 2 つのポータルを配することによって，プロセス内の基幹業務システムは統合されている．同社の EIP の優れた特徴は，統合された基幹業務システムの延長線上に，情報の共有化とパーソナライゼーションを実現可能にした社員向けのポータルをリンクしている点である．これによって，組織に蓄積されたデータを一元的に社員向けのポータルに集中することができる．社員が出社してクライアント端末を起動させると，その社員の最初になすべき仕

---

19) Bill Of Materials：部品表
20) Customer Relationship Management
21) Supplier Relationship Management

§2 組織能力の形成要因としての企業情報システム　　125

事のリストや事前注意喚起情報（Y社ではTo-Do List, Check Listなどと称している）を強制的に閲覧させるようにしている．このポータル化は従前に比べ社員の仕事のスピードを2倍以上速めたという．

　さて，ERPとEIPとの連携は，KMSの枠組みにおいて，プロセス（すなわち機能），情報（あるいはナレッジ）およびコミュニティー（すなわち組織）の有機的関連を規定する組織デザインによるシナジーを向上させる新しい情報化ビジョンを提示するものである．最も重視すべきは，Y社の例にあるように，このビジョンのもとでの企業情報システムが今後の経営活動および経営戦略を支援するためのインフラを構築しうる点であろう．EIPは，定量的または形式的な情報（シンタックス情報）を扱う基幹業務システムによるビジネス・プロセスを反映した機能間統合を前提とするが，組織の事業単位やメンバーがそれらの情報を文脈的に関連づけて新たな情報やナレッジを創造する過程において，多様な意味的な情報（セマンティクス情報）を蓄積し提供するための情報システムとなる．われわれは，このようなコラボレーションを重視した企業情報システムを，競争優位の獲得を導くための個人能力と組織能力とを連結させる媒介手段として位置づけることができる．ここに，企業情報システムの経営における今日的意義として，「ERPの概念および技術とEIPの概念および技術とを融合することによってシンタックス情報とセマンティクス情報の組織内共有が進展すると，それら2つのタイプの情報の循環的相互作用によって次第に組織能力が高まる」という仮説を示すことができよう．

　しかし，企業の競争力となるコア・ナレッジを形成するには，情報システムを整備するだけでは不十分である．いかなる情報システムもそうであるように，EIPを企業の組織構造や意思決定プロセスとどのように整合させるかが問題になる．この問題への対応は，意思決定支援情報の提供やナレッジの蓄積と統合を効果的に機能させるための環境条件を整備することにほかならない．ここでは，そのような環境条件こそが組織デザインであると認識している．組織デザインは継続的な経営活動に根ざした各企業に固有の風土や文化を反映してい

るために,第2世代への技術シフトによって異質な経営パースペクティブが要求されるようになると,それに整合する環境条件の抜本的変革が必要となることもある.その意味では上記の検討ポイントの「③コミュニティーのデザイン」は避けられず,組織デザインの変革または再構築に向けた努力が,新たな企業情報システムの構造変化から要請されるようになる.

## §3 組織文化の変革要因としての企業情報システム

### 3.1 企業情報システムと組織文化

　企業情報システムが業務活動に統合されて広範なエンド・ユーザを配する基幹業務システムを構成し,さらにセマンティクス情報を創造することが可能になると,企業情報システムは個人能力と組織能力を連結する体系としての組織デザインにおける主要なファクターとなる.ここで,第2世代の企業情報システムが目指す情報化の視点は第1世代と大きく異なることに注意したい.第2世代の戦略対応は情報創造に基づく創発的戦略を重視するものであり,戦略形成の思考転換や業務改革を伴う新たな組織デザインのもとでは,エンド・ユーザへのエンパワーメントを視野にいれたイノベーションに向けた組織文化(あるいは企業文化)の転換が課題になる.

　では,情報システムの視点からみた組織文化とはどのような意味をもつのであろうか.もともと組織文化の概念は採用される組織観や研究方法論の相違によって多義的であるが,Scheinによって提唱された概念が議論の端緒となることが多い.Scheinは,組織文化を「ある特定のグループが外部への適応や内部統合の問題に対処する際に学習した,グループ自身によって創られ,発見され,または,発展させられた基本的仮定のパターン」(Schein [1985],訳書p. 12.)と定義した.図表4-2はScheinによる組織文化の3つのレベルとその相互作用の要約である.

　Schein自身はレベル3に含意される「メンバーによって共有され,無意識のうちに機能する基本的仮定や信念」を組織文化の本質としたが,これは最も

§3 組織文化の変革要因としての企業情報システム　127

図表 4-2　文化のレベルとその相互作用

---

レベル 1：人工物ならびに創造物（Artifacts and Creation）
- 技術，芸術，視聴的な行動パターン
- その背後にある意味の解読は非常に困難であるが，価値を知ることによって，それを解読することができるようになる．
- 文化の伝承の手段として使用される．

↑　　↓

レベル 2：価値（Value）
- 社会的合意という基準にしたがって，検証することができる．
- ある程度，組織に入り込まないと理解できない．
- 問題解決，日頃の行動から創造される．
- 文化の本質を解読するための鍵となる．

↑　　↓

レベル 3：基本的仮定（Basic Assumption）
- 「環境に対する関係」，「現実，時間，空間の本質」，「人間性の本質」，「人間行動の本質」について仮定から構成される．
- 組織のメンバーに無意識のうちに受け入れられており，潜在している．
- 価値が無意識化されたものである．

---

出典：(出口将人 [2004], p. 34)

抽象度が高いために，観察することは困難である．むしろ，経営上のイノベーションや将来ビジョンの変革といった経営戦略の観点から文化の機能面に注目すると，組織のリーダーによって意図的に示されたり，組織メンバーによって知覚されるレベル 2 の価値または価値観をもって組織文化のコアと考える論者も多い（加護野忠雄 [1993]）．ここで，価値または価値観とは，具体的な経営行動の指針となる「あるべき姿勢」または「望ましさ」と理解できる（梅澤正 [2003]）．それらはレベル 3 と同様に不可視的で観察しにくいが，レベル 1 の人工物の構築や組織メンバーの行動パターンにやがて影響を及ぼす意思決定基準と同義にとらえることができる（図表 4-2 の上方に向かう矢線）．

いうまでもなく，企業情報システムは人工物である．SIS 構想以降，特に第 2 世代の企業情報システムは組織構造や業務の変革の契機となることが予想され，現実のものとなりつつある．しかし，その技術シフトが従前からの連続性をもたないパラダイム・シフトと認識されると，新しい企業情報システムを成

功裡に構築するための環境条件として，組織文化を考慮すべきとする主張が支配的となった．例えば以下のような指摘がある．

① 組織効率の向上に関連して──「情報技術の主な機能は，人間の業務を変革して，従業員や組織の生産性を上げることにある．これはつまり，情報技術によって作業の内容，ビジネス・プロセス，組織の構造，企業文化，個人の技能などが大きく変わりうるということである」(Tapscott, et al. [1993]，訳書 p. 258.)．

② ネットワーク型組織への転換に関連して──「古い組織体系はそれに代わる新しい体系が編み出されるまでは必要である．階層型の組織の痕跡はかなりの期間にわたって残るだろう．最初の段階は，プロジェクトチームの役割を強化したマトリックス型の組織を構築することである．しかし，オープンなネットワーク型の企業組織に移行するためには，さまざまな企業文化とその他の変革をも考慮しなくてはならない」(Tapscott, et al. [1993]，訳書 p. 351.)．

③ 第2世代への転換に必要な学習のための組織化に関連して──「企業家精神に富む企業文化が第2世代で成功するために必要である．文化の価値やその姿勢，そして行動は，業務の新手法を呼び起こしたり，組織内のあらゆる階層で認識されるような機会となるべきである．目標は全社的にその文化や学習を浸透させることだが，それと同時に学習プログラムも全社的に主導され，またある意味で，所有されている必要がある」(Tapscott, et al. [1993]，訳書 p. 474.)．

④ 情報システムの革新的な再構築に関連して──「情報システムのリストラにあたっては，何よりも利用者レベルを含めた革新への組織文化の醸成こそが重要なカギとして認識されてくる．〈中略〉それ（組織文化）は，集団としての過去の成功経験から学習をつうじて形成され，組織にとって価値あるもの，あるいは有効なものとして，時間の経過の中で，次第に根付いてきたものである．〈中略〉したがって，組織文化は，容易に変革することが困難な特性を持つものである」(遠山暁 [1994]，p. 17.)．

§3 組織文化の変革要因としての企業情報システム　129

それらの指摘から，組織文化を考慮することの意味には，企業情報システムの革新性に見合うように文化を変革する必要があるという側面と，現状の文化を支える価値観や信念を変革し組織に浸透させることはそう簡単ではないという側面の，二面性があることがわかる．われわれがヒアリングをおこなったA社（2004年）は，組織文化の改革を情報システム再構築の重要課題としているので，以下に同社の近年の情報化への取り組みと組織文化の改革項目について紹介しよう．

〈A社の例〉

A社の情報システム適用のスタートは1960年代に遡り，最近の30年間はアプリケーションの継ぎ足しによる改善にとどまっていたが，近年はそうした硬直化した情報システムの改革に注力している．2001年度以降の中期計画において，情報化の位置づけを「全社情報ネットワーク・システムを構築して有効活用すること，すなわち情報の高度利用の実現のためのインフラ作り」とし，情報およびITを活用して意思決定の迅速化・正確化と業務の効率化を支援し，経営に役立つ情報システムを構築しようとしている．組織体系についてもカンパニー制への移行と階層のフラット化を計画に盛り込み，抜本的な企業革新を目指している．こうした方針転換における同社の情報化ビジョンとは，「戦略施策の発想（事業創出・商品開発）」，「仕組み・制度の改革（業務改革・改善）」および「企業文化・風土の革新（組織・人の活性化）」という企業革新の3本柱を情報システムの高度利用によって支援しようとするものである．ここに，情報システムの高度利用とは，「大量データ・ノウハウの蓄積と容易かつ迅速な検索・加工」，「大量データの正確かつ迅速な計算・処理」および「大量データの時間・空間を超えた瞬時の伝達・交換」を指向するものである．現在はこの情報化ビジョンを具体化する段階にあり，その手段として，全社的なプロジェクトチームを編成し，ERPパッケージ・ソフトの導入を進めている．そのねらいは，部門間の機能的統合に基づくビジネス・プロセスの標準化と最適化，管理会計システムと生産管理システムの再構築，および，BPRと意識

改革にある．特に BPR と意識改革により企業革新の柱の1つである「企業文化・風土の革新」の実現が期待されている．

　A 社が掲げる企業文化の改革項目とは「実績偏重から計画重視への転換」，「バッチ指向からリアルタイム指向への転換」，「会議・根回し・情報の秘匿から情報の共有化・活用向上への転換」，「部分最適から全体最適への転換」，「役割・責任の曖昧性から権限の明確化（権限委譲）への転換」および「セクショナリズム（組織の壁）から組織のフラット化への転換」の6つである．ERP 導入プロジェクトチームの代表者によれば，それらの企業文化の革新は情報化ビジョンの実現に必須であるが，同時に目標とする企業革新の中で最も困難な課題であるという．同社はこの課題の克服を目指してユーザの直接的，間接的参加を視野にいれた取り組みを展開している．具体的には，情報システム部門の運営機能強化の観点からEUC[22]の支援を図ること，利用部門に常駐している情報システム要員のローテーションを図ること，将来のトップ・マネジメントによる経営情報の活用（SIS 対応）に向けて現在のミドル・マネジメントによる情報システム活用を促進することである．

　このように，A 社の情報化ビジョンは，第2世代の企業情報システムをめぐる経営パースペクティブの転換を反映した典型的事例であるといってよい（図表4-1参照）．そこでの企業文化の改革項目は ERP の導入による BPR および組織メンバーの意識改革と密接に関連し合い，独自の管理様式，組織構造，制度あるいは行動パターンに直接的に結びつく項目である．またこれは，望ましい環境条件の整備に向けて，情報システムの革新的変更からアプローチする姿勢の現れと解釈できる．このような観点から，それらの項目は基本的仮定や価値のレベルの文化概念というより，表層的に観察可能な文化概念に近い．飯田史彦の分類に従えば，それらは「各個別企業の構成員が共有している全ての意思決定基準やそれを具体化した行動パターン，およびそれらによって具象化された創造物」であり，「企業特有の環境知覚様式（情報処理様式）や戦略ス

---

[22] End User Computing

タイル，組織構造・制度を含む企業全体の環境に対する適応スタイル」と表現される文化概念である（飯田史彦 [1993]）．また，この概念はScheinの体系の中ではレベル1の文化概念に近似し，ITまたは情報システムを含み，それらの創造物を有効活用するための組織デザインのファクターである．第2世代の情報化への対応において組織文化を考慮するプロセスは，新たな技術や制度によって望ましい組織デザインを構築することを目指して，既存の文化を支えている価値観，さらに基底にある仮定や信念を変更する努力であるといえる（図表4-2の下方に向かう矢線）．

### 3.2 情報の共有化と組織文化

組織文化への関心が高まったことは確かであるが，その根底には，意思決定支援やナレッジ・マネジメントの有効性向上を目指す上で，情報の共有化やコミュニケーションの充実化といった情報の有効活用と組織文化とが深い関係にあるとの認識がある．その場合，情報の有効活用を意図した新規ITの導入や情報システムの再構築が組織メンバーによって意味ある価値として受け入れられることが鍵となる．そのとき，情報の共有を促進しやすい環境と，そうでない環境との間にどのような相違があるのかをみきわめることが重要である．この観点から，Leidnerは，組織メンバー個人の情報に対する価値認識を「情報文化」と呼び，情報文化と組織文化との関連から情報の有効活用の程度を評価するための枠組みを提案した（Leidner [1999]）．ここではその論点を紹介しよう．

Leidnerによれば，まず，情報システムが十分な効果を発揮するための組織上の課題はMIS，MSS，ERPなどの情報システムの種類によって異なり，その相違は情報システムをめぐる組織統合の程度と関係がある．図表4-3は，組織統合の程度を水平統合と垂直統合の2次元でとらえ，各種の情報システムに必要な統合の程度を示している．ERP，EISあるいはKMSは部門横断性やリアルタイムなネットワーク・コンピューティングが前提となるから，必要な組織の水平統合の程度はMISや単体のDSSよりも高い．したがって，そ

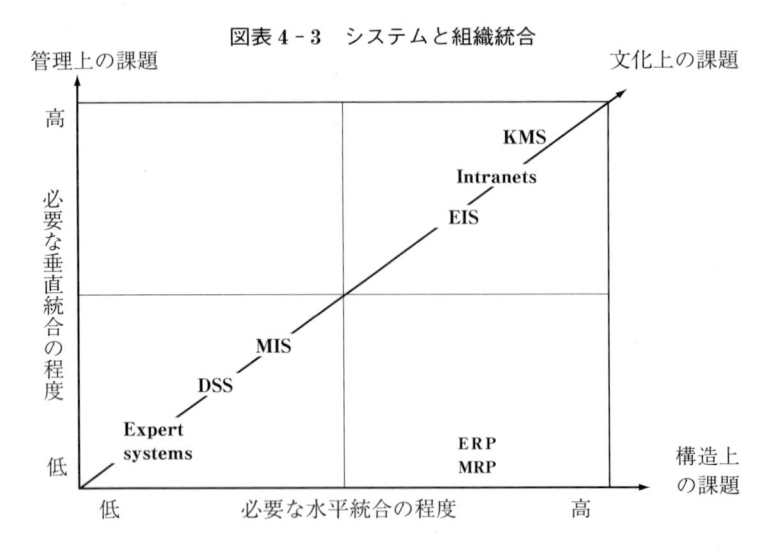

132   第4章　企業情報システムの構造変化とその組織への影響

**図表 4-3　システムと組織統合**

```
管理上の課題                                          文化上の課題
  高 ┌─────────────────┬─────────────────┐
     │                 │              KMS │
     │                 │         Intranets│
  必 │                 │       EIS        │
  要 │                 │                  │
  な │                 │                  │
  垂 ├─────────────────┼─────────────────┤
  直 │                 │                  │
  統 │          MIS    │                  │
  合 │       DSS       │                  │
  の │                 │                  │
  程 │   Expert        │       ERP        │
  度 │   systems       │       MRP        │
  低 └─────────────────┴─────────────────┘ 構造上
      低       必要な水平統合の程度       高   の課題
```

れらを導入する際には組織の構造上の課題（structure challenges）に直面する．一方，EIS あるいは KMS は，全社的な経営状況について「誰でも，いつでも，どこでも」という情報提供を志向しており，組織の管理階層や職位を超えたコミュニケーションを期待するから，必要な組織の垂直統合の程度は MIS や ERP よりも高い．したがって，それらを導入する際には組織の管理上の課題（control challenges）に直面する．そして，水平統合と垂直統合の程度が共に高くなればなるほど文化上の課題（culture challenges）を克服する必要性が高くなるという．

　KMS は文化上の課題の克服を最も必要とする情報システムと位置づけられているが，Leidner は上述の理由に加えて，ナレッジが競争優位の戦略を確保するための有効な資産となり，EIS や KMS を支援するイントラネットが組織内の情報を個々のメンバーの手元に戻し，ユーザがそれらの情報システムの設計から情報管理まで深く関与するようになったことを指摘している．この指摘は，第2世代の経営パースペクティブへの転換において，企業情報システムはシンタックス情報とセマンティクス情報を統合することによって個人能力および組織能力を高める，という本章§2で論じた仮説と整合する．

## §3 組織文化の変革要因としての企業情報システム

Leidner の関心は，組織における情報の統合が高く，情報内容とユーザ個人とが深くかかわるような，特にナレッジの組織的共有を図る環境である．その場合，組織メンバー個人（KMS のユーザ）による情報（暗黙知）の共有に対する知覚は，自分自身にとっての価値の次元と組織にとっての価値の次元では異なり，その組み合わせから次の4つのタイプに分けられる．

① 情報の選択的共有（selective information sharing）——自分にも組織にも価値が大きい情報は共有するが，組織に開放しても自分の利益に結びつかない情報は隠すという情報文化．

② 情報の秘匿（information hoarding）——情報の共有は避けるが，他者から与えられる学習に努めるという情報文化．

③ 情報の完全共有（full information sharing）——組織の利益のためには他者と自由に情報を共有するという情報文化．

④ 情報のランダム共有（random information sharing）——要求があれば自由に情報を共有するが，意識的には共有しないという情報文化．

続いて Leidner は，それらの情報文化すなわち暗黙知に対する個人の価値観と，それより表層的な組織の部分単位の行動パターンとの関係について考察する．その際，関連する先行研究から，部分単位の行動パターンを測る尺度として，その行動パターンが「プロセス志向か結果志向か」，「従業員志向か仕事志向か」，「所属主義か専門主義か」，「オープン・システムかクローズド・システムか」，「規範主義か現実主義か」の5つであり，それらは部分単位の個人が暗黙知を個人の資産とみるか，あるいは組織の資産とみるかの判断に用いられた．さらに，組織文化の行動上の問題として組織に属す個人レベルの文化（個人文化）と組織レベルの文化（組織文化）に視点を投じ，両者のレベルが必ずしも同調的ではないことから，両者の関係が情報文化にどのように影響するかについて考察している．そこでは，個人文化については「個人主義的か協働的か」，組織文化については「個人主義的か集団主義的か」という尺度が援用された．

図表4-4はそれらの分析から得られた提言の要約である．この分析は，

図表 4-4 情報文化に関する提言の要約

| 提言の種類 | 番号 | 提言（略記） |
|---|---|---|
| 情報文化 | 1 | 暗黙知を個人にとっても企業にとっても共に価値が大きいと知覚する個人は，暗黙知の選択的共有に属する． |
| | 2 | 暗黙知を個人にとっては価値が高く企業にとっては価値が低いと知覚する個人には，情報の秘匿に属する． |
| | 3 | 暗黙知を個人にとっては価値が低く企業にとっては価値が高いと知覚する個人は，暗黙知の完全共有に属する． |
| | 4 | 暗黙知を個人にとっても会社にとっても共に価値が低いと知覚する個人は，暗黙知のランダム共有に属する． |
| 情報文化に対する部分単位の文化の影響 | 5 | プロセス志向とは逆に，結果志向の部分単位は暗黙知を個人の資産とする見方を助長する． |
| | 6 | 専門主義志向とは逆に，所属主義志向の文化は暗黙知を企業の資産とする見方を助長する． |
| | 7 | オープンな部分単位のコミュニケーション風土とは逆に，クローズドな組織単位のコミュニケーション風土は暗黙知を個人の資産とする見方を助長する． |
| | 8 | 現実主義とは逆に，規範主義志向の文化は暗黙知を企業の資産とする見方を助長する． |
| | 9 | 仕事志向とは逆に，従業員志向の文化は暗黙知を企業の資産とする見方を助長する． |
| 情報文化に対する個人文化および組織文化の影響 | 10 | 集団主義的文化における個人主義的な個人は，暗黙知の選択的共有に属する． |
| | 11 | 集団主義的文化における協働的な個人は，暗黙知の完全共有に属する． |
| | 12 | 個人主義的文化における個人主義的な個人は，暗黙知の秘匿に属する． |
| | 13 | 個人主義的文化における協働的個人は，暗黙知のランダム共有に属する． |

出典：(Leidner [1994], p. 543.)

KMS およびそれを支援する情報システム（例えば EIP）を導入する際に，その目的達成の障害となる文化上の要因がどこにあるのかを評価するための枠組みを示したものである．一定の結論として，組織における部分単位の行動パターンのレベルでは「所属主義志向」，「従業員志向」および「オープン志向」

の環境，また個人文化のレベルでは「協働的」な環境，さらに組織文化レベルでは「集団主義的」な環境が，組織メンバーによる「情報の完全共有」という情報文化を促進する可能性があるとした．

そうした分析をつうじて Leidner は，ネットワーク・システム（イントラネット）を駆使した新規情報システムを導入すれば直ちに情報を全社の資産として共有できる状況になると考えるのは誤りであり，激しい競争環境におかれる組織の有効性が組織メンバーのナレッジを管理する能力に依存するという仮定のもとでは，情報システムと組織文化との適合性が重要になると指摘している．このように，新規情報システムの導入を推進力とする組織文化の変革によって両者の適合性を達成しようとするには，組織メンバーや集団としての組織単位が情報の取得，共有あるいは開放に価値を見出すか否かという組織上の姿勢が問題となる．あるいは，情報やナレッジの蓄積，創造あるいは統合が組織能力を高めるという知覚を浸透させることが，企業情報システムと組織文化とを結びつける際の課題になるといえる．

## §4　情報システムの組織的有効性の評価問題

### 4.1　評価の視点

企業情報システムの機能はマネジメントに有用な情報を提供することにほかならないが，近年ではフロント業務の支援，BPR の促進，情報およびナレッジの共有・統合など，競争優位の獲得への役割期待が増大したことは既に指摘したとおりである．これは，企業情報システムの有効性の評価が，事務処理の合理化（情報の生産性向上）というコスト指標による単一の評価では不十分であり，ビジネスそのものの生産性向上や収益性増大というベネフィットを含めた多元的評価が必要であることを示唆する．もちろん，情報システムおよび IT の改善や変更がコストに及ぼす影響は看過できない問題である．特に近年のネットワーク・システムを実現する IT 環境のもとでは，組織構造と情報コストとの関係が注目されるようになった．

例えば，集権的組織（典型的には階層型組織）よりも分権的組織（事業部制組織やネットワーク型組織）のほうが情報コストは高いが，情報ネットワークおよびそれに付随する電子メディアの採用が情報コストを低減する効果があると指摘されている（今井賢一他 [1998]；岡部曜子 [2001]）．すなわち，市場でおこなわれる取引に必要な情報の収集や処理にかかるコスト（取引コスト）は組織内に集中管理することで最も節約されるから，集権的組織のほうが分権的組織よりも情報コストは安い．しかし，環境の不確実性に適応するためには分権体制を推進し情報を組織内に分散したほうがよい．ところが，組織構造が複雑化し情報が分散すると情報量が増大し，これを処理するための情報コストや部門間の異質な情報を調整するためのコスト（調整コスト）は高くなる．このような取引コストないし調整コストは，ネットワーク・システムによるデータ，情報またはナレッジの一元的格納と共有によって低減される．

また，そのような情報処理それ自体のコストとは別に，組織のフラット化やオープン化という構造変更によってもコスト低減が可能であるとされる（Tapscott, et al. [1993]）．例えば，協調的で業際的なチーム（業務グループ）があたかも C/S 機能のごとく行動するモジュール型の組織構造のもとでは，従来の官僚機構を廃止し，直接的には総務関連経費，通信費，人件費などを削減し，間接的には作業時間を節約する効果がある．

確かに，そのようなコスト低減は第 2 世代に典型的な IT の導入に伴う情報システムの有効性である．だが，情報システムと組織へのその有効性との関係を，前者の技術的効用のみが後者を規定するという関係でとらえることは短絡的である．むしろ，コストの低減効果を指摘する上記の論者たちも認識しているように，企業には環境への適応（自己組織化），付加価値の実現，情報の共有と創造，オープンなコミュニケーションなどの組織機能を効率化する意図が先行し，利用可能な IT やアーキテクチャーからどれを選択し組み合わせるかは，追求する組織機能の範囲に依存すると考えるべきである．組織機能の範囲は，企業が追求する組織能力を醸成する組織デザインによって規定される．このように考えると，企業情報システムの有効性は一定の組織デザインから産み

§4 情報システムの組織的有効性の評価問題　137

出される組織業績との関係で評価されることが望ましい.

　Anthonyらは,業績は戦略を遂行するプロセスを通過した結果であるというスキーマのもとに,戦略インプリメンテーション機構の構成要素として組織構造,人的資源管理,マネジメント・コントロール（MC）および組織文化の4つを挙げている（Anthony, et al. [1998]）.組織構造は組織において意思決定をおこなう過程での役割,報告関係および責任を条件付ける.人的資源管理は選択された戦略と組織構造とを整合させることによって必要なナレッジとスキルを拡張する.マネジメント・コントロールは戦略を遂行する過程での具体的な業務プログラムの設定と調整を果たすことはいうまでもない.この場面での文化（風土）とは,「協調の質,個々人の成長,組織メンバーの組織目標への貢献またはコミットメント,および,その目標が結果に変換される際の能率を条件づける内部環境の質」を意味し,目標一致原則に影響を及ぼすインフォーマルな要素として経営管理活動を明示的もしくは暗黙的に誘導する.本章のこれまでの議論に従えばそれらの要素間の関係は組織デザインそのものであるから,近年の企業情報システムは,組織業績を向上させるために,経常的な業務活動プロセスにおいて,戦略インプリメンテーション機構の構成要素と連携しながら,組織機能のシナジーを支援する役割を果たすことになる.図表4-5はそれらの関係を示している.

　それでは,企業情報システムの有効性を組織業績の視点から評価する際に,ITの有効活用を促進すると考えられる組織文化をどのように考慮することになるのか.1つの側面では,ある一定の組織文化が,採用するITの水準を規定していくという考え方が成り立つ.また別の側面では,一定のIT環境によって影響を受ける内的環境要素としての組織文化が業績水準を左右するという考え方も成り立つ.以下では,それらの考え方に基づいてIT水準,組織文化および業績水準の関係を考察した研究を取り上げる.

**図表 4-5　企業情報システムの役割**

```
         ┌─────────────────────────────────────┐
         │     戦略インプリメンテーション機構      │
         │              ┌─────┐                │
         │              │ M C │                │
         │              └─────┘                │
         │           ↗    ↑    ↖              │
┌─────┐  │  ┌──────┐ ┌─────────┐ ┌──────┐    │  ┌─────┐
│戦 略│→│  │組織構造│←│企業情報 │→│人的資源│   │→│業 績│
└─────┘  │  └──────┘ │システム │ │管 理 │    │  └─────┘
         │           └─────────┘              │
         │           ↘    ↓    ↙              │
         │              ┌─────┐                │
         │              │文 化│                │
         │              └─────┘                │
         └─────────────────────────────────────┘
```

出典：(Anthony, et al. [1998], p. 95.) を基礎にして，筆者が加筆し作成した.

## 4.2　情報技術水準・組織文化・業績水準の関係

### 4.2.1　革新的文化と情報技術水準

　IT 水準および情報システムの成功要因と組織業績との関係を分析する上で，文化革新性 (cultural innovativeness) の程度を，IT 導入の性質，タイミング，範囲などに影響を及ぼす先行条件と位置づけた研究に，Hunton らの実証研究がある (Hunton, et al. [1997])．そこでの仮定は，革新的な文化特性を有する企業は，業績向上に向けて積極的に内部プロセスの変更 (BPR) を推進するために新規 IT を導入する傾向が強いというものである．この仮定は，ある一定の組織文化が，採用する IT の水準を規定していくという考え方にたつものである．

　BPR をつうじて有効な意思決定支援情報の広範な産出が情報システムに期待されるようになり，また，組織業績が情報システムの活用と不分離の関係にあるならば，組織業績は IT 水準に左右されることになる．しかし，新規 IT を導入すること自体は直接に組織業績の向上を保証するものではないから，IT 水準と組織業績との関係を評価する際には IT または情報システムの有効性が問題となる．そうした観点から，この研究は，文化革新性の程度と IT 水準との関係，および IT 水準と組織業績を含む IT の有効性（または情報シス

§4 情報システムの組織的有効性の評価問題　139

テムの成功要因）との関係を包括的に取り込んだ分析モデルを展開している．

　この研究では，ある企業の IT 水準は会計機能を果たすソフトウェアと，それを稼働するハードウェアとの組み合わせの程度で測定されている．対象となるソフトウェア（アプリケーション）とハードウェア構成は次のとおりである．

〈ソフトウェア〉
① ワープロ　　　　　　　　② 表計算ソフト
③ 会計取引処理　　　　　　④ 図形／DTP[23]
⑤ 税申告書作成　　　　　　⑥ 財務分析
⑦ データベース　　　　　　⑧ インターネット
⑨ EIS　　　　　　　　　　⑩ DSS
⑪ エキスパート・システム　⑫ C/S

〈ハードウェア〉
① 単体の PC　　　　　　　② ネットワークの PC
③ 単体の中型コンピュータ　④ ネットワークの中型コンピュータ
⑤ メインフレーム　　　　　⑥ WAN[24]

　それらのソフトウェアおよびハードウェアはどちらも，記載した番号が大きくなるほどその水準が高くなると想定されている．例えば，ネットワークに基づくハードウェア環境下で，会計取引処理を構成するモジュール数が多く，財務分析や計画立案にデータベースを活用し，EIS や C/S アーキテクチャーを稼働する企業の IT 水準は相対的に高いと評価される．次に，情報システムの成功要因の尺度として，以下の6つのディメンジョンを挙げている．

① システムの質（情報システムの技術的特質を評価する；「システムの信頼性」，「利用簡便性」）
② 情報の質（情報の量的および質的特質を評価する；情報の「正確性」，「適時性」，「内容」，「様式」）

---
23) desktop publishing
24) Wide Area Network

③ システムの利用（情報の受け手による意思決定場面での消費度を評価する；「利用頻度」，「利用範囲――会計情報の共有度」）

④ ユーザの満足度（情報システムに対するユーザの反応を評価する；「インターフェースの満足度」，「全般的満足度」）

⑤ 個人への影響（情報の受け手の態度および行動に対する情報の効果を評価する；「仕事の満足度」，「組織コミットメント」）

⑥ 組織への影響（組織業績指標への有効性を評価する；「内部統制の強度」，「利益額増減」，「株価増減」，「投資利益率の増減」，「同業他社との比較による主観的業績水準」）

アメリカおよびカナダの企業229社のサンプルに対する統計解析の結果，「文化革新性」と「IT 水準」は正の相関を示し，また，「組織への影響」（組織業績）は「IT 水準」，「システムの質」，「システムの利用」および「個人への影響」とそれぞれ直接的に正の相関を示した．それらの関係から得られる一定の結論とは「革新的な文化特性を有する企業は，新規 IT を積極的に導入して高い水準の IT を構成し，システムの質を高め，意思決定場面での利用頻度や情報共有を促進してユーザ個人の仕事の満足感や帰属意識を高め，最終的に，管理者の責任と密接に関連する内部統制機能を強化し，組織業績を改善する」ということである．

この結論の限りでは，情報システムによって組織業績が改善される程度は IT 水準に依存するという解釈が成り立つ．しかし，その主張の背景にある認識とは，高い水準の IT 導入の今日的意義は BPR を伴うような情報システムの革新にある，という点である．そして，この実証研究が検証した根本的事実とは，IT 水準の高度化にはあくまで革新的な組織文化が必要条件となるということである．その意味では，先に例示したA社の情報化ビジョンのシナリオには一定の妥当性がある．

革新的な文化特性をもつ企業が情報システムの刷新あるいは BPR を推進しやすいという事例は，先に取り上げた外国電気機械メーカー Y 社にも認められる．同社は ERP パッケージの全面導入を実現したが，その道程は段階的で

あった．ERP パッケージ導入の期待の1つに経営情報を共有して有効活用するという側面が認識されていたが，同社の上級 IT 管理者によれば，そうした環境は従前とは異質なもので社員の抵抗があったとのことである．しかし，それを克服したのはトップの強いリーダーシップであった．同社のビジネスは多岐にわたるが，社内にはすべてのビジネス領域（製品群）に関して，開発局面でも，質または量においてもトップクラスを目指すという価値認識が共有されている．A 社と Y 社に共通の特徴は，競争力の維持または優位性の獲得にとって IT への期待が高く，共にその水準の向上に向けて強いリーダーシップが発揮され，ビジネスそれ自体に加えて，社内の価値認識を転換させる革新性を有していることであろう．

### 4.2.2 情報技術と業績との媒介変数としての組織文化

Hunton らの研究は，文化革新性の程度は IT 水準と関係があるだけでなく，組織業績との間にも直接的な正の相関があることを示した．このことは，革新的な組織文化が IT 水準や情報システムの有効性以外の要因にも作用して組織業績を改善することを示唆する．実は，Hunton らの仮定には，IT 水準の先行条件として，文化革新性のほかに「組織規模」が設定されていたが，結果として新規 IT 導入と組織規模との間に明確な関係はなかった．つまり，新規 IT の導入による情報システム水準の高度化はいかなる規模の企業によっても追求される可能性があることになる．よって，組織業績の改善に対する IT の有効性を IT 投資額や組織規模から説明するのは困難であり，「IT の導入と効果について調べる今後の調査研究は，組織構造や企業文化の視点から定義される企業特性に焦点を合わせるべきである」(Hunton, et al. [1997], p. 29.) との指摘は説得力があるといえよう．

ところで，Hunton らは直接言及していないが，先述の情報システムの成功要因の尺度のうち「③システムの利用」と「⑤個人への影響」は内的環境要素としての組織文化と深い関係があることに留意したい．それらの尺度に含められる情報共有に関する認識，仕事の満足度および組織コミットメントは，情報システムおよび情報活用に対する組織メンバーの行動パターンまたは価値観を

表象している．これは，それらの尺度に関連する文化特性が情報システムの技術特性と共に組織業績に影響を及ぼす要因として位置づけられることを含意し，また，革新的な文化特性を形成することが間接的に情報システムに対する組織メンバーの意識や価値観の改善を助長するという解釈を可能にする．

このような解釈を可能にする視点を表した別な研究として，ITの有効性を組織業績に関連づける際に組織特性を重視したDunkらの研究を挙げることができる（Dunk, et al. [1997]）．Dunkらは，多くの先行研究を精査した上で，IT投資と組織業績との財務的計数の因果関係を見出すことは困難であるとし，組織業績については非財務的測度による評価が重要であるという．なぜなら，近年の組織業績に影響する主要な要因はIT活用を不可欠とする業務変更であり，それに伴うプロセスの能率向上，学習およびエンパワーメントを背景とする作業環境の質の向上，顧客重視の強化など，非財務的視点から知覚される組織特性が競争優位性の獲得につうじるからである．Dunkらの研究は組織文化をIT水準の向上に影響する先行条件と位置づけたHuntonらとは異なり，組織業績の向上が業務変更による効果であるとすれば，ITと組織業績との関連性を検討する際にはITと深い関係のある組織特性を媒介させる必要があるというのが基本的な考え方である．いいかえれば，一定のIT環境によって影響を受ける内的環境要素としての組織文化が業績水準を左右するという考え方である．そこでDunkらは，組織業績の程度を説明する組織特性として次の3つを挙げている．

① 業務変更要因（BPRか継続的改善か）
② 組織文化（支援的文化か非支援的文化か）
③ 業務構造化可能性（構造化可能か構造化不能か）

まず，業務変更要因については，近年の激変する経営環境は急進的なプロセス変更を要求するので，従来の既存プロセスの自動化の効率を追求する継続的改善による業務変更より，BPRのほうが業務の生産性向上と顧客満足を得られるとする．次に，組織文化の特性で用いられる「支援的」とは意思決定支援情報の管理者による共有を促進する程度であり，機能横断的情報共有や広範な

意思決定のための潜在力を促進する IT は，非支援的文化より支援的文化によって促進され，業績を向上させるという．最後に，業務構造化可能性とは手続きを完了するために実施すべき手順を設定する程度であり，高い専門知識や直感を要する構造化不能業務より，手続きが標準化される程度が高く IT 適用が容易な構造化可能業務のほうが業績を向上させるという．それらの見解に基づき，Dunk らは「業務変更要因として継続的改善ではなく BPR が重視され，組織文化が支援的であり（非支援的でなく），業務構造化可能性が高い（低くない）場合，IT は業績を向上させる傾向にある」(Dunk, et al. [1997], p. 89.) という仮説を導出している．

この限りでの Dunk らの研究は，仮説の経験的検証の段階に具体化されてはいないし，3 つの組織特性間の関係に言及していないために操作性が高いとはいえないが，BPR という情報システムの革新的変更を重視する点や，情報および潜在的価値の共有化という組織文化要因を関連づけた点で，Hunton らの考察と重なる部分は大きい．これらの 2 つの研究は，企業情報システムの構造変化がもたらした第 2 世代の経営パースペクティブにおいて求められるいくつかの要件を反映し，また，組織有効性を高めるための情報システムを基軸とする組織デザインの今後の方向性を提示したものとして意義深いといえよう．

しかし，近年では新規 IT の導入が柔軟的になったとはいえ，その進展は急進的である．ゆえに，そのスピードに情報システムを含む組織デザインの変更はどの程度対応できるのか，IT が組織の存続にどの程度貢献できるか，あるいは，セマンティクス情報をどこまで取り込むことができるか，など情報システムの有効性評価は困難を伴うだろう．わが国の企業における情報システム構築において，情報システム，情報あるいはナレッジを組織デザインの要素と位置づけ，本章で紹介した A 社のように組織文化を含む組織特性を正面から取り上げている企業がどの程度あるかについては明確な資料はない．だが，必ずしも明示的でないにせよ，実務的にも理論的にも近年の企業情報システムの技術シフトが組織に及ぼした影響は大きく，今後はますます情報システムの有効性評価の問題に組織特性を考慮する必要性が強く認識されるべきである．

# 第5章 企業の情報化戦略と
情報システム部門の機能変化

高千穂大学 成 田 博

## §1 情報システム部門の機能の多様化

### 1.1 企業情報システムの変化

　$IT^{1)}$の進展にともない，企業の情報システムは適用範囲，情報内容，そして情報提供領域を拡張してきており，企業の戦略実現における情報システムの重要性はますます高まってきている．どのような目的をもって企業の情報システムを構築するのか，具体的に企業の中で情報システムにどのような機能が期待され，実現してきたかによって，当然，情報システム部門（以下，IS部門）の果たす役割，機能も変化してきている．

　企業に情報システムが導入され始めた1950年代後半から1960年代前半，情報システムが$EDPS^{2)}$という用語で代表される時代において，IS部門は経理部や管理部内に数人の担当者が配置され，ホスト・コンピュータによる定型的なデータ処理が実施されていた．その後独立した部門として設置される場合でも，経理部や管理部に所属する電子計算機課あるいはEDP室（課）と称され，その業務は大量のデータを効率的に処理することに主眼がおかれていた．IS部門は高度な専門知識を有するコンピュータ技術者によって構成され，その主たる機能は，他の部署とは隔離されたコンピュータ室における大量のデータ処理に関わるプログラムの運用を中心としつつ，次第にシステム開発そして保守

---

1) Information Technology
2) Electronic Data Processing systems

の割合が増大することとなった.

　1960年代後半から1970代前半, MIS[3] に象徴される時代は, 経営管理に有用な情報を提供するという理想的な情報システムを志向していたものの, 技術的に実現不可能であったため, その多くは机上の空論に過ぎないものとなっていた. この時代には, 多くの企業でコンピュータによるデータ処理, 情報システムの導入が進んだものの, 多くの企業のIS部門は, 実質的には1960年代前半までと同様にコンピュータ技術者によって構成され, その主たる機能は個別業務のデータ処理およびシステム開発, 運用, 保守にあった. しかし, 情報システムの対象領域が拡張したことによって, システムの運用機能の強化, コストダウンを目的として一部機能のアウトソーシングあるいは分社化を実施する企業も登場した.

　1970年代後半から1980年代前半のDSS[4] に象徴される時代は, コンピュータが小型化・高性能化によってオフィスへと浸透し, 広く一般ユーザへと拡大された時代であった. IS部門も「EDP室」あるいは「電算室」といった名称から「情報システム部」あるいは「システム部」などへ変更され, 経理部や管理部などの所属から独立した組織とする企業も多く, 一部の専門家だけに利用される閉ざされた組織からユーザとの関係が重視される開かれた組織へと変化していった. コンピュータの経営管理における重要性, 意思決定支援への役立ち, さらには経営戦略支援も認識されるようになり, 広く企業の業務に精通し, ユーザ部門の要求に対応したシステム開発・運用が必要となった. IS部門は, ユーザ部門との多くの関係の中でシステム開発, 運用することが必要となり, また, ユーザ教育に関する機能の重要性も増大した.

　1980代後半から1990年代前半には, データ処理技術と通信技術の融合が進み, C/Sシステム[5] の利用に象徴されるように, ネットワーク化, 分散化, ダウンサイジング, EUC[6] が進展し, ITを活用した情報システムが企業競争戦略

---

3) Management Information Systems
4) Decision Support Systems
5) Client/Server Systems
6) End User Computing

の武器として認識され，戦略支援を実現する「戦略情報システム」の構築が多くの企業にとっての課題となった．IS 部門にとっても，戦略支援機能に対するニーズが高まり，従来の業務の効率化，コスト削減という視点に加えて，個別業務システムを戦略的視点から全社的に統合することが求められた．この時期の後期には ERP[7] パッケージも出現し，コスト削減の視点によるアウトソーシングや ASP[8] の利用など，大型機を中心としたシステム開発とはまったく異なるアーキテクチャーにもとづくシステム検討，開発が要求されるとともに，コンピュータの浸透によるユーザ部門の要求の高度化への対応およびユーザ部門との調整・協力にもとづくシステム開発の重要性が認識されることとなった．この段階での IS 部門の機能は，従来のデータ処理あるいはデータ管理を中心としたシステム開発，運用から，意思決定支援，戦略支援を視野に入れた総合的なシステム開発，システム統合へと変化したといえる．

1990年代後半からは，ネットワーク化やインターネットの急速な普及により，BtoB[9]，BtoC[10]，電子メールといった企業内だけではなく，企業外も含めた領域を対象としたシステム化が重要性を増してきた．景気停滞により情報化投資が抑制される中，情報システムによる戦略支援が期待され，業務改革とシステム改革とが一体のものとして推進される一方で，基幹業務システムとともに情報系のシステムの構築・整備，社外とのネットワークのためのシステム機器の管理など，社内インフラの整備あるいは増大する情報資源をいかに効率的に管理するかということも IS 部門にとってあるいは企業にとっての重要課題となった．IS 部門には，グループ会社を含めた情報システムの開発や情報資産管理，それにともなうアウトソーシングや ASP の活用，情報子会社との役割分担など，総合的な情報資源管理の推進役としての要求が高まっている．また，EUC の進展，IT 利用技術の浸透は，ユーザ部門と IS 部門との境界をますますあいまいにしており，よりいっそうのユーザ部門との協調にもとづく戦略

---

7) Enterprise Resource Planning
8) Application Service Provider
9) Business to Business
10) Business to Consumer

支援機能の実現が求められている．IS 部門の戦略支援機能を強調する意図を反映し，従来から主張されていた独立の CIO[11] をおく企業も増加しており，また，組織上も経営企画部門としての「情報企画部」あるいは「情報戦略部」といった名称へと変更する企業も増加している．

### 1.2 IT 適用領域の拡張

㈶日本情報処理開発協会が実施した調査報告書（㈶日本情報処理開発協会 [2004]）によれば，「企業が最も重視する IT 導入・活用場面」は，図表 5 - 1 の示すとおりである．約50％に近い企業が，1位に「事務処理の省力化・迅速化」を選択しており，現在においてもコンピュータあるいは情報システムが出現した当初の伝統的な目的が依然として重視されている．また2位は「部門内・企業内での情報伝達」であり，情報システムを利用した企業情報の共有，電子メールやグループウェアなどを利用したコミュニケーション・ツールとしての IT の利用が重視されている．3位の「顧客サービス向上・対応力の強化」は，CRM[12] への注目やインターネットを活用した顧客サービス，電子メールを利用したいわゆるコールセンターへの関心の高まりを反映したものと推測される．4位，5位の「生産の効率化」および「業務プロセスの改革」は，CIM[13] や FA[14] といった生産管理システムや BPR[15] あるいは業務革新と IT との密接な関係を示すものといえる．また6位の「迅速な経営層の意思決定の支援」は，企業の情報システムが経営管理者の意思決定に有用な情報を提供していること，あるいはよりいっそう迅速な情報提供を実現することを期待していることを示すものといえる．ここで示したものは，最重要項目として選択されたものの結果であるが，重要視する項目を3つ選択したものの集計結果においても6位までの項目は同じとなっており，その比率もほとんど変わりない．

---

11) Chief Information Officer
12) Customer Relationship Management
13) Computer Integrated Manufacturing
14) Factory Automation
15) Business Process Reengineering

§1 情報システム部門の機能の多様化　149

図表5-1　企業が最も重視するIT導入・活用場面（全体）

| 項目 | % |
|---|---|
| 事務処理の効率化・迅速化 | 46.5 |
| 部門内・企業内での情報伝達 | 15.9 |
| 顧客サービスの向上・対応力の強化 | 10.6 |
| 生産の効率化 | 7.1 |
| 業務プロセスの改革 | 6.8 |
| 迅速な経営層の意思決定の支援 | 4.8 |
| 企業間の決済や受発注の効率化 | 2.3 |
| 経営資源の有効活用 | 1.8 |
| 新規ビジネスの立ち上げ支援 | 0.5 |
| 他社とのコラボレーション | 0.4 |

出典：(財)日本情報処理開発協会 [2004], pp. 178-179. の表より作成)

　同じく「企業が最も重視するIT導入・活用場面」を従業員規模別に示したのが，図表5-2である（従業員5,000人以上43社，1,000人以上5,000人未満226社，300人以上1,000人未満455社，100人以上300人未満654社，100人未満459社）．この図表では，IT導入・活用場面の重視度が，企業の規模によって相違している点が明らかとなっている．特に「事務処理の省力化・迅速化」は企業規模が大きくなるに従ってその重視度が低下し，逆に「業務プロセスの改革」，「経営資源の有効活用」は企業規模が大きくなるに従ってその重視度が増加している．企業規模が大きくなるに従って，「事務処理の省力化・迅速化」を目的としたIT活用はある程度達成されていると考えられており，その導入・活用場面への関心は「業務プロセスの改革」や「顧客サービス向上・対応力の強化」へと向けられていることが示されている．また，「部門内・企業内での情報伝達」についても従業員5,000人以上の規模の企業では，その重視度は極端に低く，社内インフラの整備がある程度成熟していることがうかがえる．「新規ビジネス立ち上げの支援」や「他社とのコラボレーション」についても，従業員5,000人以上の規模の企業では，割合は低いものの他の層に比べてその

第 5 章　企業の情報化戦略と情報システム部門の機能変化

図表 5-2　企業が最も重視する IT 導入・活用場面（規模別）

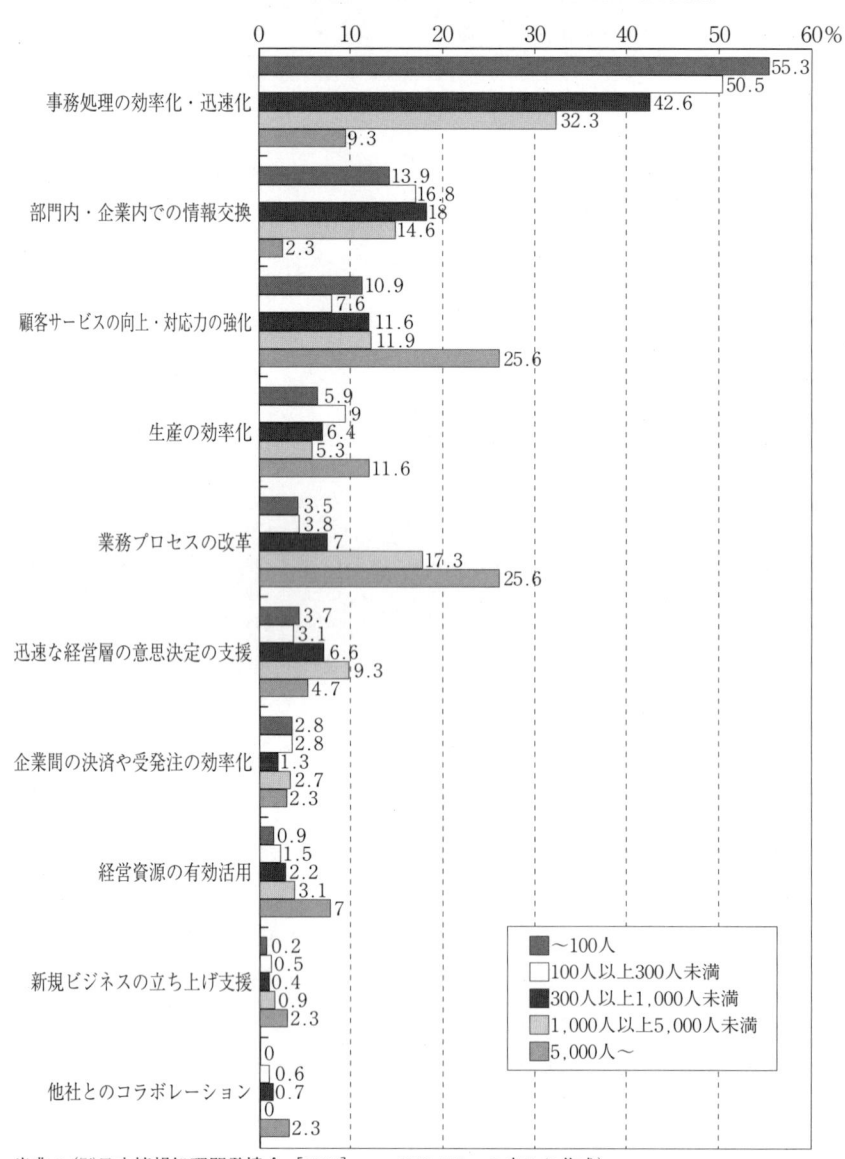

| 項目 | ～100人 | 100人以上300人未満 | 300人以上1,000人未満 | 1,000人以上5,000人未満 | 5,000人～ |
|---|---|---|---|---|---|
| 事務処理の効率化・迅速化 | 55.3 | 50.5 | 42.6 | 32.3 | 9.3 |
| 部門内・企業内での情報交換 | 13.9 | 16.8 | 18 | 14.6 | 2.3 |
| 顧客サービスの向上・対応力の強化 | 10.9 | 7.6 | 11.6 | 11.9 | 25.6 |
| 生産の効率化 | 5.9 | 9 | 6.4 | 5.3 | 11.6 |
| 業務プロセスの改革 | 3.5 | 3.8 | 7 | 17.3 | 25.6 |
| 迅速な経営層の意思決定の支援 | 3.7 | 3.1 | 6.6 | 9.3 | 4.7 |
| 企業間の決済や受発注の効率化 | 2.8 | 2.8 | 1.3 | 2.7 | 2.3 |
| 経営資源の有効活用 | 0.9 | 1.5 | 2.2 | 3.1 | 7 |
| 新規ビジネスの立ち上げ支援 | 0.2 | 0.5 | 0.4 | 0.9 | 2.3 |
| 他社とのコラボレーション | 0 | 0.6 | 0.7 | 0 | 2.3 |

出典：(財)日本情報処理開発協会 [2004]，pp. 178-179. の表より作成）

## §1 情報システム部門の機能の多様化

重視度が大きい．逆に，従業員100人未満の企業で約69％，100人以上300人未満の企業で約67％，300人以上1,000人未満の企業で約61％が「事務処理の省力化・迅速化」と「部門内・企業内での情報伝達」を最も重視しているという結果となっている．このように，中小企業においては，もっぱら伝統的なあるいはベーシックな領域へのITの導入・活用へとその関心が向けられているのに対して，大企業ではITの先進的な領域での導入・活用に関心が向けられていることが明らかになっている．

また，同調査ではIT導入の効果があったと認識しているかについても同じ項目を示して質問（複数回答）している．回答企業全体を集計した結果（㈶日本情報処理開発協会［2004］，pp. 182-183.）において，IT導入の効果があったと認識している項目は「重視する項目」で選択された項目とおおむね一致したものとなっており，「事務処理の省力化・迅速化」については約85％，そして「部門内・企業内での情報伝達」については約75％の企業がIT導入の効果があったと認識している．また，回答企業の規模別での特徴は，おおむねすべての項目において規模が大きくなるに従って各項目の導入効果があったと認識している度合いが高いという結果となっている．特に，従業員5,000人以上の企業の回答は，すべての項目で他の規模の企業の度合いを大きく超えた結果となっており，大企業ほどITの先進的な領域での導入・活用に関心が向けられているとともに，その効果も認識しているという結果が示されている．

以上のアンケート結果を概観したところによれば，ITの導入・活用領域，そしてその効果に対する認識も企業規模によって大きく異なっている現状が示されている．ここで取り上げられた各項目は，企業における情報システムを含むITの活用・導入局面を示しており，その意味ではIT全般に関する開発，運用，支援を担うIS部門の機能あるいは支援対象を示しているものといえる．IS部門の機能もIT適用領域に対応して拡張するとともに，企業規模，業種，あるいはその企業の諸種の環境要因によって多様であるものと推察できる．

## 1.3 情報システム部門の機能変化

前節で概観したとおり，IS部門はその出現当初においてはもっぱらホスト・コンピュータを中心とする業務データ処理に関わるシステム開発，運用，保守を担う部門としてスタートし，その名称も電算室（部門）あるいはシステム部門などの名称による，業務部門とは切り離されて独立した，まさにDP[16]部門であった．それがITの進展により，情報システムあるいはITの適用対象が拡大し，アプリケーションに対するユーザ部門たる業務部門の要求の高まりに対応するために業務部門との調整，協調が必要となり，1980年代半ば頃からはIS部門とユーザ部門の壁が徐々に取り払われるようになった．ユーザ支援というIS部門の新たな機能が顕在化するとともに，情報システム資源の分散化，さらにはシステム開発におけるユーザ部門の関与の必要性から情報システム部門の開発，運用機能の分散化が進行した．

図表5-3は，1985年の調査におけるIS部門の機能別対応度である．この当時の状況を前提として，その後のIS部門には，従来の業務データ処理機能中心から情報資源の統合的な管理の重要性を強く意識した情報資源管理機能が求められることが主張された（海老澤栄一他[1989]，pp. 137-179.；島田達巳他[1989]，pp. 157-186.）．情報資源管理とは，「組織内外の情報を組織の操作可能な範囲内で，総合的，複合的，有機的に取り扱い，個人・集団・組織

**図表5-3 IS部門の機能別対応度**

| 機　　能 | 内　　容 | 対応度 |
|---|---|---|
| 情　報　処　理　機　能 | 業務データ処理 | 72% |
| 開　　発　　機　　能 | 業務システム開発 | 48% |
| 機　器　管　理　機　能 | 設備管理 | 52% |
| 情　報　管　理　機　能 | データ管理 | 50% |
| コンサルティング機能 | エンドユーザ支援 | 31% |
| 教　　育　　機　　能 | エンドユーザ支援 | 31% |

出典：(海老澤栄一他[1989], p. 147. 一部修正)

---

16) Data Processing

の意思決定に有用な情報を適時提供できるような仕組みを作り，なおかつその仕組みを弾力的・動態的に管理・運用すること」（海老澤栄一他［1989］，pp. 152-153.）であり，IS 部門には戦略的な重要性を有する統合的な情報システムの構築・運用のために，伝統的なデータ処理を含む ① 業務データ処理 ② ネットワーク管理 ③ データ資源管理 ④ エンドユーザ支援 の4つの機能が求められることとなった（海老澤栄一他［1989］，p. 142.）．これらの主張は，当時としては先進的な IT を導入，適用していた大企業を中心に妥当するものであったと考えられるが，1990年代に入り，IT のパラダイム・シフト，特に C/S システムの出現による情報システムの分散化，ネットワーク化の進展，そしてそれにともなうユーザ部門との調整，協調の必要性が多くの企業にとっての現実的な課題となるにいたって，情報資源管理機能はすべての IS 部門に求められる機能であると認識されることとなったと考えられる．

現在の IS 部門の具体的な業務としては，一般に，① 情報化計画立案 ② 業務システムの開発・保守 ③ アプリケーション・ソフトの開発・保守 ④ システム・ネットワーク運用管理 ⑤ 機器管理 ⑥ 開発プロジェクト管理 ⑦ インフラの整備・構築 ⑧ コスト管理 ⑨ IT コンサルティング ⑩ ユーザ教育などがある．1990年代半ばからは，IT の進展および EUC の浸透，さらに電子メールやインターネットの普及により，これらの一部は，IS 部門機能の組織上の分散化を含め，ユーザ部門との協働により進められている．さらに2000年頃からは，IT の戦略的活用が企業存亡の重要事項であるとの認識が浸透する中，IS 部門の戦略支援機能に対する要求がよりいっそう高まってきたといえる．

図表5-4，図表5-5は，前述の調査報告書において，IT 活用上の課題を大きく5つの分類でまとめ，その各大分類の中に具体的な明細項目を示し選択させた結果（複数回答）である．図表5-5は明細項目に対するもののうち，上位の回答項目とその割合を示したものであり，図表5-4は明細項目を1つでも選択した大分類に対する回答企業数の割合を示している．大分類での回答割合は，明細項目としてあらかじめ重要と考えられる選択肢が与えられた質問

154　第5章　企業の情報化戦略と情報システム部門の機能変化

図表5-4　IT活用上の課題（大分類）

| 分類 | 項　目 | 割合 |
|---|---|---|
| A | 経営戦略に沿った情報システムの実現 | 85.9% |
| B | 情報化投資の効率化・最適化 | 75.9% |
| C | 開発／運用の効率化 | 87.7% |
| D | 相互運用性の確保 | 74.9% |
| E | 制度・サービスの整備 | 66.5% |

出典　㈶日本情報処理開発協会［2004］, p. 126. から作成）

図表5-5　IT活用上の課題（明細項目）

| 分類 | 明　細　項　目 | 割合 |
|---|---|---|
| D | 社内既存システムとの互換性確保 | 52.4% |
| C | 専門技術者の確保／育成 | 47.2% |
| B | 費用対効果評価基準等の整備 | 46.1% |
| A | 情報化戦略立案 | 45.6% |
| C | アウトソーシングの活用・評価・管理 | 45.3% |
| A | リスク分析・情報セキュリティ対策実施 | 44.1% |
| A | 情報化計画 | 42.6% |
| D | データやコードの標準化および互換性 | 41.7% |
| A | 明確な経営戦略の策定 | 40.6% |

出典：㈶日本情報処理開発協会［2004］, p. 133. から作成）

であるため，すべての項目が60％を超えているものの，中でも「C　開発・運用の効率化」と「A　経営戦略に沿った情報システムの実現」が85％以上という高い数字となっている．明細項目の結果からは，「明確な経営戦略の策定」を行い，その戦略にもとづいた「情報化戦略立案」，そして具体的な「情報化計画」を設定すること，そして，「専門技術者の確保／育成」をし，「アウトソーシング」を活用して，情報システムの統合を視野に「データやコードの標準化および互換性」を確保して「社内既存システムとの互換性」のある情報システムを開発すること，さらにそれらのIT活用の「費用対効果評価基準等の

## §1 情報システム部門の機能の多様化

整備」を行い，効率的な情報化投資，システム開発を目指す，という企業のIT活用のあるべき姿を推察できる．すなわち，「経営戦略に沿った情報システムの実現」を目指して「開発／運用の効率化」をはかり，それをもって企業としての「情報化投資の効率化・最適化」を実現していくことが現在の企業のIT活用の最重要課題であることを示しているものといえる．

現在のIS部門にとっては，企業の経営戦略に合致したIT利用，情報システム開発のために，上記の業務に加えて，グループ企業や海外関連会社を含めたよりグローバルな視点にもとづく情報化戦略や情報化投資戦略の策定，情報資産管理，業務革新支援といった，経営戦略の実現を支援する業務に対する要求が高まってきており，従来の情報資源管理機能に加えてより広い意味におけるIS部門の戦略支援が重要機能として認識されることとなったといえる．IS部門の機能の変遷を象徴的に表現するならば，主としてデータ処理機能を担う部門としてスタートしたIS部門は，ITの進展にともなって，情報システムの統合化を中心とする情報資源の効率的な活用を志向した情報資源管理機能へ，そして経営戦略の実現をIT利用の側面から支援するという戦略支援機能へとその対象領域を拡張・発展させてきたものといえる．

例えば，今回われわれがヒアリング調査したI社では，1972年に「計数部」が設置され，その後1987年に情報子会社を設立して開発・運用・保守機能のほとんどを移管し，同時に「経営企画室」内に「システム企画部」を設置して全社的な情報システムの管理・企画機能を担当することとなった．そして1995年に「情報システム部」へと名称変更し，現在は情報システム担当役員を代表とする「情報統合化委員会」で策定される基本構想のもと，コスト・センターである本社「情報システム部」（調査時現在8名）が全社情報システムの企画・推進を，「情報システム部」が業務委託契約を結んだ情報子会社（同約320名）がネットワーク構築およびシステム開発・運用・保守を担当し，その他本社の各ユーザ部門にも課長クラスの「情報推進員」が配置されている．

また，同じくヒアリング調査したF社では，それまで支店別に構築されていたシステムを1990年に統合し，これを契機として情報子会社を設立してIS部

門のほとんどの機能を移管し，本社には情報システム全般に関する総合的な企画・管理を担当する部署として「情報戦略部」が設置された．その後，1999年に経営・情報企画部情報企画グループへの改組を経て，2003年には，改めて，本社のIS部門によるグループ企業全体を対象とした情報戦略立案機能・推進体制強化を目的として「情報戦略部」へと組織変更した．

このように，いくつかの会社では，情報システムの統合化を中心とする情報資源の効率的な活用を志向した情報資源管理機能が，情報子会社を設立することによって本社IS部門の機能として明確化され，さらに近年にはさらなる組織変更によって戦略立案・戦略支援機能の対応・強化がはかられている．

## 1.4　情報システム部門の機能と社外パートナーの活用

情報システム部門の機能あるいは業務の一部を外部に委託することは，プログラマやオペレータの利用など，企業へと情報システムが導入された当初から実施されていた．これらの企業外部への業務委託あるいは機能移管するアウトソーシングの形態は，ITの進展，企業環境の変化によって多様なものであったといえるが，情報子会社に関連してはその変遷に次の2つのパターンがあった．

第1期ともいえる1970年代には，情報システム運用の強化とコスト削減のための銀行・保険業界で展開された情報子会社設立によるアウトソーシングの動きが生じた．大規模システムの開発と運用のために多数の要員を必要としたこれらの業界では，従来の社員と同等の就労条件で採用することにはコスト面での制約があったため，子会社を設立してこれに対応したのである．また，業界への規制から，独立した会社として情報分野に進出できないという理由もあり，本社の業務だけを請け負う会社として設立されたケースが多かった．

第2期は，1980年代に入って一般的な製造業の多くでみられたような，今後発展が見込まれる情報分野への進出を意図した情報子会社の設立である．低成長による本業の低迷を打破する1つの方法として，それまで社内で培ってきた技術を背景として，情報分野への新規参入を意図して情報関連子会社を設立し，

本社の業務を担当させると同時に，独立した企業として情報産業における新規市場を開拓していこうとするケースである．第1期で設立された情報子会社が，情報産業の市場拡大に対応して，本社以外に顧客を求めて発展するケースもあり，IS部門のコスト削減，業務効率化を意図したプロフィットセンター化の発展形態としての情報子会社の設立である．情報子会社を設立して，従来アウトソーシングしていた分野も取り込んでいくという動きもあり，これはアウトソーシングという形態ではあるが，情報子会社によるグループ企業内へのインソーシングの実施ともいえるものである．

　情報子会社以外のアウトソーシング先は，システム・インテグレータ，ハードウェア・ベンダ，ソフトウェア・ベンダの大きく3つに区分される．(財)日本情報システム・ユーザー協会の調査結果（(財)日本情報システム・ユーザー協会[2003]，pp. 406-409.）によれば，全体で41％の企業がアウトソーシングを利用している．情報システム子会社を除く委託先は，システム・インテグレータが35％，ハードウェア・ベンダが30％，ソフトウェア・ベンダが28％と，ほぼ市場を3分していることが明らかにされている．委託内容は，「システム開発」と「システム保守」がともに52％，「ネットワーク運用」が41％，「ホスト運用」が39％，「サーバ運用」が37％，「ヘルプデスク」が30％となっている．伝統的なIS部門の主要業務であるデータ処理機能のアウトソーシングが進んでいることが示されている．委託先の選定理由も「価格」が33％，「技術力」が30％，「サポート力」が17％と続いている．近年の景気低迷を反映して，情報化投資の明確化と効率化をはかり，IS部門のコスト削減，人員整理を進めていく一方で，経営戦略実現のためのIT利用を促進するためにその技術力を企業外部に求め，自社のIS部門にはコア・コンピタンスに傾注するための情報化戦略立案，情報化企画といった戦略支援の機能に特化するという全体的な傾向を反映しているものといえる．1990年代から主張されてきた「戦略的アウトソーシング」とは，分散化，ネットワーク化の浸透にみられるパラダイム・シフトを契機として，ITの急速な進展に自社で対応することが困難になってきたこと，情報化投資の効率化，IT利用のコスト削減のためにIS部門の再編

が必要となったこと（リストラ目的も含む）を背景として，そのような環境の中でも IT の戦略的活用への要求が高まったことに対応するための主要な解決策としてのアウトソーシングの活用を象徴するものといえる．

　情報子会社も，先述の第2期に設立されたものでも，結果としては本社の業務を請け負うことが中心となり，営業努力をせず，企業としての独立性を確立できない情報子会社も多くあった．IS 部門の機能・業務の見直し，再編の動きと同時に，情報子会社のあり方についても見直しが検討され，2000年を前後に，システム・インテグレータ，ハードウェア・ベンダ，ソフトウェア・ベンダが情報子会社に資本参加し，ユーザである本社のシステム開発・運用などの主要な情報システム業務全般のすべてを受託する長期契約を交わすケースが増加してきている．ベンダ側からすれば長期の安定顧客の確保が可能であり，本社にとっては情報子会社の活性化をはかりつつ本社の事情に精通した情報子会社のノウハウを活かしてベンダの技術力の利用が可能となるという，両者にとっての思惑が一致した結果の資本提携である．

　アウトソーシングの主要目的は，前述の調査結果にも示されているとおり，コスト削減と先進の技術力を活用したシステムの開発・運用・保守である．それらの目的に関連して，コア・コンピタンスへの経営資源の集中，IT 人材・スキルの確保，IT を活用した新ビジネスへの迅速な対応などの効果が期待されている．しかし，現実には，当初予定していたコストの削減が実現されない，ユーザとシステム開発・運用担当者との間のコミュニケーション不足による不満が生じる，対応が遅く，追加のコスト負担が発生するといったことも多い．アウトソーシングを実施すれば，コストが削減され，最新の技術による満足のいくサービスが提供され，コア・コンピタンスの強化が実現されるというのは幻想だと主張されることすらあった．このような失敗を生み出す大きな原因は，アウトソーシングの目的と領域を明確にしない，従来のコスト把握が正確になされていない，サービス・レベルや料金の詳細を設定していないなど，事前の検討が不十分なことにある．サービス・レベル・アグリーメント（SLA）の設定には技術的な項目だけではなく，業務や経営面の問題までも含むことが多

くなってきている．また，コスト比較に際しては，特に情報資源および情報システム要員が分散している組織においては，事前にアウトソーシングによるコストと比較可能となる TCO[17] の概念にもとづく情報化投資，IT コストの測定・管理が実施されていることが必要となる．アウトソーシングおよび ASP の利用を含め，システム・インテグレータ，ハードウェア・ベンダ，ソフトウェア・ベンダ，コンサルティング・ファームなどの IT に関するビジネス・パートナーの活用・管理は，各企業の IT 利用環境の分析にもとづいた情報化計画との整合性を前提として，いかなる機能を求めるのか，その目的・領域を明確にすることが重要であり，IS 部門や CIO による適切なマネジメントが必要とされることとなる．

## §2 情報システム部門の組織形態の変化

### 2.1 情報システム部門の組織形態の現状

2003年に㈶日本情報システム・ユーザー協会の実施した企業 IT 動向調査では，IS 部門を以下の 3 つに分類し，各企業の IS 部門がそのどの形態に該当するかに関する回答結果が報告されている（㈶日本情報システム・ユーザー協会 [2003], p. 103, 184, 376.）．
① 分散型：企画機能をはじめとする全ての機能を各部門に分散
② 集権型：全社で統一されたルールに基づき一元的に統括・管理
③ 連邦型：企画機能等は一カ所に集中して対応し，開発運用等は分散

#### ① 分 散 型

分散型とは，企画機能を含む IS 部門のほとんどの機能が各業務部門などのユーザ部門に分散されており，開発プロジェクトの決定や開発の優先順位の調整・決定権，情報システムや IT 関連予算権限なども各部門に分散された組織形態である．IS 部門は主として，企業全体の共通インフラを対象とした業務を担当する．

---
17) Total Cost of Ownership

② 集　権　型

　集権型とは，IS部門がIT予算を全社で統一されたルールにもとづき一元的に統括・管理しており，IS部門が各ユーザ部門の要望を取りまとめ，経営方針に沿って開発優先順位を調整するという組織形態である．企画，開発，運用のすべての機能がIS部門中心に展開される，集中型とも考えられる形態である．

③ 連　邦　型

　連邦型とは，全社案件は経営会議等で優先順位を討議決定した上でCIOが全体の予算総額の整合性を管理し，ユーザ部門内案件については，各部門の長が部門内討議にもとづき優先順位を決定するという組織形態である．全社的なIT活用の方針の策定やインフラの整備および企画機能はIS部門が集中して担当し，開発，運用についてはユーザ部門に分散しており，各ユーザ部門にも情報システム要員あるいはそれに相当する人材が配置されている組織形態である．

　図表5-6は，IS部門組織形態の現状と今後の方向性についての従業員規模別（大企業：従業員1,000人以上，中堅企業：100人以上～1,000人未満，中小企業：100人未満）による回答結果である．現状では，全体としては約7割の企業が「集権型」となっている．規模別にみると，中小企業では「分散型」の割合が高く「集権型」の割合が低く，中堅企業では「集権型」の採用割合が高い．「連邦型」の採用割合は大企業がもっとも高く，「連邦型」については規模に比例してその採用割合が高くなっているのが特徴といえる．大企業のうち，特に従業員数1万人以上の企業では，5割の企業が「連邦型」を採用している結果が示されている．今後の方向性についての回答では，全体として「集権型」「分散型」が減少して「連邦型」が増加，規模別では中堅企業では「集中型」が減少，大企業では「分散型」が減少して「連邦型」が増加するという傾向が示されている．

　1990年代前半以降，データ処理技術と通信技術の融合が進み，C/Sシステムの利用，ネットワーク化，ダウンサイジングの進展など，ITの進展，EUC

§2 情報システム部門の組織形態の変化

図表5-6 企業規模別IS部門組織形態の現状と今後

| | 分類 | 分散型 | 集権型 | 連邦型 | 合計 |
|---|---|---|---|---|---|
| 現状 | 中小企業 | 19 (21.3%) | 58 (65.2%) | 12 (13.5%) | 89 (100%) |
| | 中堅企業 | 51 ( 8.0%) | 478 (75.2%) | 107 (16.8%) | 636 (100%) |
| | 大企業 | 38 (11.5%) | 218 (66.3%) | 73 (22.2%) | 329 (100%) |
| | 全体 | 108 (10.3%) | 754 (71.5%) | 192 (18.2%) | 1,054 (100%) |
| 今後 | 中小企業 | 18 (20.2%) | 52 (58.4%) | 19 (21.4%) | 89 (100%) |
| | 中堅企業 | 47 ( 7.5%) | 447 (71.3%) | 133 (21.2%) | 627 (100%) |
| | 大企業 | 23 ( 7.0%) | 206 (63.2%) | 97 (29.8%) | 326 (100%) |
| | 全体 | 88 ( 8.4%) | 705 (67.7%) | 249 (23.9%) | 1,042 (100%) |

出典：(財)日本情報システム・ユーザー協会［2003］, p.376. より作成）

の浸透によるユーザ部門の拡大から，情報資源の分散化が進んだ．それまでIS部門によって提供されていた情報システムに関する教育を受け，利用する，という受身の立場であったユーザが，次第にITに関するスキルや知識を身に付けていったことによって，業務に適合したより利用しやすいシステムを求めてIS部門に対して多様で高度な要求をおこなうようになり，そしてIS部門にとっても効率的なシステム企画・開発，そして経営戦略に沿ったシステムの開発には，ユーザ部門の参画が不可欠となっている．このような企画・開発局面におけるユーザ部門との関係をどのように構築するかが，ここ十数年のIS部門の組織形態，運営にとっての各企業共通の課題である．企業規模，業種，IT活用の程度の違いなど各企業の状況により差があり，依然として「集権型」が多いものの，全体としてIS部門の組織形態は「連邦型」への移行傾向にあるものといえる．

### 2.2 情報システム部門の組織上の課題

図表5-7は，現状のIS部門の組織形態・体制の課題に関する調査結果である．与えられた選択肢から2つを選択回答した結果を示したものである．1位，2位合計の選択数でみると，最も多く選択されたのは，「B．組織的問題

で非効率」と「D．開発のパワー不足」でほぼ同数であり，次に「F．ITに関する全社的な統括が不十分」，そして「A．意思決定プロセスが複雑」と続いている．最も多く選択された「B」と「D」は，具体的な開発段階における問題であり，続く「F」と「A」は全般的な組織体制自体，ITガバナンスをめぐる問題と考えられるものである．前節で示した企業が抱えるIT活用の課題，すなわちIS部門の主要な機能あるいは目的である，「開発／運用の効率化」および「経営戦略に沿った情報システムの実現」という2項目に対応した課題を認識していることが示されているといえよう．

調査報告書では，回答結果をIS部門の形態別にも分析しており（財）日本情報システム・ユーザー協会［2003］, pp. 104-105.），「集権型」を採用している企業の26％が「D．開発のパワー不足」を課題として認識しており，「連邦型」では「C．トラブルの責任分担の明確化」が16％と相対的に高く，「分散

図表5-7　現在の組織体制の課題

| 選　　択　　肢 | 1位 | 2位 | 計 |
|---|---|---|---|
| A．計画段階における意思決定プロセスが複雑で，IT戦略の決断に時間を要する | 193 | 50 | 243 |
| B．要件確定などの開発局面において，組織的な問題が調整を複雑にしており非効率である | 259 | 148 | 407 |
| C．システム運用上のトラブルに関する役割や責任分担を，もっと明確化する必要がある | 115 | 84 | 199 |
| D．開発のパワー不足が原因で，経営戦略実現のネックになることがある | 222 | 191 | 413 |
| E．ITサービスのレベルを上げるために，権限の集中または分散を伴う組織変更が必要である | 81 | 117 | 198 |
| F．ITに関する全社的な統括が不十分なため，コスト高や非効率な運用に繋がっている | 101 | 209 | 310 |
| G．ITの管理が厳しく，柔軟な業務運営の阻害要因となっている | 3 | 47 | 50 |
| 合　　　計 | 974 | 846 | |

出典：（財）日本情報システム・ユーザー協会［2003］, p. 377. より作成）

型」では「F．ITに関する全社的な統括が不十分」が21％，「E．権限の集中分散をともなう組織変更が必要」が15％と高い数字となったことが示されている．「集権型」では，ユーザの拡大にともなう情報システムに対する要求の高度化および多様化への対応のすべてをIS部門が担当することによる不満が，「連邦型」では，IS部門と各ユーザ部門に配置されたIS部門要員との役割や責任の分担の問題が，そして「分散型」では各ユーザ部門で個別にITに関する企画，開発が実施されていることによる全社としてのIT統括，活用の非効率が問題視されていることを示した結果となっている．「集権型」は，開発の効率性は良いものの，各ユーザ部門のニーズへの対応が困難であったり，時間がかかってしまうこととなり，結果的にユーザ部門にとって経営戦略を実現するための情報システムの構築に対する不満が生じることとなる．「連邦型」では，IS部門要員がユーザのニーズを現場で把握し，それに即応することが可能な体制ではあるものの，ユーザ部門での開発案件と，IS部門による全社的な観点による開発案件との調整や予算配分の問題および運用面での役割分担や権限・責任の曖昧さがITの効率的な活用の阻害要因となっている．また，「分散型」では，各ユーザ部門が各々独自の開発権限を有していることから，結果としてIT活用が全体最適ではなく，各部門の部分最適を志向することになり，情報システムのサポートによるシームレスなビジネス・プロセスの実現が困難となり，結果的にコスト高，非効率な運用となり，ITの全社的な統括の必要性が認識されることとなる．今後の方向性について，「連邦型」への移行を考えている企業が多い傾向にあることが示されてはいるものの，「連邦型」を含めそれぞれの組織形態には各形態に応じたメリット，デメリットがあり，これらの調査結果は，各企業ともそれぞれの組織形態のデメリットに応じた内容を組織上の課題として認識していることを示している．

## 2.3　企業の情報化戦略と情報システム部門の組織形態

　前節で指摘したように，現在のIS部門の目的あるいは機能は，経営戦略に沿った情報システムの実現を目指して開発・運用の効率化をはかり，それを

もって企業としての情報化投資の効率化・最適化を実現していくことにある．コンピュータあるいは情報システムの出現した1950年代後半から1980年代前半まで，MIS，DSS と，各時代を象徴する企業の情報システム概念の発展はみられたものの，技術的には多くの企業ではホスト中心のデータ処理が実施されており，ユーザの要求の高度化に対応する必要性が主張されながらも，基本的には IS 部門は独立した「集中型」の形態が採用されていた．それが1990年代に入り，IT のパラダイム・シフト，特に C/S システムの出現は，情報資源の分散化，すなわち情報システムの分散化，ネットワーク化の進展，そしてそれにともなうユーザ部門との調整・協調の必要性をもたらし，IS 部門の組織形態の見直しが迫られることとなった．Tapscott らは，技術的な C/S システムの出現による分散環境を背景とする IT の第2世代における IS 部門の再編成について，IS 部門の機能および情報システム資源をいかに配置するかという点から，集中化，分散化，分権化，そして IS 部門のプロフィットセンター化または別会社化およびアウトソーシングという5つのアプローチを示している (Tapscott, et al. [1994]，訳書 pp. 422-441.)．集中化，分散化，分権化とは，基本的に前述の調査結果で取り上げた「集中型」，「分散型」，「連邦型」という組織形態に対応するものであり，その形態を基本としてプロフィットセンター化または別会社化およびアウトソーシングなどを複合的に取り入れるものである．

同じく Tapscott らは，IS 部門の編成のための方針として次の12項目を挙げている (Tapscott, et al. [1994]，訳書 pp. 415-421.)．

① 迅速なシステム開発を可能にする IS 部門組織
② IS 部門とユーザ部門との協調
③ ユーザのニーズにあったサービス提供が可能な IS 部門組織
④ コスト効率の良さ
⑤ 共通基盤としての IT アーキテクチャーの構築
⑥ IS 部門内，IS 部門とユーザ部門との間の業務と責任の明確化
⑦ IS 部門要員の目標とユーザ部門の目標の一致

⑧　ユーザ参加による開発
⑨　先端技術を獲得可能な人材育成環境の構築
⑩　報酬，キャリア開発，育成，教育に関するIS部門における基準の設定
⑪　開発プロセスをIS部門主導からユーザ主導へ
⑫　投資評価のため，情報システム・コストを算出可能とする組織

　しかし，すべての企業がこのような方針や機能を実現可能な環境にあるわけではなく，IS部門の3つの組織形態のいずれかを基本として情報子会社，アウトソーシング，ASPなどを利用してそれぞれの企業に応じたIS部門の組織運営を実施しており，当然のことながらすべての企業に共通した理想的な組織形態が存在するということではない．自社のIS部門に主としてどのような機能を求めているかに応じた，すなわち各企業の情報化戦略に応じた組織形態および組織運営の選択肢が存在することとなるといえる．そしてどのような情報化戦略を採用するかは，企業としての経営戦略，あるいはグループ企業全体としての経営戦略，さらには個別の事業戦略によって規定されることとなる．戦略に応じて採用される企業の組織形態との関係では，分権化の進んだ事業部制やカンパニー制を採用している企業にとってはIS部門も「分散型」を採用することが望ましく，あるいはグローバルな組織展開をしている企業にとっては，企業の総合力を強化し，経営資源のグローバルな有効活用をはかるために「集中型」を採用することが望ましいと考えられる．また，ユーザ部門のニーズへの対応を重視するのか，共通基盤としてのアーキテクチャーの確立を最優先課題とするのか，コスト効率・投資効率を優先するのか，上記の12の方針の中でいずれに重点を置くのかについても，各企業の戦略に基づいた情報化戦略に応じたIS部門の組織形態・運営の確立が求められることとなる．

　どのような企業でも，経営戦略に沿った情報システムの実現を目指して開発・運用の効率化をはかり，それをもって企業としての情報化投資の効率化・最適化を実現していくことに異論は無いものといえよう．前節において，わが国のIS部門の機能の変化についてデータ処理機能，情報資源管理機能，戦略支援機能へとその対象領域を拡張・発展させてきたことを述べたが，各企業に

とって，業種，規模，採用する経営戦略，経営環境などの相違により，いかなる機能を重視するのか，いかなる情報化戦略を採用するのかによってその IS 部門の組織形態および組織運営が異なってくる．

1990年代以降の，IT のパラダイム・シフト，特に C/S システムの出現による企業内の情報資源の分散化およびインターネット出現によるネットワーク化の進展は，企業のビジネス・プロセス自体の変革をもたらし，IT が経営戦略実現の主要なツールであることへの認識が広く浸透した．そのような環境の中で，IS 部門も集中化と分散化の対極の間を模索する中，結果としてその折衷型としての「連邦型」への移行傾向を示し，そのような流れの中で各企業とも IT の戦略活用，IS 部門の戦略支援機能の実現を志向しているのが現状であるといえる．また，IS 部門の戦略支援機能の重要性を反映した実際の企業の動きとしては，2000年以降になって，従来の IS 部門が組織上の経営企画部門として設置されるケースもみられる．戦略支援機能，情報化戦略企画機能の重要性は従来から意識され，実際に機能していたと考えられるが，そのような機能を独立させるケースがごく最近になって顕在化したということは，IT が経営戦略実現の主要なツールであることへの認識が組織上においても具体化したものと捉えることができる．

今回われわれがヒアリング調査した企業の中でも，戦略支援機能，情報化戦略企画機能を重視した組織変更を2000年以降に実施したケースがみられた．例えば，前出のＦ社は，1990年に情報システム部門のほとんどの機能を全額出資して設立した情報子会社へと移管し，本社と情報子会社との連携による体制へと変更した．そしてさらに2003年7月からは情報戦略立案・推進体制強化をはかるため，「経営・情報企画部情報企画グループ」が「情報戦略部」へと組織変更された．全体としての IS 部門の体制は，「情報戦略部」がグループ企業全体の情報システムに関する全体統括，戦略策定を担当する「コーポレート情報戦略部」5名，プロジェクトの企画管理と情報化共通基盤の企画・開発を担う「情報化推進センター」14名で構成され，それに実際のシステム企画・開発・運用を担う情報子会社約300名，さらにカンパニーごとの IS 部門各約2

名によって運営されている．

　また，E社は，従来，複数の本社機能の中で，「支援・コンサルティング機能」を担う部門として位置づけられていた「情報システム部」を2002年4月より，名称を「情報企画部」へと変更し，ITの戦略性やその経営戦略上の重要性を考慮して，その機能の位置づけを「グループ戦略機能」へと移行した．「情報企画部」は2003年4月時点で14名，1988年に設立した情報子会社（社員数約230名）への出向者約50名，4つあるカンパニーにも4～5名の情報システム部が設置されており，「情報企画部」，情報子会社，カンパニー情報システム部の中でローテーションが実施されている．「情報企画部」は，「グループ戦略機能」実現のための情報戦略の策定を担い，情報システムの開発に関する予算統制権を一括して保有している．グループ企業も含めて，具体的な情報システムの開発・運用はすべて情報子会社が担当し，企画・計画段階においてカンパニーやグループ企業の情報システム部，そして「情報企画部」が関与する体制となっている．

　ここで紹介した2社とも，F社では「情報戦略部」が，E社では「情報企画部」が本社IS部門として情報戦略の策定およびグループ企業全体の情報システムに関する全体統括を担当しており，各カンパニーにもIS部門担当者が配置されているという「連邦型」の組織形態を採用しているといえる．

# §3　情報システム部門の戦略化とCIOの役割

## 3.1　情報システム部門の戦略支援機能

　企業の多くの活動がITの支援なしには成立しえない時代ともいえる今日，ITをさらに戦略的に活用することが企業存亡の重要課題となっている．1990年代半ばからの，ITのパラダイム・シフト，特にC/Sシステムの出現による情報システムの分散化，ネットワーク化の進展，EUCの浸透は，業務システムの統合をともなうBPR，SCM，CRMの流れを創出し，さらに電子メールやインターネットの普及は企業の情報インフラの整備を要請することとなった．

従来の情報の流れを単にコンピュータによる情報システムに置き換えるだけではなく，業務プロセス自体の変革をともなう情報システムの構築，ネットワーク・システムを活用したコミュニケーション・ツールによるナレッジ・マネジメント・システムの構築，ポータルを利用した営業活動の展開，インターネットを活用した新たな市場の創設など，IT を利用した多様なシステムが企業の情報システムとして浸透するにいたった．1990年代半ばの時点においては，一部の企業が最新の技術を利用して展開していたシステムが広く紹介され，あるいはハードウェア・ベンダやソフトウェア・ベンダによる，新しい情報システムの導入がすべてを解決するといった印象を与える広告によって多くの企業が追随する姿勢をみせたものの，多額の投資をしたにもかかわらず大きな成果を得られず失敗に終わったケースもあったとされている．コンセプトは良いが，結果的には実際のシステム・ツールが実用レベルでは整備されていなかったというのが現実であろう．それが2000年頃を契機として，コンセプトを実現化するシステム・ツールがようやく利用可能なレベルを向かえたというのが多くの企業のシステム担当者の実感といえるかもしれない．

　IS 部門の機能については，当初のデータ処理機能から，情報システムの統合化を中心とする情報資源の効率的な活用を志向した情報資源管理機能へ，そして経営戦略の実現を IT 利用の側面から支援するという戦略支援機能へとその対象領域を拡張・発展させてきたと考えられる．1980年代半ばにおける IS 部門の情報資源管理機能が主張された段階から，当然のことながら概念的には戦略支援機能は包摂されていたと考えられるが，特にわが国の企業の場合，実際に戦略支援機能が強く意識されたのは，1990年代に分散化による IT のパラダイム・シフトが生じ，それが浸透しはじめてからであると考えられ，その段階では個別システムとしての戦略支援は実現していたものの，実際に多くの企業が現実問題として企業全体としての情報システムの戦略的活用へと動き出したのは2000年を前後とした時期であるといえるであろう．また，上述の技術的な問題のほかに，特に2000年をむかえる数年前の期間は，IS 部門が社会問題としても注目を集めたいわゆる「2000年問題」への対応に追われていた．この

ことも企業全体として情報システムの戦略的活用,新たなシステム展開へ力を注ぐことができなかったことの大きな要因の1つであると考えられる.前節で示した企業の例にもみられるように,IS部門の名称を情報システム部あるいはシステム部というものから情報企画部,情報戦略部へと変更したり,あるいはIS部門を業務改革グループに位置づけるといったケースが2000年以降にみられる点からしても,一部の先進的企業を除く多くの企業においては,IS部門の戦略支援機能の充実へ向けての組織的対応が顕在化したのはごく最近であると判断できるものといえる.

IS部門の機能あるいは目的は,経営戦略に沿った情報システムの実現を目指して開発・運用の効率化をはかり,それをもって企業としての情報化投資の効率化・最適化を実現していくことであるが,IS部門の戦略支援機能,あるいは戦略化にとって重視されるのが,いかに経営戦略に合致したIT活用を実現するか,換言すればいかに経営戦略に合致した情報化戦略(IT戦略)を設定するか,その戦略実施のためのいかなる情報化計画を立案するかという,企画・計画側面であるといえる.このことは,経営戦略に沿った情報システムを実現することが各企業にとっての重要課題であり,「明確な経営戦略の策定」を行い,その戦略にもとづいた「情報化戦略立案」,そして具体的な「情報化計画」を設定することが求められているという本章1.3で示したIT活用上の課題に関する調査報告書結果からも明らかといえる.その調査では,回答者欄の選択肢にIS部門,CIO,利用部門と並んでIT企画部門が設定されており,1893社の回答のうち,10.2%にあたる193社でIT企画部門担当者が回答している(㈶日本情報処理開発協会[2004], p. 157.).IT企画部門というものがIS部門内での職能を示すだけなのか,IS部門がIT企画部門に変更されたのか,あるいはIT企画部門がIS部門とは別の組織として設置されたのかといった点については,この調査結果からでは不明であるが,このような選択肢を設定していることも含め,多くの企業でIS部門の企画・計画機能が重視され,それが組織的にも反映されていることを示しているものといえる.

新たなIS部門に求められる戦略支援機能とは,具体的な情報システムによ

る戦略支援は各企業の採用する戦略によって多様であるものの，IT を活用した業務革新を前提とした経営戦略自体の策定局面をも含み，それを実現するための情報システム構築のために情報化戦略を立案し，その具体的な情報化計画を設定するという，経営管理におけるより上位レベルでの視点に基づく IT 活用の企画・計画機能の充実という形で顕在化しつつあると捉えることができる．

### 3.2 CIO の役割と IT ガバナンス

前出の調査報告書によれば，CIO を設置している企業は，全体で22.9％であり，従業員規模が1,000人以上5,000人未満の企業では41.6％，5,000人以上の企業では67.4％の割合となっており，図表5-8の示すとおり，企業規模に比例して設置割合が高くなるという傾向が明確となっている．また，CIO を設置していない企業に対してもその理由を調査しているが，全体で51.9％の企業が必要性を感じているが対応できない，43.9％が必要はないと回答している（㈶日本情報処理開発協会［2004］，p. 234.）．ここでも5,000人以上の企業で

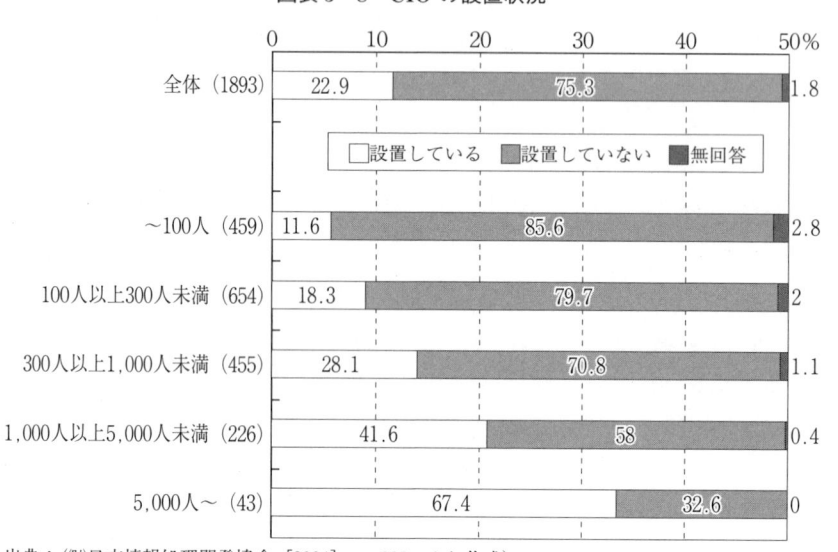

**図表5-8　CIO の設置状況**

| 区分 | 設置している | 設置していない | 無回答 |
|---|---|---|---|
| 全体（1893） | 22.9 | 75.3 | 1.8 |
| ～100人（459） | 11.6 | 85.6 | 2.8 |
| 100人以上300人未満（654） | 18.3 | 79.7 | 2 |
| 300人以上1,000人未満（455） | 28.1 | 70.8 | 1.1 |
| 1,000人以上5,000人未満（226） | 41.6 | 58 | 0.4 |
| 5,000人～（43） | 67.4 | 32.6 | 0 |

出典：㈶日本情報処理開発協会［2004］，p. 233. より作成

は71.4％が必要性を感じているが対応できないとしており，企業規模に比例して設置の必要性を感じている割合が高くなっている．CIO に関しては，全企業の約7割が設置の必要性を感じており，企業規模が大きくなるに従って CIO 設置の必要性が高く，かつ設置割合も高いというのが現状であるといえる．

CIO は，1980年代初頭にアメリカで出現し，金融業界を中心とした情報化投資の中心的役割を担う人材として期待されたものの，必ずしもすべての CIO が成功したわけではなかった．それが1990年代になって業務革新という情報化投資の目標が明確にされ，その目標を達成したことによって多額の収入を得る成功者も出現し，ヘッド・ハンティングに代表されるような労働市場も確立されたとされる（野村総合研究所 [2000], p. 17.）．そして1990年代後半になって世界規模での情報化投資が展開され，いっそう CIO の存在が注目されるにいたった．1990年代での CIO の成功，活躍は，IT の進展によって業務革新を実現したことにあり，まさに情報システムの分散化，ネットワーク化という IT のパラダイム・シフトによって実現されたものといえる．アメリカにおいて CIO が必要とされたのは，情報化投資の額が巨額であったこと，そしてそれを的確にマネジメントしていることを株主に示すためであった．日本においては投資額がそれほど巨額ではなかったこと，そして株主の立場がそれほどには強くなかったという資本市場の特徴もあり，アメリカほどには CIO への関心は高くなかったものといえる．

しかし，前出の調査結果からも明らかなとおり，現在のわが国においても多くの企業で CIO の必要性を認識するにいたっている．このことは，IT を戦略的に活用することが企業存亡の重要課題であり，IT を活用した経営戦略自体の策定局面をも含む IS 部門の戦略支援機能が重要視され，経営戦略に沿った情報システムを構築し，かつ情報化投資の効率化・最適化を実現していくという IS 部門の機能実現のためには CIO のリーダーシップとマネジメントが現実的な要求として存在していることを反映しているものといえる．

わが国の CIO に対するこのような認識の中，今後の CIO には従来の役割

に加えてあらたな3つの役割が求められていることが主張されている（野村総合研究所 [2000], pp. 19-21.）．

① CTO[18]としての役割——企業が必要とする新たな IT をもとに経営戦略を立案し，新たな業務組織や業務プロセスを創造する役割であり，インターネットによる新チャネルの構築やネット販売による市場の確立などが実践例である．

② CKO[19]としての役割——企業のコア・コンピタンスにもとづいて業務ノウハウや知識を再編成し，業務組織や業務プロセスを再編成して，さらに情報システムを適合させていく役割であり，知識の共有化を目的とするナレッジ・マネジメント・システムの構築が実践例である．

③ CAO[20]としての役割——ハードやソフトおよび人的資産をどのように保有するかを考え，情報システムおよび IS 部門を再編成し，業務部門へ適合させていく役割であり，戦略に基づく計画的な資産の調達やアウトソーシングに関する意思決定などが実践例である．

ここでの主張は，従来の CIO の役割を経営戦略に基づく情報化戦略の立案と情報システムの構築にあるものとし，新たな役割として上記3つの役割を提案しているが，基幹業務に関わる情報システムの構築を CTO の役割として含めるならば，IT による支援が実現可能となった新たな領域を含む今日における広い意味での CIO の具体的な対象領域・役割を示しているものと考えられる．

ここでの役割には明示されてはおらず，自明のことと理解されるものではあるが，CIO にはこれら全体の情報化戦略にともなう情報化投資に関する費用対効果の評価や予算配分といった投資の効率化・最適化をはかることも重要な機能として求められている．前出の調査報告書においても，「経営戦略と適合した IT 戦略の構築立案と推進」（45.1％）に次いで，2番目に「IT 投資の費

---

[18] Chief Technology Officer
[19] Chief Knowledge Officer
[20] Chief Asset Officer

用効果の評価や予算配分・再投資」(34.5％) が CIO に期待する機能であるということが明らかにされている（㈶日本情報処理開発協会［2004］, p. 235.）．

　情報システム導入期における事務作業のコンピュータ化のレベルにおいては，マンパワーや人件費の削減といった項目で評価することも可能であったが，コミュニケーションの迅速化，ビジネス・プロセスの改善，知識創造，その他戦略支援へと情報システムの目的が多様化し，かつ IT の適用対象が多岐にわたる時代となり，その評価はますます困難となってきている．前述の調査報告書においても，「IT 投資評価を実施していない」と回答した企業は，従業員1,000人以上5,000人未満で50％，5,000人以上の企業で約16％であり，企業規模が大きくなるほど情報化投資評価の実施割合が高い結果とはなっているが，全企業を対象とした結果では約67％が評価を実施していないことが示されている（㈶日本情報処理開発協会［2004］, p. 237.）．部門や業務ごとといった個別の評価を実施している企業はあるものの，情報化投資全体の評価については必要性を認識しているものの実施できていないというのが現状である．情報化投資評価に KPI[21] を利用したり，バランストスコアカードを適用するといった多様な方法が提案されているが，IT の利用状況の多様化や効果測定の困難性などにより，いまだ一般に合意された評価方法が確立されていないというのが現状であろう．また，投資評価のためには適正なコスト把握が課題となるが，コンピュータの分散化，ネットワーク化，関連設備を含む IT 基盤の構築など IT の適用領域およびユーザ部門が拡大し，また事業の多角化，カンパニー制，分社化などの組織上の複雑化の要因も加わり，コストの把握をいっそう困難なものとしている．景気低迷の中で経営者は投資効果を明確にすることを要求しており，CIO および IS 部門にとっては，経営戦略に基づいた情報化戦略を立案するという企画・計画機能とともに，それと表裏一体の関係をなす IT コスト・マネジメントをいかに実施していくかも重要な課題となっているといえる．また，ユーザ部門の IT コストに対する意識を高めること，IS 部門をプロ

---

21) Key Performance Indicator

174　第5章　企業の情報化戦略と情報システム部門の機能変化

フィットセンター化してその効率化をはかることなどを目的として，チャージバック・システムが利用されているケースもあるが，CIO にとっては情報化投資の効率化とともに IS 部門自体の効率的運用をはかることも求められているといえる．

　企業活動の多くが IT の支援を受け，IT を戦略的に活用することが企業の重要課題となっている今日，経営戦略の立案に深く関与し，その戦略実現のために IS 部門をリードし，グループ企業も含めた全社的視点に基づく IT 活用を推進するために前述の3つの役割を含む CIO の存在が求められている．専任の CIO を設置している企業であっても，専任の役員が担当している，IS 部門の長が兼任している，他の業務担当役員や CEO が兼任しているといったように，その実態は多様であるが，IT の戦略的活用の推進のためには，IS 部門がいかなる組織形態を採用しているとしても，それを統括する CIO の権限および責任を明確にすることが IT ガバナンスの構築にとっての基本的課題であるといえる．

　今回ヒアリング調査した企業でも，多くのケースでは常務取締役あるいは専務取締役が兼務による担当制によって CIO の機能を果たしている．D社の場合，情報子会社を所有しておらず，全社員約3,300名に対して80名の情報システム部員を執行役員である情報システム部長が統括している．D社の情報システム部は，製造担当グループ，社内基幹グループ，連結管理グループ，情報基盤グループの4つの部門から構成され，情報システム部長をトップとする「集権型」組織形態によって運営されている．

## 3.3　戦略的情報システム部門の現状

　当初業務部門とは切り離された独立した組織として設置され，もっぱらデータ処理機能を担う部門に位置づけられていた IS 部門は，1980年代半ばには，情報システムの意思決定に対する重要性が認識されたことを反映した情報システムの統合化を中心に情報資源の効率的な活用を志向した情報資源管理機能を担うことが求められることとなった．しかし実際には1990年代に入り，IT の

パラダイム・シフト，特に C/S システムの出現による情報システムの分散化，ネットワーク化の進展，そしてそれにともなうユーザ部門との関係・協調の必要性が多くの企業にとっての現実的な課題となるにいたって，情報資源管理機能はすべての IS 部門に求められる機能であると認識されることとなり，それと同時に情報システムの戦略的活用に対する要求が高まり，その結果として IS 部門に対する戦略支援機能が強調されるにいたったと考えられる．本章では，IS 部門機能の大きな流れとして，IT の進展にともなって，データ処理機能から情報資源管理機能へ，そして経営戦略の実現を IT 利用の側面から支援するという戦略支援機能へとその対象領域を拡張・発展させてきたものと捉えている．特にわが国においては，1990年代半ばに生じたパラダイム・シフトによって，情報資源管理機能に対する要求が多くの企業にとっての現実的課題となり，同様にそのパラダイム・シフトを契機とする IS 部門の戦略支援機能に対する要求が多くの企業にとっての現実的課題となったのは，企画機能を重視した組織上の対応もなされた2000年を前後とした時期であると判断されるのである．インターネットおよびブロードバンドの普及など，2000年を前後としたネットワーク関連技術の進展は，パラダイム・シフトを多くの企業や社会に浸透させる推進力となり，それが IS 部門の戦略支援機能に対する要求をいっそう明確にしたものと考えられるのである．

　経営戦略に沿った情報システムの実現を目指して開発・運用の効率化をはかり，それをもって企業としての情報化投資の効率化・最適化を実現していくことが，現在の企業の IT 活用の最重要課題であり，それが IS 部門の主要機能であることはすでに述べてきたとおりである．換言するならば，IS 部門の機能は，当初のホスト・コンピュータ中心の運用時とは異なるが，具体的に開発・運用を含むデータ処理機能，情報資源管理機能，戦略支援機能の3つによって構成されるものであり，その3つの機能のうち何に重点がおかれているかは各企業によって多様であるといえる．

　平成15年10月に経済産業省から公表された「情報技術と経営戦略会議」報告書では，企業の IT の利活用の段階を以下の4つに分類し，調査結果による該

当企業の割合を示している（経済産業省 [2003]）.

　ステージ①：単にITを導入しただけで，その活用がなされていない企業群（IT不良資産化企業群，15％）

　ステージ②：ITの活用により，部門ごとの効率化を実現している企業群（部門内最適化企業群，66％）

　ステージ③：企業組織全体におけるプロセスの最適化を行い，高効率と顧客価値の増大を実現している企業群（組織全体最適化企業群，17％）

　ステージ④：単一企業組織を超えて，バリューチェーンを構成する共同体全体の最適化を実現している企業群（共同体最適化企業群，2％）

　これらのステージとIS部門の機能についてあえてその関係を示すとすれば，ステージ①と②に該当する企業におけるIS部門の機能は主としてデータ処理機能が，ステージ③の企業では情報システムの統合化を中心とした情報資源管理機能が，そしてステージ④の企業では戦略支援機能が対応しているものと考えられる．該当企業の割合が示すとおり，約80％の企業がステージ②までに留まっているのが現状である．多くの企業にとってITの戦略活用が課題であり，そのことに対する認識は高いものの，実際にはIS部門が効率的なシステム開発，運用を目的としたデータ処理機能あるいは情報資源管理機能を担っているのが現状といえるのであろう．

　同報告書では，ITの利活用のステージと業種や企業規模による相違はみられず，またITの利活用に成功している企業ほど企業業績の見通しが良好であるという結果を示している（経済産業省 [2003], pp. 47-48.）．しかし，本章1.2で示した「企業が最も重視するIT導入・活用場面」においては，ITの戦略的活用に関する意識は企業規模に応じて高くなるという傾向を示しており，あるべき方向に対する認識と現実のITの利活用状況にはギャップがあることがうかがえる．また，IT利活用のステージの高さと業績との関係についても，ITの利活用が好業績を生み出していることも事実であろうが，好業績がITの利活用を推進する原動力となっているとも考えられるのである．本章ではIS部門の組織形態として「分散型」「集権型」「連邦型」の3つを取り上げ，

今後の方向性としては戦略支援機能に対応する形で「連邦型」への移行が主流であることを示した．この組織形態についても IT の利活用のステージ，IS 部門に求められる中心的機能が何であるのか，また戦略支援機能といってもグローバルな SCM の展開といった新たなビジネス・プロセスの構築，e コマースのような IT を利用した新たな事業展開，ナレッジ・マネジメント・システムのような情報・知識共有など，具体的な情報化戦略のターゲットによっても，その企業にとっていずれの組織形態が望ましいのかは異なってくるものといえる．実際の IT の利活用のステージ，IS 部門に求められる中心的機能を軸として，それに加えて CIO の設置の有無およびその役割，IT ガバナンスの確立の程度，社外パートナーの利用の程度などの複数の要因によって，あるべき IS 部門の組織形態を求めて「集権型」と「分散型」との間を模索しているというのが IS 部門の現状と考えることができる．

　多くの企業の IS 部門にとって，いかに経営戦略を実現するための情報システムを構築するかということが最重要課題であるが，前節で紹介した IS 部門の機能上の位置づけが，「支援・コンサルティング機能」から「グループ戦略機能」へと変更されたある企業の例にもみられるように，特に今後の本社に位置づけられる IS 部門には，従来の所与としての経営戦略の支援ではなく，IT を活用した経営戦略自体の立案に関与するという戦略立案機能がよりいっそう強く求められることになるものと考えられる．

# 第6章 情報システムの有効性と
コスト・マネジメント

横浜国立大学 溝 口 周 二

## §1 情報システムの構造変化と
コスト・マネジメントの変遷

### 1.1 情報システムの構造変化

　情報システムはその基盤となる情報技術の発展,情報システムの導入形態,企業の情報戦略や組織形態によって大きく異なる.自社の情報システムがどの段階に達しているかを理解する上で「情報システムのステージ理論」がある.Nolan らのステージ理論は EDP[1] の成長を開発期,普及期,コントロール期,成熟期の4段階で捉え1974年に発表された (Nolan, et al. [1974]).この4段階説を受けてデータベース管理技術の発展を背景に Nolan は4段階説を1979年に修正し6段階説を提唱した (Nolan [1979]).1974年と1979年の2回の修正が大きく施されたが,1980年代以降で情報システム技術と情報支出の不連続性が観察されるようになった.これは大型メインフレームによるバッチ処理中心のレガシー・システムに取って代わるエンド・ユーザによる分散処理システムが登場したためである.6段階説における3段階（コントロール）と4段階（統合）間の不連続性を説明する理論が1982年に Nolan の修正6段階発展説として現在に至っている (戦略情報システム研究会 [1992]).修正6段階発展説では図表6-1に示すように,情報システムの発展を初期,普及期,統制期,統合期,データ管理期,成熟期の6段階に分類し,情報システム・コストの水

---

[1] Electric Data Processing

図表6-1 情報システム発展の6段階

| 項目＼段階 | 第1段階 初期 | 第2段階 普及期 | 第3段階 統制期 | 第4段階 統合期 | 第5段階 データ管理期 | 第6段階 成熟期 |
|---|---|---|---|---|---|---|
| 適用業務ポートフォリオ | 個別業務コスト削減システム | 他業務へ拡散 | 文書化の改善と適用業務の見直し | DB技術活用による既存業務への適用 | 適用業務の組織的統合 | 情報フローを反映した業務の統合化 |
| 情報処理組織 | 情報技術の習得 | ユーザ志向のプログラム | 中間管理職 | コンピュータ有効性とユーザによる評価チーム作成 | データ管理 | データ資源管理 |
| 情報処理の計画と統制 | 緩い管理 | さらに緩い管理 | 公式的な計画と統制 | 組織に適合した計画と統制 | データ共有とシステムの共通化 | データ資源の戦略計画 |
| ユーザー認識 | 関わらない | 表面的に熱中 | 恣意的な責任 | 責任の学習 | 効果的な責任 | ユーザと情報処理組織相互責任 |

情報システム・コストの水準：　　　　　　　　　　　　　　←パラダイム・シフト→

準，ユーザ認識度，情報処理の計画と統制，情報処理組織，適用業務ポートフォリオの観点から各段階における情報システムの特性を論じている．

　第1段階（初期）はコンピュータの導入期であり，ビジネス上では基本的なデータ処理が中心であった．第2段階（普及期）ではコンピュータの正確で効率的な事務処理が企業の各部署で認識され，情報システムが普及した．第3段階（統制期）では業務システムやデータの標準化や統合化が認知され，第4段階（統合期）に向けて統合化が進展した．第5段階（データ管理期）は分散処理化の推進によるデータベース管理が推進され，第6段階（成熟期）ではネットワーク化が更に推進される．

　Nolanの6ステージ理論が発表された1979年には，経営情報システムは分散処理化が次第に発展し，SIS[2]が企業戦略における競争優位性の確保の目的で

---

2) Strategic Information System

導入される前段階であった．Nolan のステージ理論の枠組みは基本的に維持されるものの，1980年代以降の情報システム技術の発展，多様な経営戦略の遂行，ビジネス・モデルの複雑化等の環境条件の急速な変化により，情報システムそれ自体にオープン化，ネットワーク化のパラダイム・シフトが認められる（図表4-1参照）．ステージ理論の基本的枠組みを認識した上で，日本における主要な情報システムの適用とその大まかな年代区分を示したのが図表6-2である．

① EDP フェイズ

1954年にアメリカでコンピュータが初めて企業に導入されたが，その導入目的は工場の給与支払とその帳簿作成であった．初期のコンピュータは弾道計算用の軍事目的や，人口統計等の統計処理目的等の単機能が中心であった．ビジネス用計算機としても最初に給与計算や売掛／買掛処理等の会計目的を満足させる単機能の計算機が発達した（Flatten, et al. [1989]）．コンピュータのユーザ部門は経理部が中心であり，情報システム部門との機能分離はされていなかった．機械化による経理事務処理経費の削減がメインフレームによるバッチ処理で実行されていた．コンピュータ導入期では新規情報技術の学習と習得がユーザ部門の職能となり，情報システムに対するマネジメントはごく緩く，経理部以外のユーザもコンピュータに関心を払わなかった．

② EDP／MIS[3] フェイズ

コンピュータが企業組織の効率化に寄与することが認識され，各部門へ急速に普及した．適用業務は拡大し，経理業務から日常の基幹業務にまで展開した．この結果，各ユーザ部門に使用しやすいプログラムや適用業務システムの開発が要請され，この頃から情報システム部門が設置されるようになった．これは来るべき情報システムの複雑化と情報資源管理の効率化を睨んだ措置であった．

---

3) Management Information System

182　第6章　情報システムの有効性とコスト・マネジメント

図表6-2　経営情報システムの構造変化

| | 1950年代 | 1960年代 | 1970年代 | 1980年代 | 1990年代 | 2000年～ |
|---|---|---|---|---|---|---|
| 主要なシステム名称 | EDP | MIS | MIS・DSS・IRM | IRM・SIS | ERP | ERP・EA |
| システムの目的 | ・自動化<br>・省力化 | ・統合的情報処理<br>・意思決定支援 | ・統合的情報処理<br>・意思決定支援<br>・効率的情報管理 | ・効率的情報管理<br>・競争優位の確立 | ・競争優位の確立<br>・企業間統合 | ・企業間統合／協働 |
| システムの適用業務 | ・会計処理<br>・給与計算 | ・個別業務システム | ・個別業務システム<br>・経営管理の判断<br>・オフィス・オートメーション | ・業務統合<br>・戦略的経営判断 | ・業務統合<br>・企業間システム統合 | ・企業間システム統合<br>・企業間システム協働 |
| 主要な計算機（機能・用途別分類） | ・メインフレーム | ・メインフレーム | ・メインフレーム<br>・ワークステーション | ・メインフレーム<br>・ワークステーション<br>・PC | ・ワークステーション<br>・PC | ・ワークステーション<br>・PC |
| 主要な処理方式 | ・集中処理<br>・バッチ方式 | ・集中処理<br>・バッチ方式 | ・集中処理<br>・分散処理 | ・集中処理<br>・分散処理 | ・分散処理<br>・クライアント／サーバ<br>・ネットワーク | ・クライアント／サーバ<br>・ネットワーク |
| 主要なユーザ | ・会計責任者<br>・一般管理者 | ・一般管理者 | ・中間管理職<br>・専門職 | ・管理職全般<br>・専門職 | ・管理職全般<br>・専門職<br>・組織の全構成員 | ・管理職全般<br>・専門職<br>・組織の全構成員 |
| 情報システム部の役割 | ・メインフレーム運用<br>・プログラム作成 | ・システム開発／運用<br>・プログラム作成 | ・システム開発／運用<br>・データベース開発／運用<br>・データの標準化・統合化 | ・データの標準化・統合化<br>・経営戦略の支援<br>・情報教育 | ・経営戦略の支援<br>・情報教育<br>・ビジネスモデル構築支援<br>・企業間システムの調整 | ・ビジネスモデル構築支援<br>・企業間システムの調整 |

③ MIS/DSS[4]/IRM[5] フェイズ

　コンピュータが各部門に浸透するにつれ，各部門からの情報要請の質量が増加し始めた．情報システム部門はこれに対応するものの，業務発展と情報要請の速度が情報供給量に追いつかずに，業務システムやプログラムのバックログや情報システム部門の予算超過，納期遅れ，エラー発生等の問題が生じてきた．

　各部門でバラバラに構築された業務システムを整理統合して効率的な情報システム投資をおこない，情報システム部門は拡大する情報資源の効率的管理と情報システム・コストの管理を公式的に実行することが求められるようになった．例えば図表6-1における情報システム・コスト水準の変化グラフがこの段階で示す変換点である．これ以降，情報システム・コストの増加は加速する．しかし，この段階での情報システム部門の機能はあくまでも中間的な管理であり，情報システム戦略を担うものではなかった．

④ IRM/SIS フェイズ

　個別業務データベースがオンラインで統合化され，効果的な情報システム資源の活用を情報システム部門が検討する段階となった．このためユーザ部門と情報システム部門双方から構成される情報システム資源管理の評価チームが設置され，各企業の情報システムに適合した計画と統制システムが確定する．この段階ではユーザの意識は情報システムの利用に伴う原価責任，作業責任等を自覚し学習する．

⑤ ERP[6] フェイズ以降

　前述④のフェイズが成熟し，適用業務システムが組織的に統合され，データ資源の標準化と統制が情報システム部門主導で実行される．しかしこの段階から，コンピュータの分散処理化に拍車がかかり，次第にユーザ部門でのデータ処理，業務処理システムの開発が必要となってくるが，情報システム

---

4) Decision Support System
5) Information Resource Management
6) Enterprise Resource Planning

部門による集中管理方式ではこれに適合するのが困難となる．さらに情報システム資源が統合化され，情報システム部門は全社戦略に寄与する情報システム資源管理と，その戦略的計画の立案，実行を司ることになる．また情報システム部門の役割も大きく変化し，ユーザ部門との責任関係も両者による合意を中心とした弾力的な構造に変化してゆく．

時期的には1990年代後半以降，ビジネス・モデルの開発，オープン化の進展，ネットワーク深化によりレガシー・システムの残滓を切り捨てた革新的な情報システムの構造変化が起こりつつあるといえよう．

## 1.2　情報システム・コスト・マネジメントの変遷

前節で述べた①〜⑤までのフェイズにインタビュー調査や質問票を送付した企業を当てはめると，実態的には①〜⑤まで多様に分布していると考えられる．情報システムの構造変化を上記のように時代区分の上から概念的に捉え，情報システム・コストの管理方法の変遷を示したものが図表6-3である．

EDP時代から現在のERP時代まで情報システム・コストを伝統的に一般管理費による期間費用処理や利用部門への原価配賦等の比較的単純な原価管理

図表6-3　情報システム・コスト管理の変遷

| 主要システム名称 | IT投資評価手法 | | アウトソーシング | | 期間費用処理 | 利用部門へ原価配賦 | チャージバックシステム | |
|---|---|---|---|---|---|---|---|---|
| | 伝統的手法 | 多元的手法 | 戦略的アウトソーシング | アウトソーシングの多様化 | | | 伝統的チャージバックシステム | チャージバックシステムの変容 |
| 1950年代　EDP | ● | | | | ● | ● | ● | |
| 1960年代　MIS | ● | | | | ● | ● | ● | |
| 1970年代　MIS/DSS | ● | | | | ● | ● | ● | |
| 1980年代　IRM/SIS | ● | | ● | | ● | ● | ● | |
| 1990年代　ERP | ● | ● | ● | ● | ● | ● | ● | ● |
| 2000年〜　ERP/EA | ● | ● | ● | ● | ● | ● | ● | ● |

方式を採用している企業もある．また，事業部門が多角化し情報システム部が情報システム・コスト管理を委ねられるようになると，チャージバック・システムが有効な管理手法となった．さらにこのチャージバック・システムは情報システム構造のパラダイム・シフトが生じた1990年代には新しい手法としてBPR[7]の考え方やABC[8]やABM[9]の手法が取り入れられ，情報システム活動に対応した情報システム資源の消費コストが測定できる仕組みが考えられるようになった．

一方，情報システム・コストの発生原因として情報システム資源の獲得を考察すると，伝統的な情報システム投資評価から次第に情報システム構造が多極化・分散化するにつれ，そのパフォーマンスを計測するための様々な手法が1990年代のパラダイム・シフトとともに生じてきた．さらに情報システム資源の戦略的アウトソーシングについても1980年代末に登場し，時を経ずして様々なアウトソーシング手法が情報システム・コスト管理に適用されている．

例えば，㈱花王の情報システムについて1970年代には工場，販社間の情報ネットワークが構築され，全社的なネットワークが完成した．さらに80年代には流通チェーン，小売店との社外ネットワークがオンラインで結ばれ，全国規模での情報ネットワークが機能した．90年代には流通広域化が促進され，物流センターや販社システムの広域化を目指して，2000年代にはボーダレス，グローバル化を狙ってインターネットを中心にしたシステム開発とネットワーク化を促進させている（稲葉元吉他 [2004]）．このような情報革新を追求する㈱花王のような企業は，情報システムの成熟段階に相当すると考えられる．一方，情報システム・コストの管理については同社の情報システム部門は伝統的なコスト・センターの役割を担い，予算管理方式によって情報システム投資やコストの管理を実施している．情報システム部門がおこなう情報サービスに対する料金を設定するチャージバック・システムはとられていない．とはいえ，情報

---

7) Business Process Reengineering：プロセスの抜本的再構築
8) Activity Based Costing：活動基準原価会計
9) Activity Based Management：活動基準管理

システム・コストの合理化は促進され，1999年にはシステム周りの運用業務を日本 IBM に，2000年にはインターネット関連業務を NTT コミュニケーションズへアウトソーシングしている．

同社の例でもわかるように，情報システムのステージが高位になることと情報システム・コスト管理手法の精緻化は必ずしも相関関係がある訳ではない．各社における情報システムの戦略的位置づけ，情報システム・コストの多寡等の要因が作用し，単純にステージの高さと精密な情報システム・コスト管理は対応するとはいい難い．情報システム・コスト管理の方法を単なる情報技術の変化だけでなく，組織の管理方法の変遷，情報システム部門の機能変化とあわせて捉える必要がある．

本章では情報システムのコストのマネジメント手法とその実態を考察し，これをもたらす情報システムの投資とその有効性の評価について検討する．加えて，1990年代以降の情報システムのパラダイム・シフト時に抜本的な情報システム資源管理として登場したアウトソーシング手法とその効果について，戦略的原価管理の観点から検討する．

## §2 情報システム・コストのマネジメント

情報システム・コストは情報システム資源の投資から派生するため，その源流をたどれば情報システム投資とその効果，および近年のアウトソーシングも情報システム・コストのマネジメントの範疇に入る．その意味で次節では情報化投資に対する情報システムの有効性評価を検討する．パラダイム・シフト後のネットワーク環境下で情報システム投資評価も多様化するため，アウトソーシングとインソーシングのバランスを考慮し，戦略的な情報システム・コスト管理を考察する．

### 2.1 伝統的なコスト・マネジメント手法

図表6-3では情報システムのコスト・マネジメントの手法として伝統的な

## §2 情報システム・コストのマネジメント

費用配賦方法とチャージバック・システムの2系列を示した．伝統的な費用配賦方法は，情報システムがEDPを中心に発展してきた時代から現在まで広く企業に使用されており，主として2方法に分かれる．

第1は情報システム・コストを本社費用または情報システム部門が一括して期間費用として処理する方法である．情報システム部門は全社的に補助部門として位置づけられ，情報資源に対して情報システム部門の上級管理者による集権管理がおこなわれる．この管理は全社的レベルで実行されるために，各ユーザ部門には情報システム・コストは配賦されず，本社費で処理されるのが一般的である．

第2は利用部門へ原価を配賦する方法である．情報システム部門はサービス部門の特性を備え，情報資源の優先順位の決定についても全社の上級管理者，情報システム部門管理者，ユーザ部門管理者による合意とルールから決定される．ユーザ部門への情報システム資源の原価配賦額もこれに従う．サービスを享受するユーザ部門にサービスの提供度合いに応じて原価を配賦する方法であり，受益者負担原則が維持される．この理論的手法について以下で検討する．

### 2.1.1 原価配賦法によるコスト・マネジメント

原価配賦法や原価志向的チャージバック・システムの基本原則は，情報処理に関わるすべての費用を回収することである（Borovits [1974]）．代表的な原価配賦方法として ① 間接費配賦法，② 実際原価法，③ 標準原価法を取り上げ，その構造と特質を明確にする（McKinnon, et al. [1987]）．

#### ① 間接費配賦法

事業部門の売上高，情報システムに係わる直接費総額や配賦前総費用等の配賦基準を用いて，情報システム部門から事業部門へ情報システム・コストが配賦される．事業部門予算の観点では，情報システム・コストが事後的に配賦されるため管理不能費であり，これに対する会計責任および統制が困難である．情報システム部門は事業部門において費消される情報資源の型・量・コストを集中的に管理しているため，事業部門に対する情報システム教育やシステム開発の支援・助言を効率的におこなうことができる．

② 実際原価法

期末までに発生した情報システム・コスト実際額と情報資源の実績使用量，もしくは両者の数期間の移動加重平均に基づき，実際原価を実績使用量によって除した単価によって事業部門に配賦する．この方法は導入するのに簡単で，情報システム・コストの全部原価を回収でき，事業部門に対して容易に説明できるという大きな利点がある．しかし，事業部門にとっては配賦基準単価が情報システムの活動量に応じて期間毎に変動するため，情報システム部門の非効率が単価に反映される結果，会計責任や統制の水準を維持することが困難となる．

③ 標準原価法

次期の会計期間における情報システム・コストと情報資源使用量の予測から標準単価（予定単価）を設定する．しかし，情報システム・コストを回収するには使用量水準が低ければ不利差異が生じ，逆に予測水準よりも高ければ有利差異が発生するため，必ずしも全部原価を回収できるとはかぎらない．標準原価を設定するために多大な時間や労力が情報システム部門と事業部門で必要とされる．しかし，①②③のいずれの方法でも情報処理のピークを抑制するのは困難である（Bookman [1972]）．

一般的な原価配賦法は上記における①が中心であり，全部原価を回収するために使用される配賦基準原価の計算は②，③のいずれでもチャージバック・システムにおける原価法によるコストとほぼ同一の算定基準である．後述するように原価配賦法は原価回収の観点からチャージバック・システムと重複する領域でありその概念も弾力的に解釈されているケースが多いようである．

### 2.1.2 原価配賦法の事例

情報システムの最先端企業でも，情報システム・コストのマネジメントについては伝統的な期間費用処理や原価配賦を実施している企業も多い．例えば，E社では原則的に受益者負担に基づき，情報システム・コストを各部門に負担させている．ただし，全社的な戦略的課題解決のためのシステム開発費等は費用負担先の特定が困難であるため，本社情報部門の費用として期間費用処理

§2 情報システム・コストのマネジメント　189

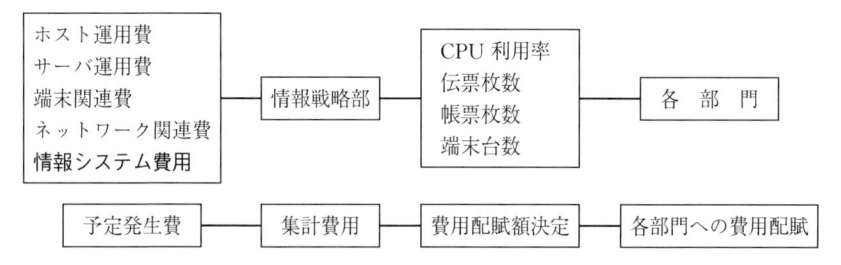

図表 6-4　現実的なチャージバック・システム

```
┌─────────────┐       ┌──────────┐
│ ホスト運用費  │       │ CPU 利用率 │
│ サーバ運用費  │─┬→┌────────┐→│ 伝票枚数   │→┌────────┐
│ 端末関連費    │  │ │情報戦略部│  │ 帳票枚数   │  │各 部 門│
│ ネットワーク関連費│ └────────┘  │ 端末台数   │  └────────┘
│ 情報システム費用 │              └──────────┘
└─────────────┘

┌────────┐  ┌────────┐  ┌──────────────┐  ┌──────────────┐
│予定発生費│→│集計費用│→│費用配賦額決定│→│各部門への費用配賦│
└────────┘  └────────┘  └──────────────┘  └──────────────┘
```

をおこなうとしている．一方，チャージバック・システムを採用している企業も現実的には情報システム・コストの正確な原価配賦システムであるケースが多い．これは一般の間接費と同様に，ある配賦基準により情報システム・コストの実際全部原価をユーザ部門に配賦する方法である．同社では図表6-4のような原価配賦システムをチャージバック・システムと呼び，情報システム・コストの管理手法として使っている．

同社では情報システム費用の課金は各部門に対して実施され，情報システムの共通部分にかかわる経費は，各部門に配置される端末台数が配賦基準となる．より正確な課金を計算するためのコストが増加するので，原価管理効果と実施のバランスをとるのが必要であり，課金体系が複雑で利用部門に理解されにくいのが大きな問題である．

またD社では各事業部に対して，ホスト・コンピュータの維持費用については出力した伝票枚数で課金し，全社的な情報システム費用についてはCPU基準で各事業部に課金する．同社も基本的には原価配賦システムである．

図表6-4でみるように原価配賦システム（または原価を課金としてチャージするチャージバック・システム）を採用している多くの企業では情報システム・コストの範囲は以下のとおりである．

情報システム・コストは，ハードウェア資源（コンピュータ，通信機器），ソフトウェア資源（プログラム，諸手続），人的資源（システム専門家，エンド・ユーザ）等の情報資源の獲得もしくは開発活動から発生する経費と情報資源の運用・保守活動から発生する経費に大別される．前者は，ハードウェア資

源の減価償却費・リース料，ソフトウェア資源の開発費，人的資源への教育・訓練費等である．後者は，データ資源入力，情報処理，情報成果の出力，データやモデルおよび知識資源等の蓄積，システム全般の運営管理等の情報処理活動から発生する．

一連の情報資源の獲得および情報資源の維持・管理活動は有機的に結合し，これらの活動から情報システム・コストが発生する．原価配賦システムやチャージバック・システムが対象とするコストは基本的には情報システム・コスト全体（全部原価）であるが，政策的に情報システムの運用・保守活動に関わるコスト（部分原価）を対象にする場合もある．

### 2.2 チャージバック・システムによるコスト・マネジメント

EDP 世代から MIS 世代に移行するにつれ事業部制の発達，振替価格制度の進展により情報システム部門がプロフィット・センター機能を持つチャージバック・システムが考察された．情報システム部門も他事業部と同様な特性を有し，ユーザへの情報サービス提供に対する価格と原価から自部門の利益責任を担っている．ユーザは原則的に社外からの情報サービスも自由に選択できるため価格競争による情報資源の適正配分と効率的運用が保証される．汎用大型コンピュータを中心としたレガシー環境の中で，情報システム部門は業務効率性を中心とした情報サービスを対象に集権的管理をすすめ，導入が容易でコスト・マネジメントに効果的なチャージバック・システムを全社的に適用してきた．しかしその実態は日本では正確な原価配賦システムの特性が強い．日本型のチャージバック・システムの特性を探るために，まずチャージバック・システムの基本形を考察する．

#### 2.2.1 チャージバック・システムの目的

チャージバック・システムの目的は情報資源に対する原価配分と資源配分に大別され，概ね以下の5つの目的に分類することができる（Bergeron [1986]）．

① 情報システム部門における原価回収を実施する．
② 事業部門における情報サービスの便益を最大化する．

③ 事業部門間へ情報資源を適正に配分する．
④ 希少な情報資源に対する情報サービス需要を抑制する．
⑤ 事業部門へ情報システム・コストの管理を動機づける．

原価配分は，事業部門によって費消される情報資源量の認識と測定，さらに測定された情報資源量の金額的評価から確定される．情報システム部門は課金によって情報資源の維持・管理を実行する．一方，資源配分は事業部門間の利害関係調整と制約のある情報資源を，価格メカニズムをつうじて有効に事業部門に配分する機能である．これは情報システム部門と事業部門間のインターフェースとして価格プロセスが位置づけられることを示す．

日本企業で実行されているチャージバック・システムはこの目的分類から考察すると，情報資源の原価配分機能が主であり，価格メカニズムの導入による資源配分機能まで含んで情報システム・コスト管理をおこなっている企業は多くなく，今回のヒアリング対象企業中にも存在しなかった．

### 2.2.2 チャージバック・システムの基本型

チャージバック・システムには様々なバリエーションがあるが，基本的な分類例を図表6-5に示す．提供される同一の情報システム・サービスに対し固定的もしくは差別的な料金が課せられるかが大きな分類基準となる．また課金対象が原価と市場価格の2分類が考えられ，それぞれコスト・センター法とプロフィット・センター法に対応する．

原価基準法では原価計算方法による実際原価法／標準原価法，対象となる原価として全部原価／部分原価，配賦方法として単一基準法／複数基準法があり，これらの組み合わせでコスト・センター法による課金構造が決定する．市場価格基準ではマークアップ率法（原価＋利益），市場価格法，資源法，投入／産出標準比率法等があげられる．差別価格も基本的には固定価格での分類に準じる．

図表6-5における差別価格法が資源配分機能を最も明確に示す．情報システム部門が事業部部門別，コンピュータ使用時間帯別，使用ソフトウェア別等に差別価格を設定する．事前に設定された価格を熟知している事業部門は，希

図表6-5 チャージバック・システムの基本型

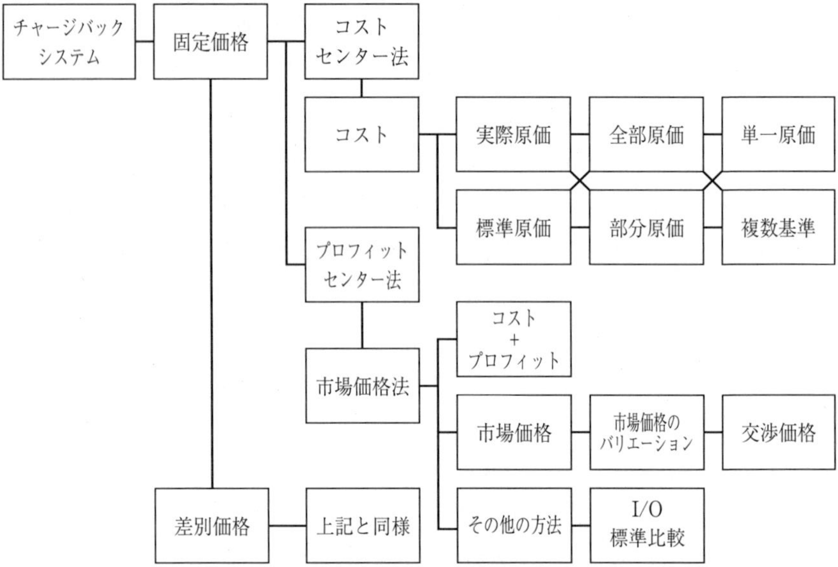

少資源利用による高価格を回避することが可能となる．この結果，情報資源利用水準全体のピーク・ロードが軽減される効果がある．情報システム部門は現存の情報資源容量を十分に活用し，追加的な情報資源投資を節約し，経営戦略上必要と考えられる事業部門や活動へ戦略的に情報資源を配分することが可能となる．

このような差別価格制は同一組織よりもむしろ親会社と情報子会社のような別組織間での適用が容易である．例えばH社では情報システム部門は存在するものの，子会社である「Hインフォメーション・テクノロジー（HI TEC）」社と情報システム部が事業部や部門と包括的な委託契約を策定し両者が納得できる契約を持って情報システム・コストの固定的部分の削減を図るとしている．HITEC社は独立した法人であり，H社に提供する情報サービスには当然に利益が含まれ，その点で理論的なチャージバック・システムに近似していると考えられる．

H社の情報システム部門は，事業部に対して情報資源のピーク使用時期の

予測や情報処理作業の優先順位づけに関与し，希少な情報資源種別に課金対象となるデータを収集し解析する．情報システム部門はコスト・センターであり，システムの共通部分に係わる経費は本社費として期間費用処理する．事業部部門は情報要請に適合する情報処理作業のコスト／便益，優先順位，コストから変動するサービス水準を予測し，情報システム部門はこれら各事業部門の情報要請を取り纏めて子会社の HITEC 社と包括的な委託契約を締結する．

## 2.3 情報システム・コスト・マネジメントの適用実態

### 2.3.1 チャージバック・システム

情報システムは米国を中心に発展し，情報システム・コストの管理問題に最初に直面し，その管理手法としてチャージバック・システムを開発したのも米国であった．このため，米国では情報システム・コスト管理におけるチャージバック・システムの普及率が非常に高い．例えば，すでに1985年には78.4％の企業でチャージバック・システムが採用されている（Solomon and Tsay [1985]）．

また，1987年の調査によれば，アメリカでチャージバック・システムを採用している企業は83.8％にまで増加している（McGee [1987]）．この調査結果を同時代の日本企業（1988年）と比較すると，日本での採用は約30％程度であり，チャージバック・システムの適用実態には大きな格差がある（陳豊隆 [1996]）．

日本に比較して米国でチャージバック・システムが普及している理由としては情報システムの普及が早く，情報資源の投資規模が大きかったことに加え，企業の各部門で伝統的に利益責任に対する関心が高いことなどが考えられる．また，1992年調査によると加工組立産業のうち40％の企業でチャージバック・システムが採用されており，1988年の調査と比べても採用比率が増加傾向にある（櫻井通晴 [1992]）．普及率が米国ほどではないとはいえ，ここまでのデータを見る限り米国の企業と同様に日本の企業もチャージバック・システムを導入しつつあるかに見える．しかしながら，1996年の調査では，日本の製造業に

おいてチャージバック・システムを採用している企業の割合は44％であり，加工組立産業のみに注目するならば31％にまで減少している（陳豊隆［1996］）．

このようにチャージバック・システムを採用している企業が減少している主要な理由としては，「ユーザの多様化により料金設定が困難になった」，「集中処理から分散処理へと情報システムの形態が変化したことにより情報システム部門費が小さくなった」，「ハードウェアにかかる費用の効率的管理よりもソフトウェアにかかる費用の有効管理に経営者の関心が移ったため，課金によって情報システム部門費を管理するよりもプロジェクト別にソフトウェアの開発コスト管理をするべきだと考えられている」等があげられる．

1980年代における情報システムは大型コンピュータ中心の集中処理システムによる生産管理や在庫管理が中心であったが，1990年代中頃になると従来の基幹業務に加え情報系の支援業務を含む全社的な情報管理へと情報システムの役割が変化してきた．前掲した先行調査は主に1980年代と90年代初めに実施されたものであり，1990年代中頃以降の情報システムのパラダイム・シフトに伴う情報システム・コストに対するマネジメント構造変化の影響は調査結果に反映されていない．これらの調査では主に情報処理費ないしは情報システム部門のコストについて主眼が置かれており，事業部門において発生しているいわゆる『隠れた情報システム・コスト』に関しては明確に取り上げられていない．情報システムが分散型・複合型へと移行してきていることをふまえ，ネットワークの形態が情報システム・コストの管理にどのような影響を及ぼすかについては従来のチャージバック・システムに代表されるレガシー型のコスト・マネジメント手法では効果的な管理が難しくなっている．

### 2.3.2　情報システム・コスト管理の実態

情報システム・コスト管理の実態を調査するために，2001年の6月から7月にかけて日本の15産業，製造業500社に対して質問票調査を実施し，約30％の回収率を得た（MIZOGUCHI［2004］）．

(1) チャージバック・システムの適用実態
① チャージバック・システムの利用状況

　図表6-6はチャージバック・システムの利用状況である．日本企業の3分の1はチャージバック・システムを使い，3分の2はチャージバック・システムを使用していない．これは前述した1992年調査と比較すると6％ほど減少している．我が国におけるチャージバック・システムの普及は大勢として横ばい，もしくはこの結果から判断すると，最近の企業は情報システム・コスト管理に対しチャージバック・システムの使用に消極的ともいえよう．

**図表6-6　チャージバック・システムの利用状況**

| チャージバック・システム利用中 | 34％ |
|---|---|
| チャージバック・システムは不使用 | 66％ |

　チャージバック・システムを採用している企業でも図表6-7に示すように，70％以上の企業がチャージバック・システムに満足していないことがわかる．これは後述するように，現在の情報システム構造に伝統的なチャージバック・システムを使用することに種々の問題点があると企業が認識しているためである．

**図表6-7　チャージバック・システムの問題点**

| チャージバック・システムに問題なし | 27％ |
|---|---|
| チャージバック・システムに問題あり | 73％ |

② チャージバック・システムの課金対象

　図表6-8は原価回収のためにどのような課金対象が設定されているかを示す．図表6-8によれば課金対象は全部原価法を採用している企業が最も多く，部分原価法を採用している企業が若干あるものの原価加算利益法や市価法を採用している企業は皆無である．部分原価を採用している企業は全社的なシステム開発や戦略的な情報システム・サービスについては全部原価ではなく，開発費は情報システム部門が負担し，運用コストのみを当該事業部

が負担するような部分原価負担の形をとるのが一般的である．

図表 6-8　チャージバックの方法

| 全部原価法 | 53% |
|---|---|
| 部分原価法 | 11% |
| マークアップ率法 | 0% |
| 市場価格法 | 0% |
| 他の方法 | 36% |

③　課金基準

　図表6-9はチャージバック・システムにおける課金基準を示したものである．一般的な課金基準である端末台数，CPU占有時間，出力頁数等の課金基準は図表6-9の「他の基準」に入る．チャージバック・システムと一般に呼ばれる情報システム・コストのマネジメント手法の実態は，事業部の人数や売上高で情報システム・コストの実際全部原価を配賦する原価配賦法が中心であることがわかる．

図表 6-9　配賦基準

| 各部門の人数 | 33% |
|---|---|
| 各部門の売上 | 26% |
| 他の基準 | 41% |

④　チャージバック・システムの問題点

　図表6-10は現状の課金基準に対する意識を表す．80%以上の企業が現在の課金基準に不満足であるという結果である．その具体的な原因は図表6-11に示すように課金が情報システム利用実態を的確に反映せず，更に情報システム・コスト計測の正確性にも疑問があることである．

以上を要約するとチャージバック・システムを情報システム・コスト管理手法として導入している企業は30%程度であり，その実態はむしろ情報システム・コスト回収のための正確な原価配賦法の特徴が強く，現在でも課金基準には各事業部からの不満が強いと考えられる．

図表 6-10 配賦基準に対する満足度

| 配賦基準に不満足 | 81% |
|---|---|
| 他の配賦基準を研究中 | 5% |
| 配賦基準に満足 | 14% |

図表 6-11 不満の原因

| 情報システム・コストが正確に測定不能である | 25% |
|---|---|
| 情報システムの使用法を課金が反映していない | 40% |
| ユーザ側に抵抗がある | 21% |
| その他 | 14% |

　こうした実態を改善するために，今回インタビューした E 社は情報システム・コストを ABC，ABM を使用して正確な課金を計算する仕組みを試験的に導入した．これは情報システム・コストの計測が正確な事業部評価に必要であるとして導入したが，現在は通常の原価配賦手法に戻している．

　また B 社はビジネス・ユニット固有のシステムは当然に当該部門が費用負担するが，ネットワークやホスト・コンピュータ等の情報インフラについては CPU や出力頁数，時間等をコスト・ドライバーにして従量料金制を将来検討している．これだけでは従来型の原価配賦方式であるが，これに加えて同社では課金基準にサービス・レベル・アグリーメント（SLA）を加え，例えば情報システム監視レベルに応じたサービス水準とこれに対応する課金水準を検討している．同社が検討する課金決定は ABC，ABM を応用した課金決定方式であり，情報先端企業ではこのような検討が始まったものと考えられる．

(2) ネットワーク環境下でのチャージバック・システムの問題点

　図表 6-12 はなぜチャージバック・システムを企業が導入しないかを示す．情報システム・コストが「配賦されない」が40％近いのは，本社費用処理されることを示している．次に情報システム・コストの正確な計測が続く．この理由についてインタビュー調査から判断すると一般的に考えて次の 2 つの理由

図表 6-12　チャージバック・システムを導入しない理由

| 情報システム・コストが計測されていない | 27% |
|---|---|
| 情報システムの規模が小さい | 5% |
| 情報システム・コストが配賦されない | 38% |
| 情報システムの使用が推奨されている | 13% |
| ユーザの抵抗がある | 3% |
| その他の理由 | 14% |

図表 6-13　情報システム・コストを計測しない理由

| 情報システム・コストを計測する方法がない | 57% |
|---|---|
| 情報システムが分散し，情報システム・コストを計測しづらい | 25% |
| 情報システム・コストはあまり重要ではない | 11% |
| その他の理由 | 7% |

が考えられる．第1は，情報システム・コストの発生が各部門へ分散し，情報システム・コストを補足することが困難になった．情報システム・コストの発生が各部門へ分散し，見かけ上の情報システム・コストが小さくなったとも考えられる．第2は，正確な情報システム・コストを計測しないことであり，その理由が図表6-13に示される．情報システムの分散化・複合化に伴って事業部等の原価対象に対する情報システム・コスト把握の重要性が高まってきているにもかかわらず，実際にはそれができていないことを表している．

　ネットワーク化やオープン・システム化等の情報技術の利用形態が多様化し，情報システム自体が経営戦略資源であることへの認識が高まる中で，事業部門による情報システムへの関わり方も変化してきた．汎用大型コンピュータがワークステーションや C/S[10] 等の小型コンピュータへ移行し，情報システムがネットワーク化するにつれ情報投資が節約されるとともに，情報システム部門による情報資源管理方式は集権化から分権化へと多様化し，事業部部門に対する影響力も分散化してきた．このような情報システム構造のパラダイム・シ

---

10)　Client Server System

フトが生じつつある現状では，従来型のまたは改良型のチャージバック・システムの限界がこれまでに述べたように明確に認識されたといえよう．情報システム部門の機能変化と共にチャージバック・システム本来の機能は日本では原価配賦システムに変化し，情報サービスに対応したチャージの設定はますます複雑化し，正確な原価測定も困難となっている．このようなネットワーク環境下における情報システム・コストの戦略的原価管理としては，情報システム・コストの発生原因である情報システムの導入・開発などの源流にさかのぼったマネジメントが必要とされる．

この後の節では情報化投資に対する情報システムの有効性評価と戦略的原価管理の主要な対象であるアウトソーシングを取り上げる．

## §3 情報化投資に対する情報システムの有効性評価

### 3.1 情報システム活動の価値連鎖

企業活動の一般的な価値連鎖は製品設計／開発，社内物流，生産，マーケティング，販売，物流，アフターサービス等の主活動から構成されている．経理，法務，人事，情報システム等の全社的経営管理活動は，組織を円滑に運営し，基幹業務活動を支援するのに必要なサービス活動である．

主活動の価値連鎖の中で，情報システム機能は価値連鎖全体をコントロールする主要なサービス活動である．さらに情報システム活動自体を価値連鎖の対象に取り上げれば，その活動も主活動と支援活動に分類される．情報システム活動の価値連鎖が明確になると，その機能についてどの程度の投資額が必要であるか，有効性の評価はどうするのか，アウトソーシングが適しているか等の情報化投資に対する有効性の評価問題がいっそう重要となる（Quinn, et al. [1990]）．

最近の情報システム機能ではダウンサイジングによる分散化，ネットワーク化，オープン化，エンド・ユーザ・コンピューティング（EUC）が進行し，これまでのレガシー・システムの時代とは異なり，情報システム活動の価値連

鎖にも多様性と複雑性の影響が反映されている．このような環境を基礎に，ここでは情報システム機能を以下の9つに細分化して示した（Zmud [1984]）．
① 全社的システム運用
　EUCの支援，データベース支援，テレコミュニケーション支援
　ハードおよびソフトウェアの維持管理，ハードウェアの容量設計
　生産システムの品質保証等
② システム開発
　一般システム設計・開発，特殊システムや全社システムの設計・開発
　ソフトウェアの開発
③ 支援センター
　組織分析，システム分析などの社内コンサルティング
　ソフトウェア，データ・サービス等の支援
　ユーザおよびシステム担当者の教育・訓練等
④ 情報センター
　ユーザのサービスや支援の相談，DSS開発，言語開発
　パソコンによるソフト開発等
⑤ 研究開発
　情報システム技術の開発，その基盤整備および技術予測等
⑥ 技術移転
　組織の情報システム技術基盤整備
　組織による情報システム新技術の適用可能性の検討
　システム導入の計画と管理およびこれに関する予備調査の実行等
⑦ システム計画
　全社的計画，企業戦略との密接な関連をもつ計画立案
　情報システム使用に関する組織の評価，情報システム戦略の立案等
⑧ 内部監査
　開発の標準設定，管理の評価等
⑨ 経営管理

§3 情報化投資に対する情報システムの有効性評価

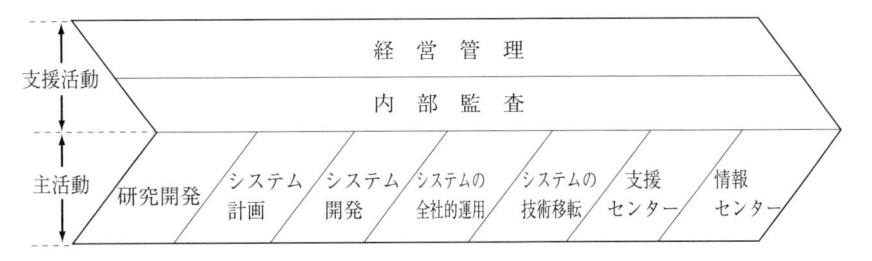

図表6-14 情報システム活動の価値連鎖

```
支援活動 │        経営  管  理
         │        内  部  監  査
主活動   │ 研究開発 │システム│システム│システムの│システムの│支援  │情報
         │          │計画    │開発    │全社的運用│技術移転  │センター│センター
```

予算，人事管理，文書管理等

　情報システムの活動の価値連鎖は，情報システムの研究開発，計画・設計・開発に始まり，情報の収集，生成，移転の価値連鎖プロセスを経て，エンド・ユーザの情報要請を最終的に満足させて完結する．この時点で，情報システムの価値はエンド・ユーザによる情報品質，タイミング，情報アクセスの容易さ等の視点から評価される．上記の情報システム活動について，経営管理と内部監査を情報システム活動の支援活動，その他の活動を主活動とすれば図表6-14に示す価値連鎖が考えられる．

　これまで情報システム部門は図表6-14に示した一連の情報システム活動を統括して管理していた．情報システム部門は限られた予算や人員の中で，主活動の源流である情報システム技術開発・技術予測や，全社的システムの計画・開発を担ってきた．一方，これらの成果が主活動の下流活動，すなわち全社的なシステム運用やユーザ事業部へのシステム技術移転，情報技術支援，ユーザサービス等の情報センター機能に移転され，効果的・効率的な価値移転プロセスを情報システム部門がコントロールしていた．情報システム部門は価値連鎖活動の上流部門では情報システムの有効性と投資決定をおこない，下流部門ではこれに基づく情報システム・コストを如何に公平に事業部に負担させるかがレガシー環境下では重要な機能であった．また事業部のエンド・ユーザも全社的な情報化投資から付加される課金に対する原価意識も薄かった．

　しかし，前節で述べたように，1990年代を過ぎて情報システムのパラダイム・シフトが進むと，企業はチャージバック・システムに代表される下流活動

における情報システム・コスト管理よりもむしろ上流活動におけるシステムの開発，情報投資がコスト削減に与える影響の重要性に意識を向けてきた．情報化投資と情報システム維持経費を売上高の一定割合に管理する手法は伝統的な手法であり現在も広く使用されている．90年代以降情報システムのアウトソーシング，企業戦略，情報システム・コスト，戦略的リスク等の様々な要因を考慮してソーシング戦略を決定することが情報システム部門に要求され，情報化投資が単純な数値あわせではなく，戦略的投資であると切実に認識されてきた．下流での情報システム・コストの節約は上流部分での情報システム技術の採用，全社的システムの計画・開発に大きく影響されることがエンド・ユーザにも認識され，アウトソーシングという意思決定を含めて情報化投資の重要性が認識されたのである．

## 3.2 情報化投資

### 3.2.1 売上高と情報化投資

企業の情報化投資に対するニーズはネットワーク・システムの拡大に伴って，根強いものがある．しかし一方では，日本経済の縮小過程の中で情報化投資も不況の余波を受け，金額的規模や前年度伸び率が低迷している．情報化投資は事業戦略全体の枠組みの中から情報化投資の効果や効率について統合的に評価することが難しいため，増加する情報化投資の要請に対して，その評価基準や尺度が個別的に検討されてきた．個別のアプリケーション・システムはその用途，目的，使用対象，使用者が特定されているため，その情報化投資に対する有効性評価（財務的，非財務的評価を含めて可視的な評価基準）が具体的に提示しやすい．しかし，将来の事業戦略や事業構造に大きな影響を与える情報化投資とこれに関連する有効性評価については数量化不能で定性的側面も多く，多面的な評価が必要となる．この評価は容易ではなく，現状の財務的な制約条件の理由から，将来の情報システム基盤を構築する重要な戦略的情報化投資が棄却されるリスクが十分に考えられる（Silk [1992]）．

情報化投資とこれに伴う効果を測定することが難しいために，情報化投資の

指標として「売上高に対する情報化投資」割合が現在も使われている場合がある．製造業では生産設備としてのコンピュータを除いて売上高の0.5〜0.8％，流通業は0.5〜1.2％等の水準が一般的な情報化投資の基準として一時は活用されていたことも事実である．

例えば，F社の対売上高情報化投資比率はこの2年間では1.3％と1.2％間を推移しており，業界平均の1.1％に比較して特に突出しているわけではない（情報化投資にはIT運用費と開発費を含み，製造現場のIT投資額は含まない）．また情報化投資評価の中で，アプリケーション開発のような個別案件に関する投資評価はほとんど実施されていないのが現状である．ただし，メインフレームに関わる投資評価は従来どおり利用状況のチェックや利用度の測定などを実行しているが，アプリケーションとの因果関係把握が難しい．

また，D社の対売上高情報化投資比率はこの2年間0.6％，0.7％であった．同業他社は0.9％と若干高めではあるが，やはり業界平均に比較して突出した情報化投資水準ではない．以前には同比率が1％以内という制約が存在したが，現在では売上高と情報化投資は連動していないので，あえて対売上高情報化投資比率は算出せず管理にも使用していない．

どの企業にも情報戦略とこれを実行するための情報化投資が存在するので，効果と直接に因果関係が認められない対売上高情報投資比率は横並べで比較するための参考値ではあっても，これに連動させて戦略的情報化投資を検討する考え方は採られないようである．

### 3.2.2 情報化投資の有効性評価とその問題点

情報化投資評価の一般的な問題点として，無形便益や将来のリスクの定量化が不確定であり，情報化投資やそのコストとの因果関係の評価が客観的に困難であることがあげられよう．これまで，伝統的な資本投資評価方法が情報化投資に適用され，この枠組みの中で便益，コスト，リスクの定量化や定性的評価に関する限界を越えようと研究が為されてきた．この中で現実妥当性のある評価手法として，情報化投資プロジェクトのタイプに評価手法を関連づけ，事業戦略を踏まえてコスト，便益および価値の観点から評価する手法が検討されて

いる．情報サービスの質に対し，ユーザ満足度調査を踏まえて情報システム部門，ユーザの双方の立場から情報化投資とその有効性について事業全体を見通す体系的な方法で評価することが求められている．

情報化投資の有効性は，これによって獲得できる便益と犠牲にするコストとの比較で決定できる．このため情報化投資の有効性の概念を便益とコストの視点から考察する．

情報化投資から得られる便益は財務的有形便益と無形便益に区分される．財務的有形便益は定量化できる（ハード）便益であり，財務的便益と財務的便益に還元できる計測可能な測定量で表現される便益から構成される．一方，定量化が困難（ソフト）な便益が無形便益であり，企業に重要な影響をもたらすが測定が不可能であるとしている（Buss [1983]）．

(1) 便　　益

戦略的な情報化投資は長期間にわたって企業に様々な追加的便益をもたらすものであり，従来の資本投資評価に基づく財務的評価は狭すぎて便益の計測になじまず，重要な無形便益を見失うおそれがある．カプランは市場の変化に迅速に対応するため，無形便益としてシステムの高い弾力性，スループット・タイムやリード・タイムの短縮化，経営管理者や組織による学習効果の増加の3点を上げている．これらの便益は企業にとっていずれも重要であり，コスト節約よりもむしろ収益増大効果の方が大きいが，定量化することが困難である点に無形便益の評価の特徴があるとし，また有形便益として，在庫量節約，床面積の減少，品質の改善をあげている（Kaplan [1986]）．

これに加えて無形便益として，顧客満足度の改善，組織内部および外部とのコミュニケーションの改善，仕事に対する満足度の向上，競争劣位の回避，供給業者との関係改善等が考えられるが，いずれも従来の財務的尺度に加えて，便益を評価する新しい視点が必要とされる．

(2) コスト

現在および将来の情報化投資を評価するために，情報システムのライフ・サイクルをつうじてコストが認識され，測定される必要がある．特に財務的制約

がある状況では，上級管理者から認可を得るために情報システムの導入による処理時間の迅速化や業務処理コストの削減等の便益が過大に評価され，システムの潜在的なライフサイクル・コストが過小評価されがちである．この潜在的なコストを発生させる主要な要因として，保守に関わる追加的コスト，人的・組織的コスト，隠れた情報システム・コストを考えることができる．

① 保守に関わる追加的コスト

　保守コストはシステム開発費用に匹敵するかこれを上回る場合も多く，しかもシステムのライフ・サイクルをつうじて回避不能原価である（Swanson, et al. [1989]）．

② 人的・組織的コストの増加

　ダウンサイジングによるハードウェアのコストが低下する一方，エンド・ユーザ・コンピューティングの発達や情報システム部の役割が変化するにつれ，情報システム教育訓練関連の人的・組織的予算が増大している（Strassman [1992]）．

③ 隠れた情報システム・コスト

　情報システムの分散化や分権化に伴い，全社的に情報システム・コストの発生態様が多様化し，本来コストと識別する費目を事業部の他のプロジェクトに負担させる場合がある．情報システムに関わる潜在的なコストが予算に認識され，予測されないと，情報化投資に関する適切な意思決定を誤り，人間，組織，技術，資金等の情報資源の配分を歪めることとなる．

### 3.2.3　情報化投資の分類

　事業戦略目的から情報化投資の属性を規定すると，一般的に以下の4タイプに分類することができる．情報化投資評価は，主として事業戦略と情報システム戦略との適合性や収益性と成長性の均衡等の要因に依存し，情報化投資の属性が適正な評価手法を規定すると考えることができる．

　第1はコスト削減目的の投資である．これは事業プロセスのコストを削減し，売上高増加をつうじて価値創造と事業業績を改善するために実行される．ある局面ではこの投資は強制的であり，競争優位を維持するために必須である．組

織内部の管理効率を上げるための経営情報システムの改善，市場競争により情報化投資が義務化されるような物流管理システムの導入等がこれに相当する．

D社の環境条件は川下の流通業者のバーゲニング・パワーが強く，受注から物流までの基幹業務の中で一貫したローコスト・オペレーションを目標としている．情報戦略も ① 情報システム全体のシェアード・サービス化の推進，② ユーザ指向の情報インフラ整備，③ 利用者の情報リテラシーの向上，④ 品質を確保しつつハイスピードのシステム開発等が中心にあげられている．これから分かるように同社はユーザに対応した情報インフラの整備とこれに対応するシステムをハイスピードで作成し，活用するのが主要な情報戦略であり，必要な情報化投資はコスト削減が中心となる．

第2は経営管理支援目的の投資である．これは事業プロセスの設計，計画と管理，監視をつうじて経営管理を支援し，経営効率の増大に伴う価値創造のために導入される．SCM[11] や ERP に関する情報化投資は業務の効果性や効率性を目指すものである．

F社は経営戦略を支える情報戦略として「グループ情報化構想」を策定し，グローバル企業としての確固たる地位を築くための課題として ① 経営判断のスピードアップ，② 事業オペレーションの効率化・高度化，③ シェアード・サービスの推進，④ 変化を吸収する柔構造の情報システム等をあげている．また B 社も全世界的な部品展開に対応し，基幹業務プロセス改善のため ERP をグローバルに導入している．

「グループ情報化構想」においては，利用技術として ERP パッケージや SCM パッケージを以下の理由から採用している．① 開発の生産性が良い，② ERP パッケージ導入により業務プロセスの標準化をはかる，③ 維持運用コストの低減をはかる．

第3は戦略的計画目的の投資である．これは事業戦略策定の支援に貢献し，他の情報化投資との相乗的な便益の実現化をめざし，特に情報インフラとしてメインフレームや回線敷設等のハードウェア，プロトコルや OS 等の標準化

---

11) Supply Chain Management

に関わるソフトウェア等の整備に関する投資である．このような情報インフラ投資によって，組織は将来における事業発展の弾力性や拡張性を獲得できる．ERP 等の統合化情報システムを基礎とした SCM，CRM 等のシステム・アーキテクチャーの設計がこれに相当する．

A 社は，情報化の基本コンセプトとして企業活動で発生するすべてのデータ管理，環境変化に柔軟な情報システム，情報システムの共通化・標準化の推進による自社およびグループ内の最適な情報システム構築を掲げている．特にこれらを具体化する情報戦略は情報の共有化と活用，統合システムの構築，情報システムインフラの整備・統治，情報システム部門強化である．情報システムインフラ統治はリスク管理，ネットワーク機器統合集約，サーバ・ホスト統合集約，PC・サーバ一括購入・保守，ソフトウェア一括購入・自動配布，ライセンス一元管理，共通ネットワーク，IT 標準ガイドライン等の諸機能を統合的に制御し，グループ全体の業務革新と戦略計画策定に資する仕組みとなっている．

第 4 は個別具体的なサービスを対象とした競争優位性の確保を目的とする投資である．市場における競争優位性を獲得し，現状の事業の生き残りを図るとともに，将来に向けて効果的な競争が可能となるように準備する．

情報化投資の分類上の問題は，各目的別に情報化投資が区分されているわけではない．ERP システムは最初に経営管理支援目的で導入されたとしても業務効率化によるコスト削減に大きく貢献し，またその使い方から顧客の囲い込みによる競争優位目的にも活用されている．ERP システムはこれらの諸目的のベースとなる情報インフラ投資と考えることもできる．

また情報化投資分類基準としてインフラ投資，市場対応投資，組織革新投資，構造変革投資に区分し，評価尺度をそれぞれ範囲の経済性，収益増効果，省時間効果，機会収益効果として計測する考え方がある（山田文道他 [1990]）．

## 3.3 情報システムの有効性評価指標の検討

情報化投資が戦略目的別に分類可能であれば，これに従って情報システムの

有効性評価が可能となる．情報システムの構造的変化とあわせて情報化投資目的も変化するため，情報システムの動態的変化に対応した有効性評価について3段階で考察する．

第1段階は情報システムが直接的に経営業績に貢献し，自己の資源消費量が計測できるレベルである．このレベルでは情報システムによって創造される価値連鎖や価値発生プロセスの存在等に関する考察よりも，特定機能の情報システムにより発生するコスト，収益等の数量的なコスト便益分析や定性的な重要成功要因達成度のような尺度が利用される．また同質の単純な財務尺度としてROI[12]やROA[13]が組織全体に及ぼす情報システムの貢献度測定に使われることが多い．前述のD社はこの段階に位置し，情報システムの戦略的価値は取引先の情報システムに依存し，戦略的価値の見直しが常に求められる．

第2段階は情報システムが経営組織へ及ぼすより広い波及効果の測定が必要となる．このため情報化投資の有効性の測定尺度も財務数値以外に，より洗練された測定尺度と評価を必要とする．有効性の評価尺度は非財務指標として市場シェア，納期内納入，品質，価格優位性，情報サービス・レベル等が中心である．ここでの最大の問題は情報システムの戦略的価値は経営プロセスのどこで発生し，どの要因が情報システムの戦略的価値を結果として生じさせるかを把握することである．A社，F社等はこの段階に位置するが，ERPやSCMの導入により第3段階との区分は限りなく小さくなる．

第3段階は上記の要因に対して多角的評価尺度を使用して情報化投資の有効性の評価に組み込む．非財務的尺度が評価の中心であり，情報化投資に対する組織文化や権力構造に影響する効果も現実的には考慮される．市場対応や顧客対応に関する情報基盤投資を地道に実行し，その効果を上げているのがC社である．またB社はERPの活用でグローバル展開を図り，基幹業務の効率性とそれから得られた情報を戦略計画策定に適用している．

情報化投資目的，投資分類，情報化投資の考慮すべき要因，情報化投資の有

---

12) Return On Investment
13) Return On Asset

§3 情報化投資に対する情報システムの有効性評価

図表6-15 情報化投資の有効性とその評価

|  | 第1段階 | 第2段階 | 第3段階 |
|---|---|---|---|
| 情報化投資目的 | ・コスト削減 | ・経営管理支援 | ・戦略計画策定<br>・競争優位性確保 |
| 投資分類 | ・強制投資 | ・業務効率増加投資<br>・経営目的達成投資 | ・基盤投資<br>・市場対応投資 |
| 情報化投資の考慮すべき要因 | 情報システムが直接影響する範囲の特定が容易である. | 経営目的との連携等の要因により組織への価値増加に対する範囲が拡大する. | 経営環境と連動し,価値構造の枠組みが変化し,測定評価が多様化する. |
| 情報化投資の有効性の尺度 | ・コスト／便益<br>・財務指標<br>・重要成功要因達成度 | ・情報サービス品質<br>・顧客満足度 | ・BSC<br>・戦略的価値,効果性尺度の組み合わせ |
| 評価手法 | ・財務基準<br>　NPV, IRR, ROA, ROI<br>・回収期間基準<br>・予算制約 | ・経営管理基準<br>・経営目標への支援<br>・収益実現可能性 | ・開発基準<br>・競争優位性への反応,速度<br>・プロジェクト達成 |

効性の尺度,評価手法をまとめたものが図表6-15である.

第1段階での情報化投資の有効性の評価基準としては伝統的な財務基準による評価が適切である.これはさらにDCF[14]法に基づくNPV[15], ROI, ROA, 回収期間法,予算制約法等に分類される.

第2段階での経営管理基準は,事業目的に対する直接・間接的支援の程度,経営意思決定支援の程度,収益実現の可能性等の評価基準から構成されている.具体的には付加価値等の貨幣的尺度と顧客満足度や情報サービス品質等の組織への情報システム貢献度のような非貨幣尺度との合成指標から成る.実際に使用されている情報システム評価のモデルを図表6-16に示した.

H社は10事業部の従業員を対象に12の情報システムについて顧客満足度の

---

[14] Discount Cash Flow
[15] Net Present Value

図表 6-16　情報システムの評価事例

|  | 全社 | A 事業部 | B 事業部 | C 事業部 | ... | X カンパニー |
|---|---|---|---|---|---|---|
| 回答数 | 585 | 152 | 131 | 35 |  | 108 |
| 1. 受注システム | 1.85 | 2.34 | 2.3 | 2.69 |  | 2.13 |
| 2. 出荷システム | 2.3 | 2.62 | 2.82 | 2.63 |  | 2.25 |
| 3. 販売管理システム | 2.27 | 2.54 | 2.38 | 2.42 |  | 1.63 |
| 4. 生産計画システム | 2.05 | 2.18 | 1.48 | 2.34 |  | 2.18 |
| 5. 工程管理システム | 2.23 | 2.41 | 2.02 | 2.33 |  | 2.63 |
| 6. 資材発注システム | 2.2 | 2.08 | 2.56 | 2.44 |  | 1.63 |
| ⋮ |  |  |  |  |  |  |
| 12. 投資管理システム | 2.48 | 2.13 | 2.78 | 2.46 |  | 2.27 |

（上記の組織名称，システム名称，評点はすべてダミーである）

アンケートを実施した．顧客満足度はそれぞれの情報システムについて機能，操作性，反応速度，情報精度（誤差），他システムとの整合性，運用容易性，教育訓練の必要程度，提供機能の内容等の項目について出された点数を平均して求める．これにより事業部間比較で評価が高いシステム（網掛け），低いシステムが明確になり将来の情報化投資の見直しと情報システムの改善に役立てている．

第3段階での開発基準は，競争優位性実現への反応速度，技術／システム要請，新技術の導入／学習，プロジェクト達成の可能性等の多元的な評価基準から構成される（Wilkocks [1994]）．情報化投資の有効性の評価については，経営業績指標と情報戦略が密接にかつ論理的に結びつく評価基準の選択が重要であり，業種や組織の特殊性に対応した独自の評価基準が必要である．

## §4　ネットワーク環境下における情報システムの戦略的原価管理

情報化投資における基盤投資の典型的な例示として，企業間やグループ間の

BPRや資材調達コスト削減に電子商取引システムが効果的である．電子商取引はインターネットを活用して普及し，経済産業省の調査ではBtoB電子商取引比率は2002年の7.0％から2007年の18.0％まで増加するとの予測がある（経済産業省電子商取引推進協議会・株式会社野村総合研究所共同調査［2003］）．電子商取引に代表される急速で大規模な新規ビジネス・モデルの発展はプロセス革新や経営革新を促すと供に情報システム革新を伴い，必然的に情報基盤投資の増加をもたらす．

情報基盤投資を特定の業務システムに依存しない全社的な情報伝達・処理・蓄積に寄与する情報基盤設備への投資とすれば，電子商取引へのシステム投資はこの意味で情報基盤投資と考えられ，企業の持続可能な競争優位性の確保と維持に必須の重要な資源であるとの認識が深まっている．一方，情報基盤投資によって構築された情報システムを各事業部が使用して受益を受ける場合の課金算定については，情報システムのパラダイム・シフト後は合理的な算定が難しく，これによる情報システム・コスト管理に対する限界も第2節で指摘したとおりである．さらに，将来進展する電子商取引に対処するため，インターネット，イントラネット，エクストラネットやその他のホスト・システム／ネットワーク・システム等の情報基盤投資額が増加している（社団法人情報サービス産業業協会［2003］）．このような情報基盤投資は図表6-14の情報システム活動の価値連鎖で検討したとおり，投資後にチャージバック・システムによって管理するよりも，情報システムのライフ・サイクルをつうじて情報化投資の初期段階で実行する価値創造と戦略的原価管理の効果が高く，情報システム企画段階での原価管理が求められている．

これまで日本では情報システム活動を自前で実行することが中心であったが，1990年代には情報システムのアウトソーシングが大きな地位を占めるようになってきた．90年代中頃からアウトソーシングの対象となる情報システム活動もWAN[16]，LAN[17]等のネットワーク環境に適応し，ソフトウェア・メンテ

---

16) World Area Network
17) Local Area Network

ナンス，ユーザ・サポート等が一般的になりつつある．さらに，情報と通信技術が世界規模で必要となることが認識されるにつれ，潜在的技術を実現化するのに必要なスキル・能力と現行のそれらとのギャップを縮小し，情報システム・コストを削減する戦略としてアウトソーシングの重要性がいっそう高まっている．

このため，従来のような情報システム活動全般のアウトソーシングよりもむしろ選択された情報システム機能のアウトソーシングとインソーシングの適切な組み合わせによる多面的なマルチ・ソーシング戦略が企業に求められている．1990年代後半にはビジネス環境やリスクの不確実性が増加し，その下で経営戦略の支援と経営管理のために必要な情報システムをどのようなソーシングで獲得するのが最善かというソーシング戦略がネットワーク環境下における戦略的原価管理と考えることができる．

本節ではまず情報化投資のインソーシングを考察し，その後でアウトソーシングとインソーシングのソーシング戦略を検討し，情報システム・コストの新しい戦略的原価管理の方向性を検討する．

### 4.1 ネットワーク環境下における情報化投資

#### 4.1.1 情報化投資における短期収益性と長期収益性

これまでの情報システム管理者（CIO）[18]の基本的スタンスは，情報化投資が企業の短期収益性の追求か長期成長性・存続性の維持のいずれかの達成に貢献することを念頭にその評価をおこなっていた．通常は特定目的達成のために計画される新規情報化投資には短期収益性が期待され，全社的な情報基盤投資には長期成長性や存続性が必須であると考えられてきた．

しかし，ERP に象徴される統合型情報システムの入出力情報がサプライ・チェーン間で伝達される e-ビジネス社会では，このような考え方が変質しつつある．データやデータベースの迅速で容易な管理が実行され，セキュリティ・ネットワーク等のインフラ・サービスの下でプロセスの変更，有効な顧

---

18) Chief Information Officer

客管理やベンダー管理が実施されると,情報基盤整備は企業における長期成長性だけでなく短期収益性の増加に大きく寄与する (Evans, et al. [1977]).

企業の情報化投資は2つの次元から説明できる.第1は短期収益性と長期成長性に関連する戦略目的であり,第2は個別アプリケーション・システム投資と全社的な情報基盤投資である.情報化投資を戦略目的とその使用範囲の観点から分類すると,「更新」,「変換」,「実験」,「プロセス改善」の4投資類型に区分することができる (Ross, et al. [2002]).

「変換」投資は長期成長性を見通して情報基盤投資を実行する.ERPの導入,ネットワーク環境の変更,顧客データの統合,データウェアハウスの構築,サプライ・チェーン導入による業務一環処理システムの導入,WEB環境管理のためのミドルウェアの開発導入,24時間サポート体制を実現するプラットフォーム構築等の投資やシステム開発がこれに相当する.将来の成長性の確保とプロセス改善への導入投資として現状の情報システム能力が不足であれば,「変換」投資が実施される.「変換」投資は長期成長性予測を前提にしているため,情報基盤投資リスクは回避できない.しかし,情報基盤投資の見送りが将来の競争優位性を喪失し,全社的により大きなリスクがもたらされる可能性が高いと経営者が判断した時に実行される.

「変換」投資の結果,陳腐化したネットワーク等の基盤技術や標準技術が新規の情報技術に更新される必要があるため,企業は「更新」投資を実施する.「更新」投資の便益はシステム保守性の向上,情報システム支援・教育訓練の削減,システム現存能力の効率化等である.さらに「更新」投資は旧製品に対するベンダーからの支援打ち切り等の決定にも影響される.例えばウィンドウズに替えて UNIX や Linux のプラットフォームに「更新」する企業が増加し始めている.ユーザはこのような取引条件を基礎に,追加的なハード/ソフトウェア能力の購入に対し,投資額を節約することも可能である.

「プロセス改善」投資は特定のプロジェクトに依存し,比較的将来の予測が可能であり,リスクが低い情報化投資である.予測可能性の精度を高めるために,「プロセス改善」は現状の情報基盤上に構築される.更新された「プロセ

ス改善」投資は基本的な組織変更を促進し，現存プロセスの単純化と組織構造の簡素化をもたらし，短期収益性が向上する．例えば顧客サービスの維持と効率化による顧客サービス価値の向上，報告書・請求書等の書類印刷コストや郵送コストの低減，サイクルタイムの削減等がこれに当たる．

情報システム新技術の能力や限界等について学ぶために継続的に情報システムの技術や運用方法とビジネス・プロセスの「実験」が必要である．新システムの運用実験，顧客サービスの変更に関するシステム対応変化，新しい情報基盤下での範囲を限定した模擬実験とそのコスト評価等がこの領域に対応する．「実験」投資が成功すれば，情報基盤を経て主要な組織変化や「プロセス改善」投資が次に続く．情報化投資の4類型は概念的には区別されるが，現実的には情報システムは常にある状態から別の状態に遷移しており動態的に変化しているために，明確な区分は実質的には困難である．

#### 4.1.2 情報化投資に対する戦略的原価管理

図表6-17には情報化投資領域の動態的なプロセス変化が情報システム・コストの戦略的原価管理の視点から4本の矢印①コスト企画プロセス，②コスト設計プロセス，③コスト実現プロセス，④コスト予測プロセスで表されている．

(1) コスト企画プロセス

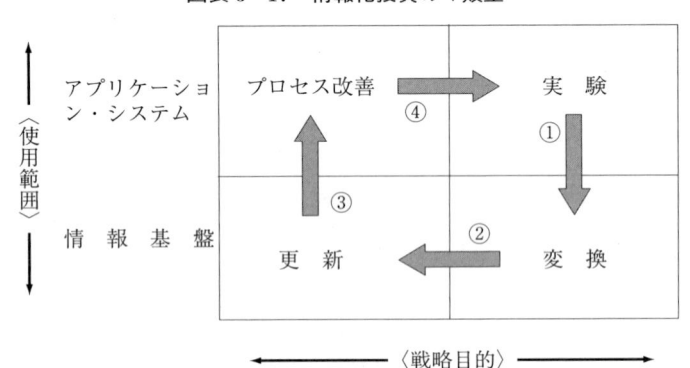

**図表6-17 情報化投資の4類型**

|  | プロセス改善 ④ → | 実 験 ① ↓ |
|---|---|---|
| アプリケーション・システム 〈使用範囲〉 情報基盤 | ③ ↑ 更 新 ← | ② 変 換 |

〈戦略目的〉

コスト企画プロセスは「実験」領域から「変換」領域へ遷移する原価管理プロセスである．

① 「実験」領域

「実験」領域の特徴は，革新的情報技術・ソフトウェアの選択的適用，情報システム活用による新しいプロセス・モデルやビジネス・モデルの検討である．「実験」領域では，個別事業部，経理や管理部門等の機能部門，情報システム部門が限定した領域で情報化投資の実験がおこなわれる．例えば，新しいデータウェアハウス・システムによる販売チャネル間の競合性テスト，顧客サービスの現状評価，導入システムのコスト評価等がこれに相当する．この段階での費用便益評価主体は，事業部での「実験」であれば事業部やSBU[19]であるし，個別機能部門であればCIOや担当機能部門長が中心となる．

② 「変換」領域

「変換」領域の特徴は，全社的なビジネス・モデルの中核的となる情報基盤である．これは機能横断的で，各ビジネス・モデル間での共有データと情報システム統合が必要とされ，全社的な統合情報システムとその使用可能性を高めるプラットフォームが情報基盤として構築される．これによって個別業務システムの共通利用が可能になり，情報システム・サービスの改善とそのコスト効果の向上が達成される．

「変換」領域では，全社的に情報システムに責任を持つCIOや情報システム部門がその投資効果を評価し，トップマネジメント・レベルでの資金配分を実行するのが一般的である．具体例として，特定領域でERPの「実験」をおこなった結果，全社的な情報基盤としてERP導入のケースがある．

③ コスト企画プロセス

コスト企画プロセスでは，「実験」領域の情報システムの中から，「変換」投資として企業の長期成長性の基礎となる情報基盤投資を価値創造とコストの観点から選択するプロセスである．しかし，これが全社的事業価値創造と

---

19) Strategic Business Unit：戦略的事業単位

コスト削減にどの程度関与寄与するかについては簡単に計測されるわけではない．事業価値創造と全社的コスト削減は情報システムによる業務プロセスや管理プロセスの「変換」から生じる．このためコスト企画プロセスでは，「実験」領域から将来の事業価値の創造・増加と全社的コスト削減の基盤となる新しい情報技術や情報基盤を見極める必要がある．「実験」領域の新しい情報技術や情報基盤投資は評価が定まらず，その費用対効果も不確定であるために，このプロセスではパイロット・プロジェクトの選択や順位付にEVA[20]やリアル・オプション分析が最近応用されている（Scarso [1996]）．

(2) コスト設計プロセス

コスト設計プロセスは「変換」領域から「更新」領域へ遷移する原価管理プロセスである．

① 「更新」領域

「更新」領域の特徴は，情報技術や情報インフラの陳腐化等の情報環境の変化の中で，情報サービスの品質向上とコスト削減機会の検討である．「更新」領域では，通常情報基盤の「更新」に対して全社的な情報システムに責任をもつ情報システム部門とCIOが投資効果の評価と予算配分をおこなう．情報化投資とその運用費用見積は「変換」領域に比較して容易であるが，その効果と情報化投資との因果関係を適切に把握するのは難しい．

② コスト設計プロセス

コスト設計プロセスは，上記の視点に立って「変換」領域から「更新」領域へ情報基盤設備を最新鋭に維持し，これを基礎に個別事業部門の価値実現とコスト削減の基盤を準備するプロセスである．将来のビジネス・モデルだけでなく現在使用されているビジネス・モデルを変化させるための情報基盤投資が「変換」であり，これが計画的に企業構造を変革し収益構造と原価構造を変化させる．

「更新」は旧式な情報基盤設備を新規でより迅速・正確でコスト優位性のある情報技術と代替し，「プロセス改善」投資の基盤となるが，これが主要

---

20) Economic Value Added：経済的付加価値

な目的ではない．「更新」はビジネス・モデルの変更に依存するのではなく，この変更を安定させ，その上に全社的な事業価値創造とコスト削減を実現可能にする情報基盤の整備にある．CIO はこの戦略実現の責任を担い，情報サービス効果の達成とコスト効率を評価し，「変換」領域のどの技術や情報インフラを「更新」するかについての意思決定と資金配分を検討する．このような投資効果と費用の関連性については ABC，BSC[21]，デシジョンツリーやリアル・オプションのような数量的手法によるコスト設計が有効である．

(3) コスト実現プロセス

コスト実現プロセスは「更新」領域から「プロセス改善」領域へ遷移する原価管理プロセスである．

① 「プロセス改善」領域

「プロセス改善」領域の特徴は，業務改善による生産性の向上，業務コスト削減と事業価値の実現である．顧客やサプライヤー関係の維持・発展に直結する「プロセス改善」領域は一般的には機能横断的で，戦略的かつ集中的な情報システム投資がおこなわれる．この領域では，特定の事業部門，SBU，便益が実現される機能部門が情報システムの費用便益評価をおこなう．

② コスト実現プロセス

コスト実現プロセスでは，各事業部門は情報技術とプラットフォームに関する明確な情報を周知しており，自部門に最も貢献する個別アプリケーション・システムを自己費用で開発し，自部門の業務コスト削減と事業価値の実現に寄与する．

「プロセス改善」投資は，「変換」や「更新」等の情報基盤投資とは異なり，事業目標と各投資代替案からの期待利益を明確に推定でき，DCF 分析に代表される財務分析をおこなうことによってコスト削減，価値実現と投資効果の評価が可能となる．

---

21) Balance Score Card

(4) コスト予測プロセス

コスト予測プロセスは「プロセス改善」領域から「実験」領域へ遷移する原価管理プロセスである．

コスト予測プロセスは，個別事業部門が「プロセス改善」領域で価値実現の目的から導入した情報システムの中から，将来の情報技術やコスト動向を先取りし，企業全体の情報システム動向に影響を与える情報技術，システム運用，情報化投資等の手法を探索するプロセスである．この領域の評価主体は，将来のビジネス動向，市場動向をにらんだ機能横断的な CIO が中心である．どの情報技術やシステムを育てるかの探索は，将来の情報基盤の基礎となり長期成長性確保の原動力となる．このため情報技術動向，コストの調査，評価については社内 CIO と共に社外の技術コンサルタントの活用も考慮される．

情報化投資は戦略的原価管理の側面から長期成長性の確保と共に短期収益性の実現に不可避となってきた．「変換」投資が情報システム投資の中心になれば，企業全体の情報システム能力は高まり，戦略的な事業展開と価値創造が加速化する．企業が「変換」や「更新」のような情報基盤投資と「プロセス改善」投資を分離することで，企業は価値実現の方向性と情報インフラ投資評価の属性を識別し，適切な情報基盤投資評価手法を適用することが可能となる．このような考え方を図表 6-18 にまとめた．

## 4.2 ネットワーク環境下におけるソーシング戦略

### 4.2.1 情報システムのアウトソーシング

(1) アウトソーシングの目的

情報システムのアウトソーシングについては，主要な戦略目的として3つあげられる．第1が情報システム技術の統合化を促進し，自社での情報システム技術に対するスキル不足を回避することである．第2は情報システム・コストの節約であり，第3が早期に情報システム基盤整備を目指す等である (Saunders [1997])．アウトソーシングの選択は情報システム・コストの節約だけではなく，他にも幾つかの主要な理由がある．1998年のアメリカにおける

§4 ネットワーク環境下における情報システムの戦略的原価管理

**図表6-18 情報化投資に対する戦略的原価管理**

| プロセス<br>項目 | コスト企画 | コスト設計 | コスト実現 | コスト予測 |
|---|---|---|---|---|
| 領域：from<br>領域：to | 実験<br>変換 | 変換<br>更新 | 更新<br>プロセス改善 | プロセス改善<br>実験 |
| 投資属性 | 個別システム投資から情報基盤投資へ | 情報基盤投資 | 情報基盤投資から個別システム投資へ | 個別システム投資 |
| 管理主体 | 個別事業部，機能部門から情報システム部門やCIO | 情報システム部門やCIO | 情報システム部門やCIOから個別事業部，SBU，機能部門 | 個別事業部，SBU，機能部門 |
| 評価の視点 | 新技術やシステムに対する情報基盤としての適用可能性とコスト削減効果 | 全社的事業価値の創造に貢献する情報基盤の整備 | 個別システム構築によるプロセス改善とこれによって実現する価値増加とコスト削減予測 | 将来の情報基盤となりうる情報技術，システムの探索と将来コストの予測 |
| 評価の対象 | 戦略的価値システムの多様性，弾力性 | 情報サービス品質顧客満足 | プロセスのコスト付加価値 | 新技術動向と自社技術のギャップ |
| 評価目的 | ・戦略的価値の選択<br>・重要成功要因の決定 | ・全社的経営目標達成の支援<br>・長期収益性への貢献度評価 | ・事業部の経営管理支援<br>・コスト削減 | ・新技術の応用と発展可能性<br>・情報戦略との整合性 |
| 評価尺度 | ・競争優位性の反応速度<br>・プロジェクト達成の貢献度 | | ・経営管理指標<br>・財務指標 | ・情報技術基準 |
| 評価方法 | EVA，BSC，NPV，リアル・オプション理論 | | ABC，BSC，コストドライバー分析，財務分析基準 | 財務基準，技術条件評価，既存システムとの親和性 |

実施調査の結果から，アウトソーシングの理由として主要なものから順番に5つを示すと以下のとおりである（Lacity, et al.[1998]）．
① 情報システム・コストの削減．
② 情報技術または情報サービスの改善．
③ アウトソーシングが産業内で回避不能な傾向と認識し大勢に従う．
④ コア・コンピタンスの事業に集中：情報システムは非コア活動と認識．
⑤ 資本予算から情報システム予算を分離し，営業予算を確定する．

いずれにしろアウトソーシングの戦略目的では，情報システム・コストの削減が上位を占めており，アウトソーシングの基本的な意思決定要素の1つであることは否定できない．しかし，前述したように90年代後半にアウトソーシングが増加し，アウトソーシング意思決定も取引コスト理論だけでは説明が困難であり，これを補完する理論的根拠として情報システムの資源ベース理論が検討されてきた．

(2) アウトソーシングの基礎理論

① 取引コスト理論

取引コスト理論では，取引コストは「取引を組織化する基準として，コスト経済性が絶対的に有用な基準の1つであると考えられる．これには基本的に2つの部分があり，生産コストの経済化と取引コストの経済化である．」と定義されている（Williamson[1979]）．アウトソーサーが生産する情報サービスのコストは生産コストと取引コストの両者から構成される．取引コストは，アウトソーシング取引に対する監視，規制，管理等の調整に要するコストである．1990年代初頭の日本企業による情報システムのアウトソーシングは総コスト（生産コスト＋取引コスト）による意思決定でほぼ説明ができるものであった．

しかし90年代後半には，アウトソーサーをしのぐ規模で情報システムへの経験・知識を有する事業会社がアウトソーシングを実行するようになった背景は，単なる取引コスト理論だけでなくアウトソーシングのリスクや資源ベース理論による説明が必要となってきた．

② 資源ベース理論

資源ベース理論は，企業を生産資源の集合体として考察する理論であり，「資源とは企業が特定の課業を達成することができる固定的な投入要素である．」と定義される（Rubin [1973]）．企業は資源によって経営の効率性や効果性を改善する戦略を識別し，適切な経営戦略の導入を可能にする．企業の資源は主として，物理的な資本的資源，人的資源，組織的な資本的資源の3種類の資源に分類される（Barney [1991]）．

資源ベース理論によれば，企業の競争優位性はこれら3種類の異なった属性を有する資源の融合性と資源の固定性相互の調和した状態に依存する．資源の融合性とはどの程度属性の異なる資源が企業内に調和して存在するかを示し，資源の固定性とは企業が他の競争企業から資源を獲得することが不可能であることをいう．

競争優位性を獲得する資源に対し，4つの判断基準が存在する（Barney [1991]）．① 価値：資源は企業に価値を付与する．② 希少性：資源は現在および将来，希少である．③ 不易性：資源は不完全にでも模倣できる．④ 非代替性：資源は競合他社によって他の資源と代替されない．

これを情報システムに適用すれば，競争優位を維持するために情報サービスの生産や伝達に重要な情報システム資源（ハードウェア／ソフトウェア／ネットワーク）に関する優位なポジションを早期に獲得し，これを長期に維持する能力が必要となる．情報戦略策定に寄与する資源ベース理論の手法は現有の資源と能力の展開だけでなく，資源と能力の開発に関連する（Grant [1991]）．資源と能力の現有ポジションを正確に測定し，競争優位を追求するために補完的な資源や能力の外部からの取得が必要となる．

この外部からの資源と能力の取得がアウトソーシングと呼ばれ，経営戦略の中で資源と能力のギャップを埋めるものとして知られている．アウトソーシング戦略によって，資源と能力のギャップを埋めるのは資源と能力の現有ポジションを維持するだけでなく，企業の戦略機会の拡張と同様に競争優位性の維持確保を支援する．

これらの基礎理論に加えて，アウトソーシングに関する将来の戦略的リスクを考慮する必要がある．将来の取引コストの増加をもたらすリスクとして，① 経営管理の弱体化，② 経験不足のスタッフ，③ ビジネスの不確実性，④ 陳腐化した情報システム技術，⑤ アウトソーシング特有の不確実性，⑥ 隠れた情報システム・コスト，⑦ 組織学習の欠如，⑧ 革新的能力の不足，⑨ ユーザとの未熟な意志疎通，⑩ 情報システム技術の一体性の欠如，⑪ ユーザ中心ではない考え方等が掲げられている（Earl [1996]）．

便益の過大評価とコストの過小評価による政策的なアウトソーシングは，コストに対する適正な便益の評価を歪め，アウトソーシングとインソーシングの意思決定や情報資源の組織間の適正配分を阻害する原因となる．

### 4.2.2 情報システムのソーシングによる戦略的原価管理

アウトソーシング戦略はこれまで多数の論者によって検討されてきたが，その基本的な視点は情報システム活動の外部資源選択が議論の中心であった．しかし，アウトソーシングが定着しその功罪が次第に明確になるにつれ，情報システムのアウトソーシングとインソーシングも含めて，ソーシングの決定に対する本来の資源選択戦略に帰着する．情報システムのソーシングに関する多面的な組み合わせを検討するマルチ・ソーシング戦略の策定が情報システム・コストの戦略的原価管理上必要となる．

#### (1) 情報システムのコア活動と非コア活動

情報システム機能をコア活動と非コア活動に分類する場合に，様々な考え方がある．「コア活動は他の競合企業よりも当該企業がより効果的に実行できる知識基準のサービス活動やシステムを示し，世界最高水準で企業が実行する一連の知識とシステムの集合体である．これにより顧客に高付加価値を提供することができる」（Quinn [1999]）．コア活動は企業の所有する最高の能力であり，このコアを取り巻く活動が顧客の要求に応えてコアを防衛し，コア活動を支援する本質的な活動であるが，この活動自体は非コア活動である．この非コア活動が一般的にアウトソーシングの対象とされる．

上記のコア／非コア活動分類を情報システム活動に適用すると，コア活動は

§4 ネットワーク環境下における情報システムの戦略的原価管理 223

図表6-19 ソーシングの決定要因

| ソーシングの決定要因 | インソーシング | ソーシング組合せ | アウトソーシング |
|---|---|---|---|
| 顧客企業のビジネスポジションへの影響 | 大きい | ←――→ | 小さい |
| 企業戦略との連携 | 強い | ←――→ | 弱い |
| 将来の事業不確実性 | 大きい | ←――→ | 小さい |
| 情報システム技術の成熟度 | 未熟 | ←――→ | 成熟 |
| 情報システム技術の統合化の程度 | 高い | ←――→ | 低い |
| インソーシング対アウトソーシングにおける知識・経験 | 高い | ←――→ | 低い |

企業戦略と密接に関連し差別化された情報サービスを提供する活動，非コア活動は業務処理が中心で汎用化された情報サービスを提供する活動と考えることができる．これは，情報システム機能の価値連鎖と企業戦略により変化するものである．情報システム活動のコア活動と非コア活動の観点から，ソーシング戦略を決定する要因として，① 顧客企業のビジネスポジションへの影響，② 企業戦略との連携，③ 将来の事業不確実性，④ 情報システム技術の成熟度，⑤ 情報システム技術の統合化の程度，⑥ インソーシング対アウトソーシングにおける知識・経験が挙げられる．これらの要因間に図表6-19のような関係がある時，アウトソーシングとインソーシングが適合し，これ以外の場合には適切なソーシングの組合せ戦略が必要である（Willcocks [1995]）．

上記のコア／非コア活動の区分は企業の経営戦略によって異なる．例えばC社のアウトソーシングについて検討すると以下のとおりである．

同社のアウトソーシングに関する基本戦略は情報システム活動における非コア活動はアウトソーシングすることである．このためには第1段階として内部で実施すべきコア機能を見極め，第2段階としてインソーシングとアウトソーシングにおける情報サービス・レベルとコストを比較する．

コア活動は以下の属性を備えている．

- 事業ニーズに的確な活動で，市場変化に迅速な対応が必要活動．
- セキュリティ上外部に委託できない活動．
- セキュリティ対策，法規制対応，標準化・統合化が管理機能上で必要な活動．

一方，非コア活動はコア活動以外であり，アウトソーシングの対象となる活動である．典型的な活動属性を挙げると以下のとおりである．
- 定常化され，マニュアル化でき，適切なサービスが受けられる．
- コスト高でも高サービス・レベル（品質・スピード等）が要求される．
- 社内要員が実施することで，逆に非効率となる活動がある．365日，24時間稼働が必要な活動．
- 最新技術のキャッチアップ，セキュリティ情報収集

同社は上記のようなアウトソーシング戦略から，1990年代後半から業務システムのルーチン・プロセスについてはまず販社が先行してアウトソーシングを実施した．これを成功例に本体の会計システム，情報システム，物流システム等の基幹システムも夜間運用を中心に順次アウトソーシングへの移行を計画し，実施した．情報システムのアウトソーシング活動は以下のとおりである．

① インフラのルーチン業務：これらの業務は365日，24時間の連続運用に対応せざるを得ず，情報システム・コスト削減に大きな効果をもたらす．具体的には以下の業務である．
- ホストのハード／ソフトの運用
- インターネットのハード／ソフトの運用
- サーバの監視，PCの導入・設定・保守

② 特殊な専門スキルの活用，運用の質の向上に対する業務

③ 情報システム・コスト削減とユーザ満足度向上

同社が開設するヘルプデスクではPCコールセンター（情報サービス・コールセンター）が開設され，窓口一本化によるユーザ満足度向上が日常的に実行されている．このためにも汎用的かつ専門スキルの利用が望ましいので，アウトソーシングが活用されている．

C社はこれらの業務をアウトソーシングして人員などの固定費削減を第1目的とはせず，余裕のできた人員を更に付加価値の高い業務にシフトさせ，全社的な価値増加にアウトソーシングを活用しているのが日本的なアウトソーシングの特徴と考えられる．

一方，企業グループ間で統一的で大規模な情報サービスを提供しているのが日本と対照的な韓国型である．ここでは韓国自動車メーカーX社とX社グループの情報システムを統括するZデータ・システム社による情報システム・コストのマネジメント手法とアウトソーシングについて考察する．

X社グループではグループ全体にERPを導入し，グループ全体の情報システムの運営・維持管理をZデータ・システム社（ZDS）が実施している．X社グループに属するどの企業もほとんどの情報システム業務をZデータ・システム社にアウトソーシングしているが，X社グループのどの企業にもCIOが存在し，情報システムの戦略計画については独自に作成している．

韓国自動車メーカーX社では研究開発部門，生産部門，本部・販売部門のそれぞれに情報システム部門が付属し，各部門独自の情報サービスを供給している．きめ細かい情報サービスの特定のためにここではX社とZデータ・システム社の双方からの情報システム部員がチームを作成して日常の情報サービス業務を実施している．X社のアウトソーシング比率は80％弱であり，情報システム戦略計画のコア活動を除けば情報システム活動の大部分がアウトソーシングされ，情報システム・コストの合理化に大きく寄与している．

外国電気機械メーカーY社はグローバルな事業展開をおこなっているが，事業別の情報戦略グループがそれぞれ独自に存在する．例えば液晶事業をみると，液晶事業全体を統括するCIOが存在し，その下で情報戦略グループが液晶事業に関わる研究開発，生産，マーケティング，販売，供給管理等の情報システム戦略を計画立案し，実際のオペレーションはグループ内の情報システム会社にアウトソーシングしている．X社グループでは情報システム戦略計画は個別企業，オペレーションはZデータ・システム社と基本的な役割分担がなされている．

このような企業グループ間での大規模な情報システムのアウトソーシングにより，各企業のコア／非コア活動の明確な識別と集中・分散によるソーシング戦略が効果的に機能し，全体としての情報システム・コストのマネジメント効率を向上させている．

(2) マルチ・ソーシングによる戦略的原価管理

前述のコア活動／非コア活動，事業の不確実性，企業戦略との連携，システム技術の経験・知識の関連性からソーシング戦略に対する意思決定の枠組みが考えられ，これを図表6-20に示した（Willcocks [1995]）．

① コア活動

コア活動で，事業の不確実性が高い情報システムはインソーシングが適している．近年の電子商取引に関連する情報基盤投資はこの範疇に入る．一方，事業の不確実性が小さい領域では，コア活動ではあるが他システムとは独立している情報システムについてアウトソーシングすることが可能である．しかし，この場合でも戦略的な視点で，情報システムに関するアウトソーサーの管理が必要となる．

他システムとの連携が高い領域ではインソーシングが適当であるが，システムの開発や習熟に時間がかかる場合にはシステムの外部からの導入や開発支援型アウトソーシングが適している．他システムとの連携が低い領域では

図表6-20 ソーシング戦略の意思決定の枠組み

| | | | | |
|---|---|---|---|---|
| 事業の不確実性 | 高 | インソーシング | 市場テストによるアウトソーサー選択 | 高 |
| | 低 | 戦略的管理 | コソーシング | |
| 他システムとの連携 | 高 | インソーシング | 選択的アウトソーシング | IT経験と知識 |
| | 低 | コソーシング | アウトソーシング | 低 |

アウトソーサーとの提携やコソーシングがシステムの効果性とコスト効率に最も適合する戦略である．

② 非コア活動

　非コア活動でアウトソーサーの知識経験が内部の情報システム部門よりも高い場合には，市場によるベンチマーク・テスト等により適切なアウトソーサーと適切なアウトソーシング契約を締結できる．両者の知識レベルが拮抗している場合には，取引コストの削減から単純なアウトソーシングよりもコソーシングに近いアウトソーシングが適切である．

　自社の情報システム部門の知識がアウトソーサーより低い場合には，選択的ソーシングが必要となる．これは非コア活動となる個別の情報システムにまで対象範囲を細分化し，コストの比較考量が必要となる．

　ソーシング戦略の対象となる情報システムは他システムとの連携があるため，どの範囲までを考察するかが問題となる．一般的にアウトソーシング対象のシステム領域が大きいほど，アウトソーサー側の規模の利益が増加するが顧客側のリスクも増加する．したがって，情報システムのアウトソーシングというよりもむしろ，情報システム全体としてのソーシング戦略の中で対象となる情報システム機能，個別情報システム等の対象範囲をどのように確定するかが問題であるが，戦略的原価管理の視点からは前節で検討した評価視点や評価基準が参考になろう．

　情報システム技術環境はダウンサイジングやネットワーク技術の進歩により分散化が急速に進行している．ネットワーク・システムが情報システムの中心となるにつれ，ハードウェア投資額は低減する一方，コミュニケーションの複雑性による情報負荷が，情報システム部門をはじめとして全社的に増加する結果となっている．さらに，将来の情報システムの技術革新が不透明な現状では，アウトソーサーの知識やコスト優位性を外部資源として戦略的に活用し，情報システム・コストの戦略的原価管理が実現できると考えられる．

　アウトソーシングに対するリスクとして，以下の3点が揚げられている．(Quinn, et al. [1994])

- アウトソーサーによる重要な情報システム技術の喪失や誤った方向への技術開発
- 顧客における情報システム技術の喪失
- アウトソーサーに対する顧客による管理能力の低下

　90年代後半にはアウトソーシングのバリエーションも多数出現し，情報システムの戦略的原価管理として企業は経営戦略に適合したソーシング戦略策定の方向に動いている．このトレンドに沿って今後の情報システムの開発・運営戦略を考察すると，情報システム全体の中で，コア活動と非コア活動の識別を情報システム資源戦略の一環として認識し，ソーシング戦略にどのように位置づけるかが必要となる．

# 第7章　エンタープライズ・システム構築に向けての情報化戦略

中央大学　堀　内　　　恵

## §1　eプロセス時代の到来

### 1.1　eプロセスとしてのビジネス・プロセス

#### 1.1.1　ビジネス・プロセスの基本的理解

本書第3章（櫻井康弘）で見てきたように，ビジネス・プロセスとは，「1つ以上のインプットを投入して顧客に対して価値あるアウトプットを創出する活動の集合」（Hammer & Champy [1993], p. 35.）であり，顧客にとって価値ある製品やサービス（アウトプット）を産出するための明確に定義される一連の流れに従って順序どおり進められる活動ということになる．この一連の「直線的・順序的」な「活動」は，ポーターのバリュー・チェーンのフレームワークにおいては，「価値活動」と呼ばれている（Porter [1985]）．「価値活動」とは，購買物流，製造，出荷物流，販売・マーケティングおよびサービスという5つの主活動と，調達，技術開発，人事，労務管理，会社の全般管理という4つの支援活動に分類・整理される．

これまでビジネス・プロセスとは，1社あるいは1グループ単位で自己完結的に組み立てる流れ作業を基本としており，その革新の範囲といえば，バリュー・チェーンの5つの主活動と4つの支援活動を対象としてきたと理解してよいだろう．これらの一連の効率的かつ効果的な実践のおかげで，製品やサービスを迅速かつ柔軟に顧客に提供することが可能となるのである．

インターネット環境という新たな舞台を得た今，企業は，顧客，取引先，サ

プライヤー，提携先企業に働きかけをしたり，新たな関係性を構築したり，役割を再分担するなど新たな戦略やビジネス・プロセスの展開を模索し始めている．

### 1.1.2 チェーン型からハブ&スポーク型プロセスへ

1990年代後半から Web サイトの粘着性（スティックネス）が低くなったため，Web ページ上の電子的なリンクを介してだれとでも，どこでも取引をすることが可能となる．自社のビジネス・プロセスの一部を担う「仲介企業」，「補完企業」といったパートナー企業の選択肢は増大し，その変更は容易になった．「仲介企業」とは，企業のオペレーションにとって必要ではあるが，企業自身では実行できないか，あるいは品質やコスト点で実行すべきではないサービスを提供するサプライヤー，エージェント，ブローカー企業である．「補完企業」とは，企業が提供する製品やサービスの魅力を高めるような製品やサービスを提供する企業である．「バリュー・ネットワーク」とは Web ページ上での「クリック」の背後にあって顧客・取引先の目に触れることはないが，顧客・取引先と企業とのリレーションシップにおける価値を共同して生み出しているすべてのリソース（サービス，受注処理，出荷，融資，情報，仲介，他の製品へのアクセスといった要素）である（Keen & Mcdonald [2000]）．

このようなネットワーク環境では，「価値のある仕事は，きちんとする価値がある」という発想から「価値のある仕事は，よりうまくこなすだれかに任せてしまえ」という発想への転換が可能となる（Porter [2001]）．そのため，他社の能力を組み合わせて展開されるビジネス・プロセスやバリュー・ネットワーク構築の問題は，技術の問題であると同時にベストプラクティスを実現するパートナー企業といかに提携すべきか，というビジネスの問題として考える必要がでてくる．

ビジネス・プロセスは，1社あるいは1グループ単位で自己完結的に組み立てる流れ作業を基本とする直線的な「チェーン型プロセス」から，電子的なリンクが設定された補完・仲介企業のケイパビリティ（capability）を活用しながら活動が展開される「ハブ&スポーク（hub & spoke）型プロセス」として

組み立てることが可能となる．このビジネス・プロセスの変化は，垂直統合企業から企業の境界を越えて展開するバーチャル企業に向けた組織形態の革新を迫るとともに，IT の管理のあり方に影響する．電子的なリンクを介してバリュー・ネットワークを構築できる場合には，企業は顧客価値を創造するプロセスに集中することが可能となる．自社のビジネス・プロセスは特定（単純）化の程度を高め，ベストプラクティス企業との連携が高度にとれる場合にはその効率性は向上する．また，顧客との密接なリレーションを築くことによって，企業の信頼の向上やリピート顧客の増大につながる．

## 1.2 ソーシング戦略による展開

Keen らによれば，顧客価値を創造する視点から，他社の能力を組み合わせて展開されるビジネス・プロセスを構築するためには，ソーシング（sourcing）戦略が有効になるという（Keen & Mcdonald [2000]）．

それは，① 他のオンライン企業に電子的にメッセージを送るだけで，1つの業務を完璧に実施する「アウトタスキング（Out-Tasking）」，② 電子的なリンクによって組織内にプラスとなる特定の資源や能力を取り込み，顧客とのリレーションシップの改善とブランドを強化する「インソーシング（In-Sourcing）」，③ 企業と顧客の間の日常的なやり取りに関するルールをプログラム化し，それを Web サイト上で動作するソフトウエアに埋め込む「ビジネス・ルールのソフトウエアへの埋め込み」，および ④ 定型的なプロセスから外れた例外的な状況に人的な調整を図る「例外的な対応」の選択からなる．

このソーシング戦略とは，コスト削減を念頭に業務やシステムの単なる外部への置き換えとしてのアウトソーシングとは異なり，台本やシナリオをもとに，効果的なキャスティング（casting）を行っていく戦略である．中心となる企業，共同開発者としての役割を演じる顧客，サプライヤーからパートナー企業，さらには Web サイトに埋め込まれるプログラムが顧客価値創造という共通目的を追求するために，割り当てられた役割を演じるのである．そして，このソーシング戦略をもとにビジネス・プロセスを組み立てると，ビジネス・プロ

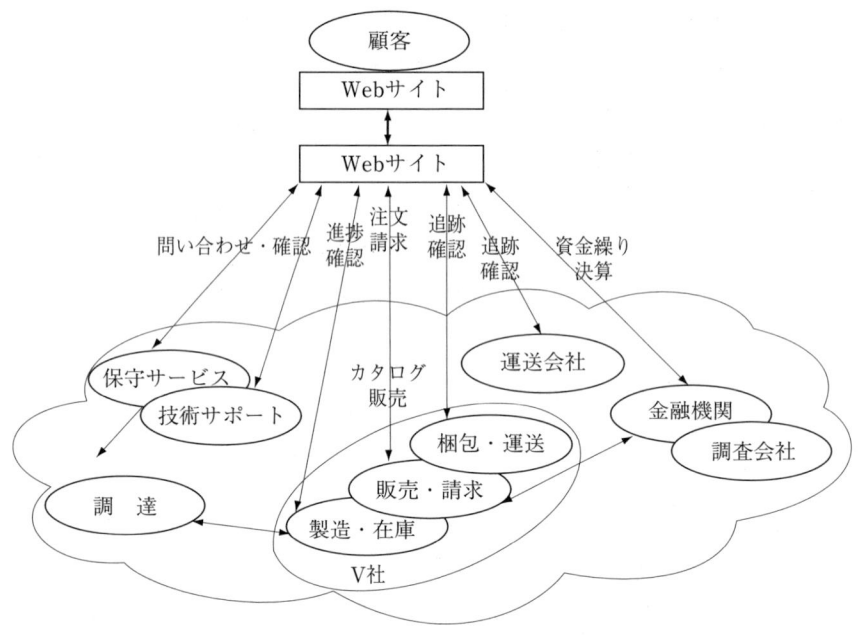

232　第7章　エンタープライズ・システム構築に向けての情報化戦略

**図表 7 - 1　インターネット時代の e プロセスの例**

出典：遠山暁（[2004], p. 15.）の図表3を基にして，加筆・修正し作成．

セスは，補完・仲介企業のケイパビリティを活用しながら活動が展開されるハブ＆スポーク型プロセスとして組み立てられるのである．

　図表7-1は，このソーシングを利用した仮想製造業（以下 V 社と呼ぶ）の e プロセスの例を図示したものである．V 社内で展開する原材料の調達から製造，販売までのプロセスは「直線的・順序的」なチェーンを形成している．保守サービスと技術サポートや配送状態や信用確認や決済については，電子的なリンクによる提携先企業とケイパビリティを活用している．V 社から見るとこのビジネス・プロセスは「直線的・順序的」プロセスと他社の最も優秀な提携先企業のケイパビリティの組み合わせからなっていると理解できる．

　他方，顧客から見ると，ワンストップで「同時的・並行的」に注文内容の選択・確定，配送業者の選択，配送予定日，決済金額，問合せ先等の状態を随時必要に応じて確認できることから，V 社とのインターフェイスである Web サ

イトを起点とするハブ&スポーク型プロセスと理解できる．すなわち，同じビジネス・プロセスであっても，V社からみると，「Web型」と「チェーン型」の組み合わせという形態であり，顧客からみるとハブ&スポーク型プロセスとなる（遠山暁［2004］；Keen & Mcdonald［2000］）．

## 1.3 台本としてのビジネス・ルール

　電子的なリンクが設定された補完・仲介企業のケイパビリティを活用しながらビジネス・プロセスを展開するためには，ビジネス・プロセスを構成する活動を「だれが」，「どの部分を」，「いつ」，「どのように」，「どこで」というような役割分担や各種条件をルールとして明確にしておく必要がある．このようなルールは，一般にビジネス・ルールと呼ばれる．現実的には，事前にすべてのビジネス・プロセスをルールとして設定することはできない．なぜなら，①「何をおこなうのか」ということが理解できてもその展開過程は必ずしも1つではない，② 将来を見越して事前にすべての例外事項までも洗い出すことはできない，③ 人間の判断をその都度必要とするプロセスがある，④ ルールとは業務を実践する過程で徐々に形式化されていくという特徴がある，⑤ 一旦設定したビジネス・ルールであっても，環境変化や時の経過により変更を迫れる等々のためである．つまり，ビジネス・ルールとは，事前にすべて特定できるものでなく，実際にビジネス・プロセスを遂行する中での経験をつうじて明らかになってくるものであり，動的な環境における試行錯誤的，経験的な「実行による学習」による知識の蓄積をもとにして，絶えざる見直しが求められるからである．

　しかしながら，以上の理由があるにせよ前もってどのようにビジネスがおこなわれているのかに関して何らかの台本やルールが明らかでない場合には，顧客要求を満たすために必要となるすべての業務が例外処理となってしまう．スムーズにコンピュータ処理に置き換えることもできず，また業務を委託する提携先へ適切な依頼や指示もできない等，顧客要求への迅速かつ柔軟な対応は期待できない．

ビジネス・ルールの対象範囲は「ビジネス・プロセスの実行とビジネスにおけるリソース構造の両方を統制したり，それらに影響を与えることができる言明」(Erriksson [2000], 訳書 p. 159.) から，「……ビジネス・ルールは手続きに関するものというよりは交流・対話に関するものであり，勧告や相談等もっと「ソフト」プロセスに提供される．……こうしたプロセスは，かつては熟練したスタッフにしか実践できないと思われていた．」(Keen & Mcdonald [2000], p. 175.) ものまで及ぶ．すなわち，取引の開始，中断，完了，例外事項の対応とは何であるのか等々のトランザクションの視点に立ったビジネス・ルールから，「尋ねる」，「見せる」，「伺う」，「提案する」，「比較する」といった従来ならば専門のアドバイザやコンサルタントによる対面のコミュニケーションを必要とするやり取りの一部までがビジネス・ルールの分析対象に含まれるのである．

インターネット環境を前提に展開されるeプロセスの展開に必要となるビジネス・ルールを明らかにする上では，従来であれば決して密接な関係を持つことがなかった顧客，消費者，サプライヤーなどとの新たな関係性の追求や強化に関わるルールの明確化までが求められる．

つまり，各関係者間が共演するための台本として機能するビジネス・ルールの集合として価値あるeプロセスを組み立てようとする場合には，トランザクションの視点のみならず，顧客，サプライヤー，パートナー企業等，各関係者間のやり取り，会話，対話，すなわち，実際の取引の前後に起きている取引の可能性や約束についてのきめ細かい意見交換や経験の共有を促進させる活動をいかにルール化できるかが重要になる．こうしたビジネス・ルールを適切に設定できればこそ，eプロセスは単なる1回ごとの取引を超えた長期的な信頼関係の確立の基礎を約束されるのである．

なお，トランザクション・レベルのビジネス・ルールを明らかにしていく過程でリレーションシップ・レベルのビジネス・ルールが明らかになってくる場合があることや，ある時点では，顧客を満足させる仕掛けとして機能するリレーションシップ・レベルのビジネス・ルールと位置づけることができたとし

ても，時の経過によって，当然備えていなければならない当たり前の機能になってしまう場合もある等々，トランザクションとリレーションシップ・レベルのビジネス・ルールは必ずしも厳密に区別できるわけではない．例えば，SIS[1]の事例として有名であるアメリカン航空のセーバー・システムの場合は以下である．すなわち，顧客自身が金額，時間，目的場所などの条件に合わせて試行錯誤・操作しながら希望する座席を予約する一連のシステムを機能させるプロセスやルールは，そのような機能を備えたシステムをはじめて導入したアメリカン航空にとっては競争優位の獲得や，顧客満足に結びつく．そのため，ある時点において，これらのビジネス・ルールは，まさに顧客を満足に直接結びつくレベルのルールと評価できる．しかしながら，ユナイテッド航空のアポロ・システムなど，競合他社が同機能を備えた予約システムを模倣，導入することによって，それらのビジネス・ルールは，座席予約システムが当然備えていなければならない機能やルール，すなわちトランザクション・レベルのルールとなってしまうのである．

## 1.4 eプロセスの技術基盤

ソーシング戦略によって自社の能力と他者の能力を組み合わせて展開されるeプロセスを支える技術基盤は，図表7-2に描かれるように，下から上に順に「下部構造」，「基幹構造」，「上部構造」の3階層から成り立っている (Keen & Mcdonald [2000], p. 181.)．

「下部構造」とは，取引を処理するレガシー・システムやERPによる企業内の取引処理システムであり，企業にとってこれまで基幹システムとして位置づけられてきたものである．

eプロセスの「基幹構造」とは，Webサイトである．このWebサイトをつうじて，戦略的視点から自社の能力と優秀な提携先のサービス能力を組み合わせてビジネス・プロセスは展開される．つまり，「基幹構造」は，API[2]や

---

1) Strategic Information System
2) Application Programming Integration

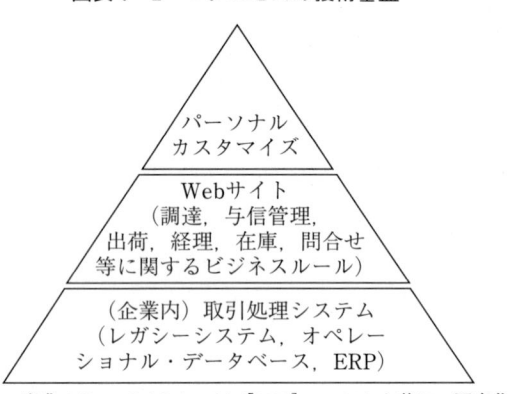

図表7-2　eプロセスの技術基盤

```
         ／＼
        ／　　＼
       ／パーソナル＼
      ／カスタマイズ ＼
     ／――――――――＼
    ／　  Webサイト　 ＼
   ／（調達，与信管理，　＼
  ／出荷，経理，在庫，問合せ＼
 ／等に関するビジネスルール）　＼
／――――――――――――――＼
／　（企業内）取引処理システム　 ＼
／　（レガシーシステム，オペレー　＼
／ショナル・データベース，ERP）　 ＼
――――――――――――――――――
```

出典：Keen & Mcdonald（[2000], p.181.）を基に，図表化．

　EAI[3]などのツールを用いた電子的なリンクを介して自社の能力を提供したり，他社の能力を利用，すなわち「アウトタスキング」や「インソーシング」する場合における Web サイト間のインターフェースとして機能する．ビジネス・ルールが，関係者間の役割分担や共演のありかたを決めるのである．

　「上部構造」とは，顧客との関係性を強化する仕掛けである．顧客ごとに「テイラーメードされた」サービス，ソリューション，意見交換ができる電子コミュニティ，セルフ・サービス，パーソナライズ，カスタマイズ等，顧客がリピーターとなって戻ってきてくれるような仕掛けである．

　そのような仕掛けは，本書第2章（今井二郎）および第4章（河合久）で見てきたような，企業情報ポータル（EIP[4]）をつうじて支援されつつある．さらに，今日では，これまで企業の業務担当者の役割であったといえる顧客の住所変更や注文の登録，キャンセル，出荷指示，取引履歴の確認という役割を，顧客自らが行えるようになってきており，いっそう顧客の満足度が高まりつつある．つまり，顧客は，製品やサービスを受動的に受け入れるという役割を超えて，プロセスに参加していると理解できるのであり，この参画型の取り組み

---

3) Enterprise Application Integration
4) Enterprise Information Portal

§2 eプロセスのモデル化　237

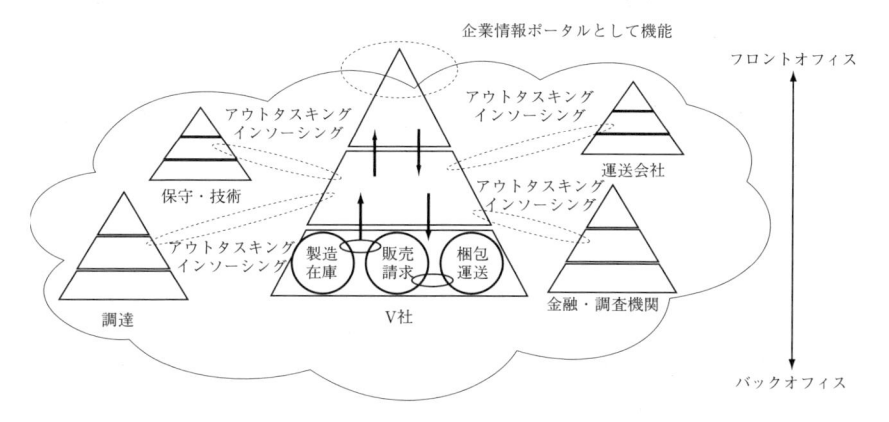

**図表7-3　V社のテクノロジー基盤とバリュー・ネットワーク**

が満足度を高めているのである．

　図表7-3は，図表7-1のV社のeプロセスの技術基盤の全体像を描いたものである．Webサイトがインターフェースとなり，電子的なリンクにより他社の能力をアウトタスキングやインソーシングすることにより，eプロセスないしバリュー・ネットワークとして組み立てられていることが理解できる．なお，このeプロセスの技術基盤においては，Webサイト間を結びつけるインターフェースとして機能する「基幹構造」が中心的な役割を担うものの，この「基幹構造」は「下部構造」に支えられているのであり，そのためこれまでの基幹システムといわれてきた「下部構造」の中でのシステム間の連携・連動の重要性が低下することにはならない．このことは，「下部構造」と「基幹構造」との間にわずかな綻びでもあれば，顧客満足はおろか，他社の能力を利用しつつ通常の業務プロセスをそつなく運用することさえおぼつかなくなってしまうことからも明らかであろう．

## §2　eプロセスのモデル化

### 2.1　概念データ・モデルによるモデル化

　これまで「直線的・順序的」なビジネス・プロセスのモデル化については，

データ・モデルやデータ・フロー・ダイアグラム（DFD[5]）等の分析フレームワークが体系的なプロセスの理解やモデル化に有効であることが知られている．しかしながら，顧客価値を創造する視点からパートナー企業との連携を図り組み立てられるハブ＆スポーク型プロセスを分析するための知識，あるいはフレームワークが必ずしも十分に確立しているとはいえない．

　データ・モデルやデータ・フロー・ダイアグラム等のモデル化は，ハブ＆スポーク型プロセスの分析に適用できるのだろうか，また仮に適用できるにしても限界はどこにあるのだろうか．ここでは，概念データ・モデルを用いた分析に焦点を絞り理解を深める．

　データ・モデルとは「データに対する人間の識認を表現したものであるといえる．より厳密にはデータの表現対象となっている実世界の実体やその関連を認識し，特定の表現制約のもとで表現したもの」（堀内一［1998］，pp. 61-62.）といわれる．ANSI/X3/SPARC[6] においては，概念レベル，外部レベル，内部レベルの3階層構造をなしており，情報システム化の設計図として機能する．3つの関係は次のようになっている．情報システム化の対象領域（企業の諸活動）を特定し，その上で対象領域の機能や構造の意味内容をできるだけ忠実にデータ構造に変換する概念データ・モデルは，論理的なデータ構造の設計，効率的なデータ保存（内部レベル）および情報要求に従ったデータの多元的利用（外部レベル）の基礎になる．

　3階層構造のデータ・モデルを用いてモデル化を進める場合，絶えず変化し特定することが困難な情報要求（外部レベル）の特定化に先立ち，グランドデザインとしての概念レベルのデータ・モデルの分析を先行させることができる．つまり，概念レベルのデータ・モデルにおいて，分析対象となるドメインにおいて「何が」おこなわれているのかを明らかにすることができる．その上で，多様な展開が考えられる外部レベルにおいて「どのように」データを利用して

---

[5] Data Flow Diagram
[6] Standard Planning and Requirements Committee of the American National Standards Institute on Computers and Information Processing：（アメリカ規格協会／計算機情報処理部門標準化委員会）

いくのか決めていくことができる．

　そのため，概念データ・モデルは，いわば目的地までのコースを相談するために用いる地図とおなじような機能を備えているといえる．ビジネス・プロセスの体系的な理解は，顧客の要求を満たすために必要となるビジネス・ルールには何があるのかや，「だれが」担うのかを検討する際の判断材料にもなるのである．概念データ・モデルを手がかりに，部門間や企業間の関係はどうなるのか，あるいはどのプロセスが顧客にとって価値があるのかなどについて検討することにより，例えば，自社のみではカバーできない資源や能力の認識から，電子的なリンクを設定して他社の資源や能力を委託や導入すべき箇所の発見，さらには例外処理として対応すべき箇所の発見にもむすびつく．場合によっては，これまで裏方プロセスと理解してきた配送プロセスの重要性や，顧客からの問い合わせに迅速かつ適切に対応するために必要となるコールセンター機能の重要性の理解につながる（図表7-1のV社のケース）．

## 2.2　モデル化の対象範囲

　この概念データ・モデル化の対象範囲はいかに決定したらよいのであろうか．業界特性，規模，さらには，当該企業のこれまでのIT化の歴史やその取り組みに対する温度差の違いにより対象範囲は異なってくるといえる．eプロセスの技術基盤との関係で指摘すると，それまでのITや業務に対する取り組みを反映して，eプロセスの技術基盤を構成する3階層（図表7-2）のタテ，ヨコの連携・連動は，企業ごとに異なってくる（図表7-4）．

　一般に，歴史の長い企業ほど，業務も情報システムもレガシーが多くなるので，モデル化対象範囲として，自社のeプロセスに影響を及ぼすすべての範囲をモデル化対象とすることは難しいだろう．その場合には，概念データ・モデル化対象の範囲を特定の機能や業務に限定して設定し，漸進的に対象範囲を調整・拡大していくことが現実的であろう（図表7-5左側）．

　また，新規参入企業のためレガシー・システムがない場合には，企業内の業務や情報システムの統合化に四苦八苦する必要がないので，企業全体をモデル

240　第7章　エンタープライズ・システム構築に向けての情報化戦略

図表7-4　eプロセスの技術基盤の代表的ケース

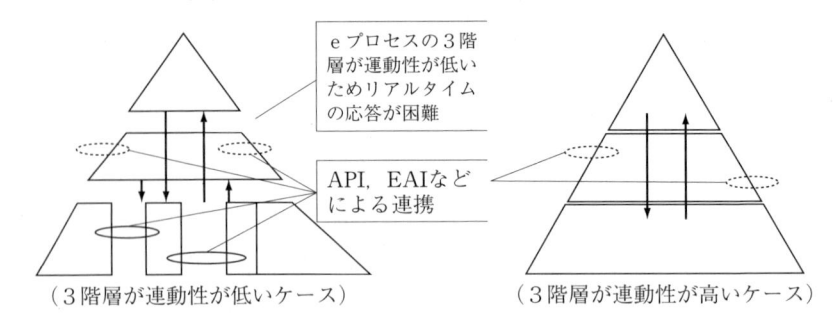

eプロセスの3階層が運動性が低いためリアルタイムの応答が困難

API, EAIなどによる連携

（3階層が運動性が低いケース）　　　（3階層が運動性が高いケース）

図表7-5　モデル化対象領域と計画化の代表的ケース

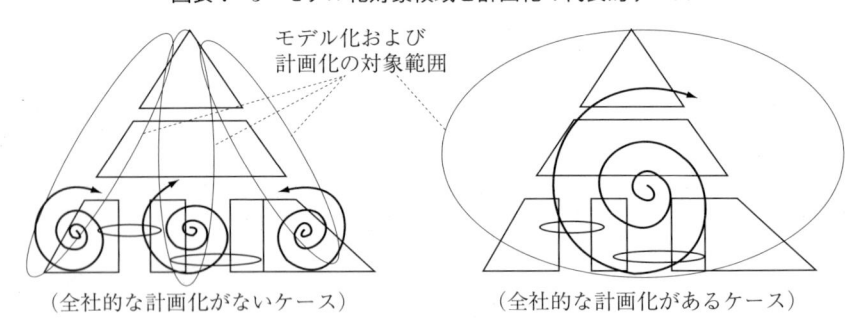

モデル化および計画化の対象範囲

（全社的な計画化がないケース）　　　（全社的な計画化があるケース）

化対象範囲として計画できる（図表7-5右側）．

　さらに，「提供側」の立場による業務や情報システムの単なる効率化を超えて，「利用者側」と「提供者側」とが一体となっていかに価値創造できるかという戦略上の必要性が高い場合には，価値共創の基盤となるインフラ構築を目指して，電子的なリンクを介した企業，取引先，提携先，顧客間におけるあらたな共同をおこなうために必要となるコミュニケーション「空間」や「場」全体を対象範囲として設定することが妥当であろう（図表7-5右側）．

　つまり，概念データ・モデル化とは，プロセスをいかに可視化するのかという技術的な問題にとどまらず，計画化ないしモデル化の対象領域の選択問題を伴うのであり，今後の企業戦略のあり方を決める非常に重要な問題である．コスト削減を主目的とする場合から，他社の連携を図りながら変化に強い業務や

情報システムを刷新することを目的とする場合まであり，企業の置かれた状況やこれまでの業務や情報システムの取り組みをいかに認識，評価するかによっても取り得る選択は変わってくるのである．

## 2.3 外国電気機械メーカー Y 社の事例

今回訪問調査をした外国電気機械メーカー Y 社においては，Keen らの e プロセスの技術基盤に類似する 3 層データモデル（データ→取引処理→価値創造）に基づいて企業情報システムが組み立てられていることが確認できた．ポイントを箇条書きすれば以下になる。

① データの標準化

顧客やパートナー企業との間の一貫したデータをリアルタイムに共有するために，特定部門や機能ごとにマスタ・データを定義するのではなく，専門組織によってグループ全体の観点においてデータの標準化がなされる．つまり，ここでは，各関係者が利用する原材料，顧客，完成品，勘定，価格などのデータが定義される．Y 社の 3 層データ・モデルにおいては，このデータの標準化が，最下層に位置づけられる．

② 取引処理システムの標準化

Y 社では，購買，製造，販売などに関する取引データを処理する，いわゆる取引処理システムは，標準的なパッケージソフトをもとに展開される．Y 社が各種サプライヤーや顧客とのスムーズな結びつきが可能になるのは，まさにこの ① データの標準化・共有化と ② 標準的な取引処理システムが整っているからである．

先に見てみた Keen らの e プロセスの技術基盤（図表 7-2）との関係で説明すれば，上記の①と②とは，名称や強調の置き所は異なるものの，実質的には「下部構造」の取引処理システムと「基幹構造」の Web サイトに相当する．すなわち，Keen らの e プロセス基盤では，電子的なリンクを介して他社の能力を受け入れたり，自社の能力を提供する際の Web サイト間の API や EAI などを用いた標準的なインターフェースの重要性が強調される．一方，Y 社

の場合は，システム間の連携・連動性を高めるため必要となるデータとプロセスの標準化を強調した内容になっている．

③ 価値創造ならびに顧客との関係性重視

Y社では，①のデータの標準化や②の取引処理システムの標準化を図ることそれ自体を目的とするのではなく，そのような技術インフラを前提にしつつ，顧客価値創造プロセスを上位目的として位置づけている．このことは，①と②のレイヤーを前提に，その上に意思決定，ビジネス・インテリジェンス，データウエア・ハウスを位置づけていることから理解できる．すなわち，単純に統合化を志向するシステムではないのである．なお，そのような顧客との関係性を重視する機能とは，Keenらのeプロセスの技術基盤（図表7－2）においては，「パーソナル・カスタマイズ」に相当する．

④ 段階的展開

Y社では，そうした①や②の標準化を駆使しつつ③の目的を掲げて構築される企業情報システムとは，短期的なコストを重視して進めていくのではなく，図表7－5の右側に描かれるように，長期的かつ全社的な展開を念頭に置きつつ漸次的に進めるというアプローチをとる．Y社の上級情報システム管理者によれば，いずれ全社的にデータやプロセスの共通化や統合化が必要にあるのであり，規模の小さいこの時期（1993年）を逃したらなかなか全社一斉に進めることはできないとの理解に基づき，1994年に50個を超えるERPのベンチマークをおこない，最終的に最大手のドイツSAP社のERPを全社的に採用する．その展開においては，でていくお金は目に見えるけれども，でる成果は（短期的には）目に見えない時期もありながらも，トップダウン・アプローチによって，データやプロセスの標準化を徹底して追求し続けてきているという．

なお，Y社のデータの標準化は，ANSI/X3/SPARCにおける概念データ・モデルと物理データ・モデルに，またY社の取引処理システムの標準化と顧客との関係性重視は外部データ・モデルに相当する．Y社においては，ANSI/X3/SPARCにおける概念および物理データ・モデルの標準化が進ん

でいるからこそ，外部データ・モデルにおいて標準データを多目的に利用することが期待できるのであろう．さらにいえば，外部データ・モデルにおける顧客価値創造の観点を強調したものが，Y社でいえば「意思決定，ビジネス・インテリジェンス，データウエア・ハウス」であり，Keenらのeプロセスの技術基盤でいえば「パーソナル・カスタマイズ」ということである．

## 2.4 概念データ・モデルの課題

概念データ・モデルは，前述してきたようなデータの標準化や統合化や，eプロセスの提携先の理解にむすびつくなどのメリットがあるものの，次のような課題も残る．

まず第1に，概念データ・モデルは顧客視点からではなく，企業の視点からビジネス・プロセスの全体像を示したものである．したがって，たしかに顧客との関係性を強化させるビジネス・ルールとは何であるのかを分析する場合に利用できるものの，その出発点を提示しているにすぎない．紙に書かれた地図は利用しなければ，それは単なる紙切れに過ぎず価値があるとはいえない．同様に，概念モデルの価値は，それをどのように活用できるかにかかっているのである．そのためには，業務知識に詳しい現場担当者と，概念データ・モデルを描く方法論や経験に詳しい設計者とが同じ目線で業務について考え，モデルを描き，話し合い，悩み，修正するという過程や「場」の存在は欠かせないだろう。概念データ・モデルという道具立てを用いた議論をつうじて設計者と担当者との間の状況認識のすり合わせが可能となるばかりでなく，現場担当者の当事者意識が育まれることにより良好な協力関係や信頼関係を築くことができるのである．このような関係に基づいてはじめてビジネス・プロセスについての体系的な理解や顧客の視点に立つビジネス・ルールとは何かが見えてくるのである．

第2に，トランザクション・レベルからリレーションシップ強化に向けてのビジネス・ルールを明らかにしていく際の手がかりをあたえてくれるという潜在価値は高い．しかしながら，第1の問題と同様に，概念データ・モデルを作

成しただけでは，おのずとビジネス・ルールが理解できるわけではないので，即効性ある効果が何であるのかがわかりにくいという問題点も残る．そのため，業務知識を豊富に有する現場担当者の積極的な関与や当事者意識を喚起させるファシリテーター（facilitator）の役割を設計者がいかに実行できるかが重要な鍵になってくるのである．

　第3に，概念データ・モデルの分析対象範囲をいかに設定すべきかについては明確なガイドラインがない点を指摘できる．これは，企業ごとに置かれている状況，これまでの企業戦略やその取り組みは異なるので，分析対象範囲も企業ごとに異なるからであろう．すなわち，インターネットという新たな舞台を前提にeプロセスを模索し始めている企業にとって必要となる概念データ・モデルの範囲と，企業内における既存の情報システムの統合化に四苦八苦している状態の企業にとって必要となる概念データ・モデルの範囲とは異なるのである．

　一般的には，企業内のビジネス・プロセスを超えて広く設定する場合には視野が広がり，顧客視点から効果的なプロセスを組み立てる可能性が高まるというメリットがあるものの，実現に向けてのコストや時間が相対的に多くかかってしまうことになる．反対に，短期的な効果を確実に出したい場合には，分析対象範囲は限定しなければならないが，限定してしまうと，全体的な視点からのプロセスの可視化ができなくなり，また，システム化対象領域を増やすに連れて，調整に伴うコストがかかってしまう．つまり，すべての企業に当てはまる分析対象範囲がどこであるのかは明確にならないけれども，少なくとも，グランドデザインとしての概念データ・モデルを機能させるためには企業戦略と関係づけていかなければならないだろう．

## §3　EAによる情報化実践

### 3.1　EA[7]の必要性

　顧客要求が多様化し，これまで以上に迅速な対応が求められる今日の状況に

---

7）Enterprise Architecture

おいては，IT 化の目的は，提供側の立場による単なる効率化から，製品・サービスを提供される顧客側の満足や価値創造へと軸足がシフトしてきている．本書第 4 章の指摘にあるように，「IT 水準の高度化は企業情報システムの構造を改善してきただけでなく，しばしばその機能や適用方法の転機を招いてきた」ということである．

つまり，IT 化の目的は，賃金支払システムや売掛金管理システムなど，個別独立した業務の自動化や適用業務の情報活用の支援から，さらには，工場から顧客までを結びつけるサプライチェーンの構築やバーチャルショップを創り出すといったビジネスの問題まで及ぶのである．本書第 2 章で指摘される「SCM」，第 3 章で指摘される「BPR」や第 4 章で指摘される「SIS」，本章および第 8 章（溝口周二）で指摘される「ソーシング戦略」というような顧客価値創造を主目的に展開されるこれらの IT 化の試みは，強調点や利用可能な技術基盤は異なるものの，いずれもその目的をビジネスの問題として捉え，全社的視点から企業情報システムを構築ないし刷新する試みであるといえよう．

それでは，このような顧客価値創造を主目的とする企業の情報システムは，いかに計画，設計，構築，運用管理を進めていけばよいのだろうか．先にも指摘してきたように，業界特性，規模，さらには，当該企業のこれまでの IT 化の歴史やその取り組みに対する温度差の違いにより理想とする情報システムのかたちにはいろいろなタイプが考えられることだろう．企業内の既存の情報システムの統合化に四苦八苦している状態の企業もあれば，既存の情報システムに制約されることなく，抜本的改革を模索している企業など様々だからである．

前節の概念データ・モデルは，企業の視点からの全体的なプロセスをモデル化，可視化する．これにより，ビジネス・ルールの洗い出しや戦略的視点から取引先企業との新たな連携の可能性を検討する際の判断材料を入手できるのである．また，部門ごとの目的に応じてデータや情報を貯蔵・利用するいわゆるサイロ（Silo）やストーブ・パイプ（Stovepipes）と呼ばれるこれまでの情報システム・アーキテクチャーを利用している場合には，共通データや情報の整備・刷新に役立つ等，部門間の統合化へ向けた足がかりを与えてくれる．

しかしながら，それは企業の情報システムの設計・構築に向けた出発点を提供するにすぎない．いかにアプリケーションとして組み立てていくのか，そのアプリケーションに必要となるネットワークや通信規約等の技術はどうするのか等々，eプロセスを情報システムとして実践するためには，さらにつめていかなければならない事項がある．しかも，企業の情報システム化に関する取り組みは，対象領域の特定から始まり情報要求の明確化やビジネス・プロセスのモデル化を経て一旦構築・導入されればそれでおしまいというわけにはいかない．絶えざる顧客要求の変化，仕様の変更，法制度の変更等々に対応すべく，企業が寿命を向かえるまで情報システム化を更新・保守し続けなければならない．1990年代に入ると保守費がソフトウェアの総コストの最高80％までに及ぶ場合もでてくる（Pfleeger [1997]）．多くの企業にとって，特に歴史の長い伝統的な企業ほど，更新・保守対象や調整すべき事項が広範囲に及ぶことになる．

そのため，技術の問題に限定せずビジネスの観点から，長期的視点に立った全体最適，継続的・組織的な取り組みとして情報システム化の問題を考慮する何らかのフレームワークが必要となる．そのような要請に応えるフレームワークが昨今注目されてきている EA である．このようなフレームワークなしには柔軟な組み換えを可能とする情報システム化が効率的には進まない．

## 3.2 EA フレームワーク

EA のフレームワークは，IBM の研究者であった Zachman が提案したフレームワークが始まりであるといわれ，それは6行6列からなる行列から構成される（Zachman [1987]; Sowa and Zachman [1992]）．すなわち，各列は，左から右に順に，「データ（What）」，「機能（How）」，「場所（Where）」，「人・組織（Who）」，「時間（When）」，「動機（Why）」という5W1Hの観点を意味する．各行は，システムに関与する人の視点（view）を意味し，上から下に順に，計画立案者（planner），所有者（owner）設計者（designer），構築者（builder），下請け（subcontractor），実働エンタープライズ（functioning enterprise）の各視点を意味する．これらの行と列が交差する30個のセルに，

対応するアーキテクチャーの例が示されており，各セルが情報システム・アーキテクチャーに必要となる記述モデルあるいは EA のビルディング・ブロックを構成することになる．このフレームワークの特徴は，情報システム化の複雑な対象をいくつかの観点に分けて記述できることや，同一対象を関係者の視点に分けて記述できることにより，情報システム・アーキテクチャーに必要となる記述モデルを明らかにすることができる点にある．しかしながら，「ザックマン・フレームワークは，あくまでもシステムや組織の全体像を整理する際の視点を提供するにとどまっており，……具体的な手順が用意されていない」（日経コンピュータ・日経 IT プロフェッショナル編 [2004]，p. 69.）という問題点が指摘され，何らかの他のフレームワークとの補完が必要になる．

この点に関して，例えば，USA Federal CIO Council（米国連邦 CIO 会議）が提案する米国 FEAF[8] においては図表 7－6 のとおりである．

すなわち，USA Federal CIO Council では，「EA とは戦略的情報資産に基づくものであり，ビジネスの使命，その使命を果たすために必要となる情報や技術，および使命の変化要求に対応すべく新たな技術を実装する移行過程」（USA Federal CIO Council [1999]）であり，この EA を実際に構築していくための計画プロセスや仕組みを明らかにしたものが，EA フレームワークとして位置づけられる．"A Practical Guide to Federal Enterprise Architecture"（CIO Council [2001]）においては，ステップ・バイ・ステップによる EA 化のガイドラインが示され，EA のライフサイクル管理に対する厳密なアプローチを提供することにより EA の定義，維持，実装の支援を意図している．なお，この米国 FEAF においては，先に指摘した Zachman の EA フレームワークの左から 3 列，すなわち，「データ（What）」，「機能（How）」，「場所（Where）」の 3 つの観点のみが採用されている．

EA フレームワークは，CIO Council が提案する FEAF 以外にも，米国財務省の TEAF[9] や日本の経済産業省の「業務最適化計画」等々，さまざまな

---

8) Federal Enterprise Architecture Framework（米国連邦 EA フレームワーク）
9) Treasury Enterprise Architecture Framework（米国財務省の EA フレームワーク）

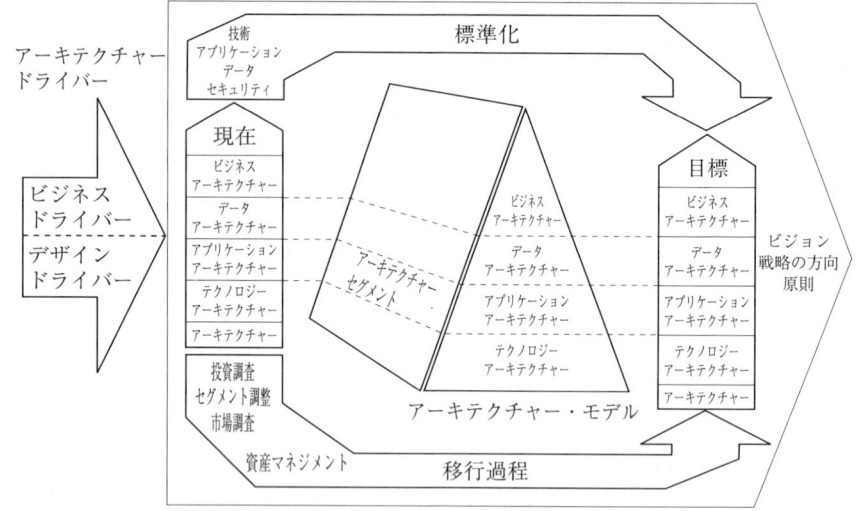

248　第7章　エンタープライズ・システム構築に向けての情報化戦略

図表7-6　FEAF（米国連邦EA）の構成要素

（図：アーキテクチャー・ドライバー，ビジネスドライバー，デザインドライバー → 現在（ビジネスアーキテクチャー，データアーキテクチャー，アプリケーションアーキテクチャー，テクノロジーアーキテクチャー，アーキテクチャー），投資調査／セグメント調整／市場調査；技術／アプリケーション／データ／セキュリティ；標準化；アーキテクチャー・セグメント；アーキテクチャー・モデル（ビジネスアーキテクチャー，データアーキテクチャー，アプリケーションアーキテクチャー，テクノロジーアーキテクチャー）；目標（ビジネスアーキテクチャー，データアーキテクチャー，アプリケーションアーキテクチャー，テクノロジーアーキテクチャー，アーキテクチャー）；ビジョン／戦略の方向／原則；資産マネジメント；移行過程）

出典：(CIO Council [2001], figure 6)

① 「アーキテクチャー・ドライバー（Architecture Driver）」は，連邦EAに変化をもたらす外部の刺激を意味する．
② 「戦略の方向（Strategic Direction）」は，変化を連邦の全体的な方向と一致することを約束することを意味する．
③ 「現在のアーキテクチャー（Current Architecture）」は，エンタープライズの現在の状態を意味する．これは，"As-Is Architecture" と同じである．
④ 「目標のアーキテクチャー（Target Architecture）」は，戦略的方向のコンテキスト内でのエンタープライズの目標を意味する．"To-Be Architecture" と同じである．
⑤ 「移行過程（Transitional Processes）」は，さまざまな意思決定，ガバナンス手続き，移行計画，予算，構成管理，エンジニアリング変化管理のようなアーキテクチャー標準に準拠して，現在のアーキテクチャーから目標のアーキテクチャーへの変化に適用されるプロセスである．
⑥ 「アーキテクチャー・セグメント（Architecture Segments）」は，連邦の全体のエンタープライズの下位集合である．
⑦ 「アーキテクチャー・モデル（Architectural Model）」は，連邦のエンタープライズにおける変化を管理や展開する上での文書や基礎を提供．「標準（Standards）」は，語彙のガイドライン，ベストプラクティス，相互運用の促進に焦点を当てるすべての標準を意味する．

cf. (CIO Council [2001], Appendix B; Schekkerman [2004], pp. 108-109.)

フレームワークが提案されている．しかしながら，定義やフレームワークにより名称や表記レベルは異なるとしても，EA 化の目的が長期的な観点から効果的な情報システム化を図っているという点では共通するので，必要となる EA フレームワークの構成要素はある程度共通する．すなわち，情報化を進める上での ①「原理・原則」，② 現状（As-is）から理想（To-be）への移行計画，③ 各種設計開発手法および手法の選択基準や例外事項等を定めた「標準化」，④ EA 活動を活用・維持・刷新させるマネジメントプロセス，⑤ ビジネス，データ，アプリケーション，テクノロジーの 4 階層で現状と理想をモデル化する「アーキテクチャー・モデル」である．

　なお，EA の中核となるアーキテクチャー・モデルと前章で指摘したデータ・モデル（概念・外部・内部）はつぎのような関係にある．データ・モデルは，データアーキテクチャーとして位置づけられ，ビジネス・プロセスのグランドデザインとなる概念データ・モデルは，分析対象となるドメインを決める際にビジネスアーキテクチャーと，また定型・非定型的データ活用を定義する外部データ・モデルはアプリケーション・アーキテクチャーとかかわってくる．

## 3.3　EA 活動の出発点

　それでは，各企業による EA の活動は，何を対象に，いかにスタートを切ればよいのだろうか．すなわち，対象領域を企業活動の一部に限定して進めるべきなのか，それとも全社一斉に展開すべきであるのか．また，図表 7 - 6 の真ん中に描かれている「アーキテクチャー・モデル」のピラミッドを構成する 4 階層アーキテクチャーの上から順番に，ビジネス→データ→アプリケーション→テクノロジーというようにトップダウンで展開していくべきか，それとも反対に，ボトムアップに展開していくべきだろうか．『EA 大全』（日経コンピュータ・日経 IT プロフェッショナル編 [2004]）の取り組みや意見では次のようである．

　すなわち，「ボトムアップ・アプローチだと，小さな部門から段階的に導入できるし，投資も抑えることができる．成果も比較的，短期間に上がる．」（日

経コンピュータ・日経 IT プロフェッショナル編［2004］, p. 133.）「効果の出やすい技術標準（アーキテクチャー）から整備」（日経コンピュータ・日経 IT プロフェッショナル編［2004］, p. 118.）との意見にあるように，確実に成果をだすことを目的とする場合には，ボトムアップ・アプローチは適切であるといえよう．同様に，確実に成果をだしたい場合には，EA 化の対象とは，全社一斉に展開するよりはまずは限定して取り組んだほうがよい場合もあるだろう．そのため，「……1 事業ユニットから，あるいは身近な開発プロジェクトから始めて，まずは EA のすばらしさを実証することは，今後のスムーズな展開の早道である」（日経コンピュータ・日経 IT プロフェッショナル編［2004］, p. 152.）という意見もでてくる．また，「まったく新しい組織なら，トップダウン・アプローチが採れるが，レガシー・システムを持つ組織ではボトムアップ・アプローチが一般的」（日経コンピュータ・日経 IT プロフェッショナル編［2004］, p. 139.）という指摘にあるように，既存システムの状況がトップダウンで進めるのか，それともボトムアップで進めていくのかに影響を与える場合もある．たとえ長期的にはトップダウンのアプローチが必要になることを理解していたとしても，既存システム状況によっては，ボトムアップ・アプローチでいくしかない場合もでてくる．

　反対に，既存システムとの調整を考えなくてもよい新興企業の場合には，大胆に全社一斉に，かつトップダウン・アプローチからはじめることもできる．新興企業でなくても，明確な戦略的な意図がある場合や「米 VW のようなトップダウン・アプローチによる EA の導入は，CEO の強い指示があって初めて可能となる．」（日経コンピュータ・日経 IT プロフェッショナル編［2004］, p. 139.）との指摘にあるように，トップのコミットメントがあれば，トップダウン・アプローチも展開可能となる．

　以上，企業特性の違いにより，企業ごとにとり得るアプローチは異なっており，道は 1 つではないということである．これまでの IT 化の歴史やその取り組みに対する温度差の違いや，EA をコスト削減手段として理解するか，それとも戦略を遂行する上で不可欠な抜本的な IT 化計画と理解するかによっても，

EA化の対象範囲の選択やいずれのアプローチから取り組み始めるべきかは異なってくる．

しかしながら，① 情報システム化の効果が現れるのには時間がかかることや（Allen [1997]; Brynjolfsson [1994]），② 全面的に情報システムを刷新するのには莫大の費用がかかるので一旦刷新するとなかなか大幅な変更ができない，③ 今後ますます多様化する顧客要求とその変化のスピードに柔軟かつ迅速に対応できる「変化に強い情報システム」が求められている状況を考慮する場合はどうであろうか．

この場合には，EAを短期的に効果が期待できる単なるコスト削減の体系的手段と位置づけるわけにはいかないだろう．変化へ対応するためには，プロセスの迅速かつ柔軟な組み換えが必要になる．そのためには，体系的な視点からプロセスを捉えることは欠かせない．先に指摘したように，分析対象となるプロセスの範囲を広く設定する場合には視野が広がり，顧客視点から効果的なプロセスを組み立てることができる可能性が高まる．そして，この出発点となるのが自社の能力と優秀な提携先のサービス能力を組み合わせて展開するビジネス・プロセスをモデル化・可視化させるグランドデザインとしての概念データ・モデルなのである．

### 3.4 EAによるeプロセス実現に向けて

インターネット環境を前提とする場合，これまでの「直線的・順序的」ビジネス・プロセスは，顧客視点からハブ＆スポーク型のeプロセスとして組み立てていくことが可能になる（図表7－1）．本章では，自社および優秀な取引先や提携先企業のケイパビリティの組合せとして展開するeプロセスを可視化・具体化に向けて概念データ・モデルの可能性と，eプロセス実現にむけた組織的展開であるEA活動の対象範囲と出発点を中心に検討してきた．

今後eプロセスの価値をいっそう高めていくためには，電子的に結びつくことができる不特定多数の提携先企業の拡充と容易な組み替えを保証する仕組みの確保が重要になってくる．そのためには，取引に先立ち，事前に取引相手と

の間で交わされる各種契約条項の標準化がカギになってくる．標準的なプロセス仕様，通信規約等が整備されている場合には，それに従ってビジネスを展開すればよいことになる．例えば，取引をするためには，取引に先立ち，いかなる取引をおこなうのか，取引の開始とは何か，債権・債務の移転のタイミングはいつになるのか，例外事項が起きた場合はどのように対応するのか，確認メッセージは誰に対してどのタイミングで入れるのかといった取引契約や運用についての標準化である．このような取引についての標準的な書式や一定の品質を満たす雛形や手順が整備されていない場合には，少ないコストで不特定多数の取引相手との間で展開されるeプロセスの柔軟かつ迅速な組み換えは望めないだろう．

現在，コンピュータ業界，旅行業界，流通小売業界，繊維・アパレル業界等々，さまざまな業界団体が標準化の策定，取り組み，促進にむけて動き始めている．しかしながら，業界を横断した標準化について確定したものは存在していない．ひとつの候補としては，国連組織の貿易簡易化と電子ビジネスのための国連センター UN/CEFACT[10] と非営利のコンソーシアムの OASIS[11] を中心に進められる ebXML[12] が考えられる（菅又久直・森田勝弘 [2001]；ebXML Business Process Team [2001]）．ebXML とは，企業の業種業態，規模，場所にかかわらず，あらゆる企業が参加可能な電子商取引を可能とするオープンなフレームワークである．概念的には，① ebXML レポジトリにアクセスし参加情報の取得，② ebXML 仕様に準拠するように自社システムの修正，③ ebXML レポジトリに自社の提供可能なサービス内容や関連情報の登録，④ ebXML レポジトリにアクセスし，他社の利用可能なサービスの検索，⑤ サービス提供企業との各種条件の交渉，その後合意，⑥ ebXML 技術仕様を利用して取引を開始する，という具合である．

規模や業界にかかわりになく世界中の企業のサービス能力を活用できること

---

[10] United Nations Centre for Trade Facilitation and Electronic Business
[11] Organization for Advancement of Structured Information Systems（構造化情報標準促進団体）
[12] electronic business eXtensible Markup Language

になるので，このような標準化されたプロセス仕様や通信仕様の利用は少ないコストで不特定多数との迅速で提携を可能にさせる潜在的可能性は高い．しかしながら，いまだ黎明期であるため必要となる標準仕様のすべてが整っているわけではない．ebXML レポジトリは誰が構築するのか，取引相手の信用は誰がどのように保証するのか，自社システムとの連携はどうするのかといった課題は残る．

　図表 7-2 をもとに説明するならば，ebXML の技術仕様は e プロセスの技術基盤の中間層である Web サイトに関するものであるといえよう．いまだ実用段階とはいえないものの，近い将来この標準仕様に基づいて e プロセスが展開されるだろう．そのためには，自社および優秀な取引先や提携先企業のケイパビリティの組合せとして組み立てられる e プロセスを全体的な視野から可視化する概念データ・モデル，ビジネス・ルールの洗い出し，および e プロセス実現にむけた組織的展開である EA 活動はいっそう重要性を増してくるのである．

# 第8章　情報システムの構造変化と戦略的コスト・マネジメント

横浜国立大学　溝　口　周　二

## §1　情報システムの構造変化とコスト・マネジメントの変遷

　情報システムの構造変化は単なる業務費用削減の手段ではなく，経営戦略を支援する重要な武器であり，ワイズマンが指摘する SIS[1] の概念が IT のハード／ソフト両面での技術変化の発展とともにビジネスに定着してきたと考えられる．このような情報システムに対する概念変化は，最新の情報技術をベースにしたオープン化，ネットワーク化の進展とともに，情報システムの抜本的な構造変化に直接・迅速に影響を与える．高度情報化社会の中でビジネスを展開する企業にとって，情報システムの構造変化によって企業組織の再設計による組織構造の変化とこれと相互依存の関係にあるビジネス・プロセスの劇的な変革が生じる．このようなビジネス環境変化とこれにコンティンジェントに相応する情報システムは，いっそうの IT インフラストラクチャー投資とその結果である情報システム・コストの飛躍的な増加をもたらす．CIO にとって，情報システム・コストの適正な管理と投資効果評価が重要な IT 戦略決定要因であると認識されてきた．

　このような情報システムの構造変化を中心に，これが企業全体におけるプロセス・コスト，組織コスト，情報システム・コストにどのような変化を及ぼすかについてビジネス・コスト，コーポレート・コスト，エンタプライズ・コス

---

[1]　Strategic Information System

トの観点から概括的に検討する．

　第1段階は情報システムの構造変化は事業単位におけるプロセス変化やこれに伴う組織設計と情報システム・コスト変化をもたらし，事業単位におけるコスト構造に影響を与える．情報システムの導入が全社的なITインフラストラクチャーの属性を持つか，個別事業単位に特有な機能を持つにしろ，ここでは事業単位全体の価値連鎖に関わる経営活動から発生する全てのコストをビジネス・コストと定義する．

　この段階におけるビジネス・コストは事業目標達成のために事業単位における活動やプロセスの組み合わせから生じるプロセス・コスト，プロセスの組み替え等の原因から派生する組織再設計や変更に伴う組織コスト，プロセスや組織変更に伴う情報システムの修正や変更に起因する情報システム・コストの3者から構成されている．

　事業単位におけるビジネス・コストの原価管理対象は，全社経営戦略がトップ・マネジメントにより所与として与えられる結果，事業戦略として業務活動の効率化や取引処理の迅速化に伴う原価節約額が中心であった．各事業単位間のデータや業務システムの統合化によるMIS[2]が，ビジネス・プロセスを制御し，土台である組織構造の上部構造として機能していた．情報システムは業務処理システムの導入が中心であり，プロセス・コスト，組織コスト，情報システム・コストのいずれも各事業単位や事業部等に直接認識することが可能であり，これによる事業単位全体のビジネス・コストの管理は比較的容易であった．

　第2段階は各ビジネス・プロセスが経営戦略や情報システムによって全社的な統合化が図られ，価値連鎖や供給連鎖の概念によって企業全体の経営活動が全社戦略と整合・一貫して管理される段階である．情報システムの構造変化によって，全社的なビジネス・プロセス革新とこれによってもたらされる全社的組織構造の再設計・変更が生ずる．これとともに，情報システム構造もITインフラストラクチャーのウエイトが増加し，全社的な情報システム・サービス

---

[2] Management Information System

に貢献する情報システム・コストを事業単位におけるビジネス・コストとして直接賦課することが次第に困難となる．

こうした観点から，各事業単位におけるビジネス全体の経営活動を統括し，全社的な価値連鎖や供給連鎖全体の経営活動から発生するコストをコーポレート・コストと定義する．

この段階におけるコーポレート・コストは，企業目標達成のために各事業単位における経営活動とコーポレート全体の経営活動を統合・調整する活動から生じるプロセス・コスト，全社的な組織再設計や変更・再編に伴う組織コスト，各事業単位の組織変更やプロセスの複雑化に伴う情報システムの修正や変更に起因する情報システム・コストの3者から構成されている．

各事業単位における経営活動のコストを全社的に標準化・統合化するためにはERP[3]が非常に効果的であり，戦略策定と業務管理の双方からビジネス・プロセス，組織，情報システムの全社的な統合化が進み，結果としてコーポレート全体のコスト構造が大きく変化した．ERP主導による時間・空間，財務情報と非財務情報，クライアントとサーバ等の対立する情報概念に対する統合化の時代が到来したともいえよう．

第3段階は各企業間の連携や提携などにより緩い結合（ルースカプリング）が企画され，企業グループ全体としてCRM[4]，SRM[5]，EIP[6]等の情報システムがエンタプライズ・レベルでの経営活動に大きく影響する．企業間連携による共同仕入，共同配送，生産設備の共有化等の新しいビジネス・モデルの下では，エンタプライズ・レベルでの各企業におけるコーポレート・コスト構造は，抜本的に変化する．これが現在情報システム先端企業で一部実施され，将来普及すると考えられるEA[7]である．

情報システムの構造変化によってグループ全体のビジネス・プロセス変化と

---

3) Enterprise Resource Planning
4) Customer Relation Management
5) Supplier Relation Management
6) Enterprise Information Portal
7) Enterprise Architecture

これに適合した企業グループ全体の統合化の仕組・機能やプロトコルが影響され，結果としてこの下位概念である企業組織の設計・変更がもたらされる．これとともに，情報システム構造もエンタプライズ・レベルでのITインフラストラクチャーのウエイトが増加し，ネットワーク化が進展する．

　ここでは各企業の経営活動から発生するコーポレート・コストに加え，企業間における緩い結合ネットワークで実行される経営活動全体を統括し，各企業間活動の統合・整理することから発生するコストをエンタプライズ・コストと定義する．

　この段階におけるエンタプライズ・コストは，企業グループ全体の目標達成のために，各企業における経営活動と企業間の統合・調整する活動から生じるプロセス・コスト，エンタプライズ・レベルに適合するための組織再設計や変更・再編に伴う組織コスト，エンタプライズ・レベルでの情報システム活動の修正や変更に起因する情報システム・コストの3者から構成されている．

　各企業レベルにおける経営活動のコストをグループ全体として標準化・統合化するためにはEAが非常に効果的であり，グループ戦略策定と業務管理の双方からビジネス・プロセス，組織，情報システムのグループ統合化が進み，結果としてエンタプライズ全体のコスト構造が大きく変化する．EA主導により，グループ全体での統合的な戦略的原価管理の時代に向かっているともいえよう．

　以上のような情報システムの構造変化とコストに及ぼす戦略的視点を図表8-1にまとめた．ビジネス，コーポレート，エンタプライズの階層毎のコストはそれぞれのプロセス・コスト，組織コスト，ITコストから構成されている．各階層の情報システムはプロセス，組織構造，情報システム構成の変化に相互関連的に影響し合い，結果としてプロセス・コスト，組織コスト，ITコストが変化する．

　次節以降ではビジネス・コスト，コーポレート・コスト，エンタプライズ・コストの中核を構成するプロセス・コスト，組織コスト，情報システム・コストに対する戦略的コスト・マネジメントについて考察する．

図表 8-1 情報システムの構造変化とコストに及ぼす戦略的視点

| ドライバー | コスト | システム | 経営視点 |
|---|---|---|---|
| 業務効率化 | ビジネス・コスト | MIS | 業務処理・取引処理の迅速化・効率化 |
| 情報の全社的統合化 | コーポレート・コスト | ERP | 全社的価値創造・価値増加の実現 |
| ↓ | ↓ | CRM, SRM, EIP | ↓ |
| 経営モデルと知識の共有化 | エンタプライズ・コスト | EA | 連携, 提携先の企業グループ全体の価値創造と価値実現 |

## §2 プロセス・コストの戦略的コスト・マネジメント

　戦略的コスト・マネジメントとして，情報システムがプロセス・コストに対して与える主要な要因は，直接的には ① プロセス内の活動連鎖の見直しとこれに起因する活動に割り当てられた資源配分の再調整，② プロセス内サイクル・タイムの短縮と活動間やプロセス間のタイミング調整による在庫量の削減や無駄な活動の削減によるプロセス・コスト削減等が考えられる．

### 2.1 プロセス内の活動連鎖の見直し

　SCM や電子商取引は従来型の受発注システムからインターネットを介した電子商取引を導入することにより，受注から生産，物流，顧客管理までの統合化処理が図られ，これまでの生産プロセスが抜本的に改善されてきた．
　例えば VAN サービスはこれまで生産，販売部門の個々の情報システムを接続し，企業全体での電子情報の共有化が可能になってきた．さらに進んで，オープン化，ネットワーク化による情報システムのパラダイム・シフトはインターネットをつうじて，受発注業務の大幅な変革をもたらした．完成品組み立て企業や物流業界ではこれまで互いに閉じた EDI により，受発注業務の電子情報交換をおこなっていた．しかし，専用線の敷設や EDI システムの開発・

運用などの双方の固定費負担が大きく、これをカバーするためには多量の受発注量が必要とされた。しかし、これがインターネットを介したオープンなEDIにシフトするにつれて新規受注業者が参入し、高品質低価格な材料・部品が適時に的確な量が完成品メーカーに提供されるようになった。

情報システムのオープン化、ネットワーク化によってこれまでの活動を支えてきた情報伝達のための専用線や専用システムとこれらに割り当てられている人的資源などの資源割り当てが調整され、新たな活動に必要な資源能力が再度算定され、遊休資源の削減によるプロセス・コストが削減されるようになった。

SCMや電子商取引の発展により、基幹業務と情報系業務が機能的にすりあわされ統合化され、適時で的確な情報授受が各ビジネス・ユニットに実行される。企業規模の拡大は生産、販売の各プロセスが国内に止まらず、必然的に国際的な展開に発展する。グローバル化は受注先と顧客の多様化、複雑化を招来し、国際的な企業間連携や提携という新しいグループ経営の概念拡張が実際に適用され、情報システムではERPのような時間・空間を超えてビジネス活動を標準化、共通化する情報システムが有効となる環境となってきている。

例えばF社ではERPを導入し、東南アジア諸国での購買、生産、物流、販売、会計等の一連の業務を一元管理し、各国間のSCMを効率的におこなって各プロセスで発生するコストに対して戦略的原価管理を実行している。

また修理・修繕部品の蓄積と管理がグローバルに必要な先端的電子産業では、国際間の修理・修繕部品の管理にもERPが使用されている。このような電子情報の標準化、共通化が多国間にまたがる一連のプロセスの効率化を促進し、無駄な在庫や冗長な作業時間を短縮し、結果としてプロセス・コストの削減に大きく貢献する。

### 2.2 プロセス内サイクル・タイムの短縮

価値連鎖上の主活動では以下に示す時間短縮が期待される。材料や部品の調達プロセスでは発注から納品に至るまでのリード・タイムの削減、製造プロセスでは課業におけるタクト・タイム、製造工程全体をつうじてのサイクル・タ

イムの短縮等の改善が時間短縮に貢献する．サイクル・タイム削減は JIT 環境の中で製品受注量に同期化された部品発注や製造につながり，物流では生産拠点から販売拠点までの円滑な物流移動は物流サイクル・タイムを削減する．販売プロセスでは顧客ニーズの予測や市場環境条件の変化に対する情報が迅速で的確な顧客対応を促す．さらに販売された製品の顧客情報を確実に把握することでタイミングのよいメンテナンス活動，修理・修繕時間の短縮による顧客満足の増加が考えられる．主活動における時間の短縮とタイミングの調整により，材料・部品の調達及び在庫，製造，物流，販売，アフターサービス等の各プロセスにおける諸活動の無駄が省かれ，価値連鎖における主活動全体に及ぶ戦略的原価管理が可能となる．

一方，価値連鎖上の支援活動で，情報システムの役割は一般的には主活動に対する時間短縮とタイミング調整の支援と考えられる．主活動における調達，製造，物流，販売，アフターサービスの各プロセスからの情報要求に対して，情報システムが適時かつ的確な情報提供を各プロセスにもたらすことにより，最終的な価値連鎖活動全体をつうじての時間短縮と活動管理が実現し，結果として価値連鎖全体の戦略的原価管理が可能となる．

このような時間短縮とタイミングの調整は，活動の見直しをつうじて在庫量の削減を誘発し，最終的にはプロセス・コストと在庫コストの削減をもたらす．価値連鎖における主活動では，各プロセスが価値創造と価値移転の観点から連鎖しており，情報システムによるプロセスにおける活動時間の短縮効果は直接的に在庫量削減をもたらす．各プロセスの結節点（つなぎ目）が円滑に「つなぎ」の役割を果たすことができれば，プロセス上のボトルネックが解消し，プロセス滞留在庫量が削減され，企業全体としての材料・部品在庫，仕掛品在庫，製品在庫，物流在庫などの在庫量が減少する．SCM 環境で顧客との継続的で競争優位な取引関係を維持する場合には，特に製造プロセスの時間短縮とこれに起因する在庫滞留量の削減が期待される．

情報システムは，企業の価値連鎖全体における主活動や支援活動に対して情報提供を媒介にして，両活動における時間短縮やタイミング調整をつうじて，

在庫量削減，プロセス・コストの戦略的原価管理に寄与すると考えられる．

このような在庫量削減は，原価または時価評価によるコスト削減効果としてビジネス，コーポレート，エンタプライズの各階層で可視的に計算し，評価することができる．一方，情報システムの影響による顧客価値満足とこれがもたらす収益効果の測定は前者ほど容易ではない．というのは，在庫量の削減とこれに伴う資源再配分の金額的評価はコスト・マネジメントとして比較的短期に実行できる性格を持つが，市場シェアの上昇や収益の増加という数値的評価尺度は複合要因が多く，後述する組織設計や情報システム構造にも大きく影響される．このため戦略的コスト・マネジメントとして広く収益要因，収益ドライバーまで考察すると，SCMや電子商取引，基幹業務と情報系業務の統合化，グローバル化，企業間提携モデルへの情報システムの拡張・応用等が考えられる．

プロセス・コストの戦略的コスト・マネジメントの本質を突き詰めると，活動連鎖を見直し，活動のための適切な資源配分を再調整する目的は，ビジネス・スピードの追求であると考えられる．プロセスにおける活動の見直しと資源の再調整は，プロセス内の各活動の時間短縮とタイミング調整をより効率化することが可能である．これにより，ビジネス・スピードが加速化し，環境変化に弾力的に対応し，プロセス・コストと在庫コストへの戦略的コスト・マネジメントが可能となる．

## §3　組織コストの戦略的コスト・マネジメント

情報システムが組織コストに対する戦略的コスト・マネジメントに与える主要な要因は，プロセス構造変化に伴い組織設計の変更・改善によって影響を受けるマネジメント・コントロール・システム，組織構造や人事構造の変化，情報システム組織構造の変化等である．これらの直接的要因に加えて，コミュニケーションやナレッジ伝播の効果的なメカニズムは企業風土と相まって，ビジネス，コーポレート，エンタプライズの各階層における独特な組織風土を形成

し，ビジネス・プロセスにおける時間短縮や生産・販売量の適正化から，コストや収益構造の改善に影響をもたらす．

組織コストへ影響を与える直接要因として組織設計の変更を取り上げると，これに与える直接・間接的要因を示したものが図表8-2である．

企業環境の急激な変化は企業間の経営統合，吸収合併，事業分割等の企業グループ間の提携・連携を伴うコーポレート・レベルやエンタプライズ・レベルでの組織構造の変化をもたらす．また市場競争の激化による製品寿命の短縮化はSCMにおける受発注形態の多様化とCRMによる顧客満足対応のための販売形態の精緻化，複雑化をもたらす．このような環境要因の変化によって，市場環境の制約となる新しい法律や制度の新設・変更が実施され，コンプライ

**図表8-2　組織コストへの影響要因**

企業環境の急激な変化
・経営統合，吸収合併，事業分割，提携
・発注形態，販売形態の多様化
・市場競争の激化，製品寿命の短縮
・法制度の新設・変更

⇓

ビジネス・プロセスの変化
・経営統合，吸収合併，事業分割，提携
・発注形態，販売形態の多様化
組織設計の変更
・マネジメント・コントロールの変更
・人事異動・人事構造の変更

⇓⇑

環境変化に俊敏な情報システム構造

アンスを基盤とした企業活動が余儀なくされる．

　これを受けて，コーポレート・レベルではビジネス・プロセスが構造的に変化し，既存事業の統廃合や新規事業の立ち上げが早いタイミングで実施され，これを支援する俊敏な情報システム構造が現在では求められている．すなわち，業務フローやプロセスの変更がビジネス・ユニットの業績評価に即つながるような情報システム変更が可能となり，同時に過去からのデータや情報の一貫性が確保でき，操作性能も変わらない情報システムがコンポジット・アプリケーション・システム（CAS）として開発されている．

　組織構造の変化は機能組織，事業部組織，カンパニー制などにおける人員調整や人事制度見直しに伴う人件費の増減に直接的に影響する．しかし，これだけでなく組織風土の醸成がビジネス・コスト，コーポレート・コスト，エンタプライズ・コストのマネジメントに影響し，その効果が出てくるのには一定期間以上のタイムラグが必要となる．

　Govindarajan は，戦略的コスト・マネジメントのコスト・ドライバーとして構造的コスト・ドライバーと実行的コスト・ドライバーをあげているが，組織設計や組織構造は組織の規模と並んでビジネス，コーポレート，エンタプライズの各階層に影響を与える戦略的コスト・ドライバーでその属性は構造的コスト・ドライバーと考えられよう．

　近年では新規 IT の導入が柔軟的になったとはいえ，その進展は急進的である．ゆえに，そのスピードに情報システムを含む組織デザインの変更はどの程度対応できるのか，IT が組織の存続にどの程度貢献できるか，あるいは，セマンティクス情報をどこまで取り込むことができるか，など情報システムの有効性評価には困難を伴うだろう．わが国の企業における情報システム構築において，情報システム，情報あるいはナレッジを組織デザインの要素と位置づけ，組織文化や組織風土を含む組織特性を正面から取り上げ，これに関する戦略的コスト・マネジメントの効果や数量的評価を実行している企業がどの程度あるかについては明確な資料はない．むしろ現段階ではインタビュー調査の経験から，ほとんど皆無といえよう．

だが，必ずしも情報システム構造の変化が組織設計や組織構造の変化に伴う組織コストへの影響が明示的でないにせよ，実務的にも理論的にも近年の企業情報システムの技術シフトが組織に及ぼした影響は大きく，今後はますます情報システムの有効性評価の問題に組織特性を考慮する必要性が強く認識されるべきである．

特に組織設計や組織構造は企業構造の根幹を示すものであり，プロセスや情報システムの下部構造を規定し，その影響を数量的に把握することが難しいが，そのドライバーについては明確な認識が必要と考えられる．

## §4 情報システム・コストの戦略的コスト・マネジメント

伝統的な情報システムはクライアント・サーバ・システム，データベース技術，ネットワーク技術などの発展により，ERP，SCMに代表される企業内統合のリアルタイム・システムへと移行し，さらに近年では，企業の枠を越えた企業間統合，あるいはインターネットを利用した顧客も含むコラボレーティブ・ビジネスに対応した情報システム構築に重点が移りつつある．このような情報システムの構造変化が，情報システム自体のコストにどのように影響し，情報システムのコスト構造変化をもたらすかについて検討する．

業務システムの統合化，部分最適から全体最適等の環境変化に即した弾力的な情報システムはその構造から，アウトソーシングとインソーシングなどの選択的ソーシングに迫られている．また，これは情報システム・サービスに対する品質，コスト，提供タイミング（納期），セキュリティに関する戦略と表裏の関係にあり，情報システム・コストのマネジメントに直接影響を与える．

十数社へのインデプス・インタビューをおこない，「情報システムがビジネス，コーポレート，エンタプライズの各レベルにおけるコストに及ぼす影響」と「経営環境変化に対応する情報システムの構造変化」について調査した結果，「近年の各企業は，高度ITを経営戦略と業務の改革に適用できるように，抜

本的な情報システム変更を企画している」ことが明らかになった．最近の情報システムの特徴の一つは，ネットワーク・コンピューティング環境下でのオープン・システムの構築を志向することである．これによりプロセス革新が進展し，組織設計や組織の維持コストが影響を受けるため，情報システム構造の変化は全社的な戦略的原価管理へのトリガーとなる．統制機能を重視した伝統的な情報システムのコスト管理手法や教科書的な投資評価プロセスは情報システムの構造変化に適用され難くなった．

　これまでの実態調査を踏まえて，情報システムの戦略化に対応した情報システムのコスト・マネジメントの有効な手法は，源流段階（IT投資の企画段階）でのシステム運用を見通した原価企画機能を考察するべきであり，インタビュー企業も現実的にはこうした決定を暗黙の内に実施していることがわかった．チャージバック・システムに代表される情報システム運用中における情報システム資源のコスト・マネジメントについては，その方法，対象は企業環境・情報システム構造により特徴があり，戦略的なコスト・マネジメントよりもむしろ情報システム・コストのユーザへの正確な原価配賦に近似していることがわかった．また，情報システム子会社をつうじておこなわれるコスト・マネジメントはオペレーショナルなレベルであり，本社が経営戦略に基づく情報システム戦略を企画するものの，具体的な情報システム・コストの戦略的マネジメントは源流段階での情報システム投資額の決定に大きく関与することがわかった．実効的な情報システム投資評価プロセスを検証し，詳細な投資評価と情報システム構築に関する意思決定プロセスを把握する前提として，図表8－3に情報化投資に対する戦略的原価管理の評価視点を示した．これは，情報システムの企画段階，導入を前提とした設計段階，導入後の情報システム運営・管理段階，次代の技術や新システムを模索する実験段階でのそれぞれの評価視点をまとめたものである．

　企業の情報化投資は2つの次元から説明できる．第1は短期収益性と長期成長性に関連する戦略目的であり，第2は個別アプリケーション・システム投資と全社的な情報基盤投資である．情報化投資を戦略目的とその使用範囲の観点

§4 情報システム・コストの戦略的コスト・マネジメント

**図表8-3 情報化投資に対する戦略的原価管理**

| 項目＼プロセス | コスト企画 | コスト設計 | コスト実現 | コスト予測 |
|---|---|---|---|---|
| 領域：from<br>領域：to | 実験<br>変換 | 変換<br>更新 | 更新<br>プロセス改善 | プロセス改善<br>実験 |
| 投資属性 | 個別システム投資から情報基盤投資へ | 情報基盤投資 | 情報基盤投資から個別システム投資へ | 個別システム投資 |
| 管理主体 | 個別事業部，機能部門から情報システム部門やCIO | 情報システム部門やCIO | 情報システム部門やCIOから個別事業部，SBU，機能部門 | 個別事業部，SBU，機能部門 |
| 評価の視点 | 新技術やシステムに対する情報基盤としての適用可能性とコスト削減効果 | 全社的事業価値の創造に貢献する情報基盤の整備 | 個別システム構築によるプロセス改善とこれによって実現する価値増加とコスト削減予測 | 将来の情報基盤となりうる情報技術，システムの探索と将来コストの予測 |
| 評価の対象 | 戦略的価値システムの多様性，弾力性 | 情報サービス品質　顧客満足 | プロセスのコスト付加価値 | 新技術動向と自社技術のギャップ |
| 評価目的 | 戦略的価値の選択　重要成功要因の決定 | 全社的経営目標達成の支援　長期収益性への貢献度評価 | 事業部の経営管理支援　コスト削減 | 新技術の応用と発展可能性　情報戦略との整合性 |
| 評価尺度 | 競争優位性の反応速度　プロジェクト達成の貢献度 | 経営管理指標　財務指標 || 情報技術基準 |
| 評価方法 | EVA，BSC，NPV，リアル・オプション理論 | ABC，BSC，コストドライバー分析，財務分析基準 || 財務基準，技術条件評価，既存システムとの親和性 |

から分類すると,「更新」,「変換」,「実験」,「プロセス改善」の4投資類型に区分することができる.

「更新」投資はシステム保守性の向上,情報システム支援・教育訓練の削減,システム現存能力の効率化等である.「変換」投資は長期成長性を見通して情報基盤投資を実行する.「プロセス改善」投資は特定のプロジェクトに依存し,比較的将来予測が可能であり,リスクが低い情報化投資である.「実験」投資は情報システム新技術の能力や限界等について学ぶために継続的に情報システムの技術や運用方法とビジネス・プロセスについて検討する.

情報システム技術環境はダウンサイジングやネットワーク技術の進歩により分散化が急速に進行している.ネットワーク・システムが情報システムの中心となるにつれ,ハードウェア投資額は低減する一方,コミュニケーションの複雑性による情報負荷が情報システム部門をはじめとして全社的に増加する結果となっている.さらに,将来の情報システムの技術革新が不透明な現状では,アウトソーシングが隆盛となり,アウトソーサーの知識やコスト優位性を外部資源として戦略的に活用し,情報システム・コストの戦略的原価管理が実現できると考えられる.

しかし,最近では情報システムの自前での開発・運用への回帰現象が起こっている.例えば,アメリカのJPモルガンは2002年12月にIBM社と情報システムのインフラ運用に関する7年間の包括契約として50億ドルのアウトソーシング契約を実施した.しかし,2004年9月にはこの契約を破棄し転籍していた同社のITスタッフはIBM社からJPモルガン社に戻ってきた.この大きな方向転換は「ITが経営戦略の中でいっそう大きなウエイトを占め,なおかつ環境変化に弾力的に対応するためには常に自分たちでコントロールすることが必要である」という伝統的な理由に基づいている.

アウトソーシングに対するリスクとして,一般的に以下の3点があげられている.① アウトソーサーによる重要な情報システム技術の喪失や誤った方向への技術開発,② 顧客における情報システム技術の喪失,③ アウトソーサーに対する顧客による管理能力の低下.

§4 情報システム・コストの戦略的コスト・マネジメント　269

　90年代後半にはアウトソーシングのバリエーションも多数出現し，情報システムの戦略的原価管理として企業は経営戦略に適合したソーシング戦略策定の方向に動いてきたが，今後の情報システムの開発・運営戦略を考察すると，情報システム全体の中で，コア活動と非コア活動の識別を情報システム資源戦略の一環として厳しく認識し，ソーシング戦略にどのように位置づけるかが必要となる．

　日本企業数社に対するインタビュー調査をつうじて，近年の各企業は，高度ITを経営戦略と業務改革に適用できるように，抜本的な情報システム変更を企画していることが明らかになった．最近の情報システムの特徴の1つは，ネットワーク・コンピューティング環境下でのオープン・システムの構築を志向することである．これによりプロセス革新が進展し，組織設計や組織の維持コストが影響を受けるため，情報システム構造の変化は全社的な戦略的原価管理へのトリガーとなる．統制機能を重視した伝統的な情報システムのコスト管理手法や教科書的なアウトソーシング意思決定，投資評価プロセスは適用され難くなった．

　情報システムの戦略化に対応した情報システムのコスト・マネジメントの有効な手法は，源流段階（IT投資の企画段階）でのシステム運用を見通した原価企画機能を考察するべきであり，インタビュー企業も現実的にはこうした決定を暗黙の内に実施している．しかし，その方法，対象は企業環境・情報システム構造により特徴があり，一般的なIT投資評価プロセスについては図表8－3に掲げたとおりである．しかし，この詳細な投資評価プロセスを検証するためには特定の企業についての投資評価と情報システム構築に関する意思決定プロセスの詳細を把握する必要性があろう．

# 付　録

---

## 年　表

日本における情報システムの構造変化

| | 年代 | 1950年代 | 1960-1964年 | 1965-1969年 | 1970-1974年 | 1975-1979年 |
|---|---|---|---|---|---|---|
| | 基本的な変化 | | 初期コンピュータ導入期<br>(定着化の追及) | | 個別業務処理の確立から統合型への展開期<br>(メインフレームによる集中処理システム) | |
| | | | 個々の業務のコンピュータ化 | 基幹事務システム・コンピュータ化の個別展開 | オンライン・システムの展開と機能別・地域別のシステム統合化の推進 | |
| I社 | 導入ハード | | 62ホスト導入 (8K) | 67ホスト導入 (128K) | 71TSS稼動 | 76国産ホスト (1.5 M) |
| | 通信システム | | | | 71本社—支社回線接続 | |
| | 導入システム | | 62原価計算・賃金システム<br>62在庫システム | 65設計計算システム | 70受手・固定資産システム<br>72資材システム<br>73受注手配システム<br>70-73各工場の各種業務処理システム | 78連結決算システム |
| A社 | 導入ハード | | 62 PCS　64電算機導入決定 (FACOM 230-30) | | | |
| | 通信システム | | | 68TELEX導入　71本社—工場オンライン化　77分散化 (通信網) | | |
| | 導入システム | | 64売上集計／給与計算<br>66個別業務のシステム化 (在庫，部品展開，株式，固定資産等) | | 71会計システム<br>72事前計画志向管理システム | 77第1次分散処理志向<br>78分散処理の本格展開 |
| 日本企業の全般的傾向 | ハードウェアの基本形式 | PCSの導入から始まる．初期マシンの能力不足との格闘 | IBM 7070, 1401等の本格的事務用コンピュータが導入される． | 65年に IBM 360が誕生．メインフレームの基本形が固まる． | メインフレーム型が一般化し，オンライン・リアルタイム処理の普及が始まる． | システムの統合化の課題が登場し，本格的なデータベース構築が始まる． |
| | システム化の重点 | 担当者のアメリカ派遣等による学習からスタートし，研究的導入に進む． | 基幹個別業務でのコンピュータ処理の確立．個別アプリケーションの導入は定着化し，効率化ツールとしての希望も生まれてくる． | | 基幹業務システムの統合化が始まり，工場・支社等のローカル業務の統合化と効率化が進む． | |
| | 適用業務 | 本社では会計・給与計算，営業では売上高集計，工場では資材管理・生産管理等，データの標準化が進んだ大量事務に狙いを定める． | | 1965年に国鉄・三井銀行でオンライン・リアルタイム・システムが始まる．この段階では機能別システム内のデータ処理，特に全国販売情報の集中処理に力点が置かれた． | 機能別・部門別のシステムが確立し，漸進的に統合に向かう． | |
| | データ処理方式 | パンチカード入力から始まり，やがてキーボードからのインライン入力へ変わる．入力データ処理・作表のすべてが情報部門の集中処理．遠隔地からは，テレタイプ・テレックス送信が中心で，やがてリモートバッチ方式が始まる． | | | リモートバッチとオンライン・リアルタイムの並存から，次第に後者への重点移行が進む． | |
| | 情報システム担当部門 | ソフト作成から機械運用までを含む電子計算課を設置．本社部門に所属させる． | 情報処理専門の設備と人員の増強が進められ，電子計算部として独立してゆく．集中処理のため，入力機能の大半を保持する． | | 全社の事務システム管理にも責任を持つようになってゆく．また，情報システム部門の人事機能管理とコストダウンの要請を受けて，情報部門の分社化・外注化が始まる． | |

注：I社 A社の記述は，今回の調査において入手した情報にもとづいて作成されたものである．

付　録　273

| 1980-1984年 | 1985-1989年 | 1990-1994年 | 1995-1999年 | 2000年以降 |
|---|---|---|---|---|
| 個別業務処理の確立から統合型への展開期<br>(スタンドアロン型から全国オンラインへ) | | | 企業情報システムのパラダイム転換期<br>(統合型の完成とネットワーク・コンピューティングへの移行) | |
| 基幹業務システムの高度化と統合化の進展 | | 業務統合化の完成と<br>C/Sシステムの登場 | インターネットの登場とシステム連携 | より高度なシステム統合化の追求 |

| | | | | |
|---|---|---|---|---|
| | | | 95海外ダイレクト受注 | 99調達Web-EDI |
| 工場内LAN逐次導入 | | 92代理店ダイレクト | 96代理店情報公開Web | 02ダイレクト・インプット |
| 82以降順次各工場へCAD導入 | | | 96マーケティング支援システム | |
| | 85販売・技術・設計統合システム | | 96売上計画システム | |
| | | | 99新経理システム(ERP) | |
| 各工場に技術・生産統合システム導入 | | | | 00連結SUBシステム |
| | | | | 01製品トレースシステム |
| | | | | 02SCM導入開始 |
| 81CAD導入 | 84バーコード利用 | | 99モバイル化 | |
| 81工場内インラインシステム | 86客先WAN(EDI) | 91リアルタイム処理 | 95インタネット/イントラネット | 00ネットワーク再構築 |
| 81生産管理 | | | | |
| | 85生産管理コンピュータ普及期 | | | |
| | | FA導入開始 | | |
| | | 93オープンシステム化(C/S)，UNIX化 | | |
| | | | 95EUC化 | |
| | | | | 00ERP導入開始 |

| 1980-1984年 | 1985-1989年 | 1990-1994年 | 1995-1999年 | 2000年以降 |
|---|---|---|---|---|
| メインフレーム中心型を堅持しながら，ミニコン・オフコンを使用した衛星型の分散システムへの移行が進む．中小企業ではオフコン中心のシステム構築が展開．IBM-PC，NEC PC-9800の出現で，パソコンの事務利用が始まる． | | ダウンサイジングが本格化する．C/S型のLAN構築からパソコンによるオープンシステムへ．そしてインターネット利用のネットワーク構築へ．<br>(企業LAN→企業間のVAN→イントラネット) | | |
| 全国オンライン企業の増大．個別構築されたアプリケーションの統合化が進む一方で，オフコン利用のシステムは進展する． | | 80年代からのシステム化展開は続くが，オープン化により分散化傾向は深まる．不況期の影響でコストダウン対策のためパッケージソフトの利用とアウトソーシングが一般化する． | | 経営活動の統合化とグローバル化対応のシステム再構築が始まる．インターネットによるネットワーク化が進展する． |
| 基幹業務全体を包括する統合データベース構築が進む． | VAN，POS，CAD等の技術を取り入れた現業業務のシステム高度化が図られる． | データウェアハウスの概念が紹介され，ERP等の経営パッケージ・ソフトの販売が始まる． | ERP，SCM，CRM等のパッケージ・ソフトの国内販売が進み，グループ・システムの統合と外部企業とのシステム連結が進展する．同時に，システム改革と業務改革の一体化(BPR)が展開される． | |
| バーコード入力，POS導入等による入力システムの改革が進むとともに，VAN，EDIによる外部取引先からの直接入力が始まる． | | モバイルの活用などプラットフォームの多様化が進む． | インターネットの登場により，イントラネットが構築され，基幹業務活動との一体化が進む．グループウェア，企業情報ポータルの出現で，第一線業務のシステム依存が高まる． | |
| 企画支援・社内教育能力を強化するとともに，情報システム部門は戦略機能(長期計画機能)を持つべきであるとされ，CIO機能の強化が課題となる．また，システムのネットワーク化によってシステム部門の機能はインフラ整備に重点が置かれるようになる．不況深化の中で，分社化やアウトソーシングが大幅に進展する． | | | | CIO機能の強化が現実の課題となり本社企画部門の中に情報企画機能が設置されてゆく． |

# 参 考 文 献

秋川卓也．2004．『サプライチェーン・マネジメントに関する実証研究』プレアデス出版．

有竹岩夫・木内陽一．2003．「CS 向上を目指した SCM」，株式会社安川電機『技報安川電機』第66巻44号

ERP 研究推進フォーラム．2003．『2003企業アプリケーション・システムの導入状況に関する調査』ERP 研究推進フォーラム．

飯田史彦．1993．「企業文化論の史的研究」『商学論集』福島大学　第61巻第4号．

市川栄一郎．1965．「銀行における総合機械化と普通預金 On Line Real-Time System」『事務と経営』1965臨時増刊．

稲葉元吉・貫隆夫・奥林康司編著．2004．『情報技術革新と経営学』中央経済社．

今井賢一・塩原勉．1998．『ネットワーク時代の組織戦略』第一法規出版．

今井二郎．1999．「1996年時点における ERP に対する理解の状況：1996年6月の企業アンケート調査とその結果」，統合型パッケージ・ソフト研究プロジェクト研究チーム編『統合型パッケージ・ソフトの研究：ERP の実際と大学教育』高千穂商科大学総合研究所．

今井二郎．1999．「統合パッケージ・ソフト（ERP）の日本における展開」，統合型パッケージ・ソフト研究プロジェクト研究チーム編『統合型パッケージ・ソフトの研究——ERP の実際と大学教育——』高千穂商科大学総合研究所．

梅澤　正．2003．『組織文化・経営文化・企業文化』同文舘出版．

海老澤栄一・一瀬益夫・堀内正博・佐藤修・上田泰．1989『情報資源管理』日刊工業新聞社．

海老澤栄一編著．1994．『統合化情報システム』日科技連出版社．

遠藤玄声．2001．『わかる！IT アウトソーシング』ダイヤモンド社．

大月博司・中條秀治・犬塚正智・玉井健一．1999．『戦略組織論の構想』同文舘．

大月博司・藤田誠・奥村哲史．2001．『組織のイメージと理論』創成社．

岡部曜子．2001．『情報技術と組織変化：情報共有モードの日米比較』日本評論社．

参 考 文 献

小野田セメント株式会社．1981．『小野田セメント百年史』小野田セメント株式会社．

加護野忠雄・角田隆太郎・山田幸三・関西生産性本部編．1993．『リストラクチャリングと組織文化』白桃書房．

株式会社マネジメント・ケイ情報技術研究所．1995．『日本におけるERPパッケージ製品の現状』日本ガートナー・グループ．

株式会社安川電機．2002．『技法安川電機』株式会社安川電機，第66巻第4号．

蒲田久男．1963．「生保業務のEDPS採用過程」『事務と経営』1963年9月号．

亀津　敦．2003．「企業ポータル再入門：高まる情報マネジメントの重要性　失敗しないEIPを構築するために」『競争優位を獲得する最新IT戦略』BizTech Special．

河合　久．1999．「会計情報システムの構築形態に関する分析的考察」，佐藤進編著『わが国の管理会計：実態調査研究』中央大学出版部．

河合　久・櫻井康弘．2002．「企業の会計情報システムの現状：実態調査結果から」，成田博・今井二郎他著『コンピュータを利用した会計教育の体系化』高千穂大学総合研究所．

韓国経済新聞社編．福田恵介訳．2002．『サムスン電子：躍進する高収益企業の秘密』東洋経済新報社．

黒田充編著．2004．『サプライチェーン・マネジメント：企業間連携の理論と実際』朝倉書店．

経済産業省．2003．「『情報技術と経営戦略会議』報告書」プレス発表　経済産業省．

経済産業省電子商取引推進協議会・株式会社野村総合研究所共同調査．2003．『平成14年度電子商取引に関する市場規模・実態調査』．

甲賀憲二・林口英治・外村俊之．2002『ITガバナンス』NTT出版．

小暮　仁．2003．『もうかる情報化，会社をつぶす情報化』リックテレコム．

コンピュータ博物館．「年表と日本の歴史的コンピュータ：メインフレーム」および「年表と日本の歴史的コンピュータ：MARS 101」
　　http://www.ipsj.or.jp/katsudou/musium

財団法人　経営史研究所．1981．『小野田セメント百年史』．

財団法人　日本情報処理開発協会．2004/3．『企業における情報化動向に関する調査研究報告書：企業におけるIT活用の現状と課題（平成15年度）』財団法人　日本情

報処理開発協会.

財団法人 日本情報処理開発協会．2004/8．『情報化白書2004：情報経済と IT 利活用』コンピュータ・エージ社．

斎藤　環．1989．『戦略情報システム入門：経営革新の推進と情報戦略の展開』東洋書店．

櫻井通晴．1992．『ソフトウェア原価計算（増訂版）』白桃書房．

櫻井康弘．2004．「会計情報システム形態の現状：実態調査分析にもとづいて」『経理研究』中央大学経理研究所，第47号．

島田達巳・海老澤栄一．1989．『戦略的情報システム：構築と課題』日科技連．

事務と経営．1957．「損益率480%を見込む――国鉄の事務機械化50年計画――」『事務と経営』1957年6月号．

事務と経営．1961．「銀行業務の総合機械化：東海銀行で IBM 7070 を導入」『事務と経営』1961年6月号．

社団法人 日本情報システム・ユーザー協会．2003．『「ユーザ企業 IT 動向調査」報告書2003年度版』社団法人 日本情報システム・ユーザー協会．

社団法人 情報サービス産業業協会．2003．『情報サービス産業白書2003』コンピュータ・エージ社．

菅又久直・森田勝弘．2001．『ebXML 技術解説』株式会社ソフト・リサーチ・センター．

関口恭毅．2004．「我が国 EA フレームワークを原点から考える」『オフィス・オートメーション』オフィス・オートメーション学会，25（2）．

戦略情報システム研究会．1992．『ビッグ［6］の戦略情報システム構築方法論』ダイヤモンド社，第2版．

十川廣國．2000．『戦略経営のすすめ：未来創造型企業の組織能力』中央経済社．

武田隆二．1991．『企業パラダイムと情報システム』税務経理協会．

竹村憲朗．1999．「ネットワークの進展とビジネス・プロセスの変革」『経営学論集』第68号．

陳　豊隆．1996．「日本におけるチャージバック・システムの実態調査分析」，広島修道大学『修道商学』第37巻第1号．

津田眞澂. 1990. 『日本的情報化経営』プレジデント社.

出口将人. 2004. 『組織文化のマネジメント：行為の共有と文化』白桃書房.

東京ガス株式会社. 1986. 『東京ガス百年史』東京ガス株式会社.

遠山　暁. 1994. 「情報システム再構築の基盤整備」，遠山暁編著『情報システム革新の戦略』中央経済社.

遠山　暁. 2002. 「今日的プロセスイノベーションの戦略的価値」『商学論纂』第43巻第6号.

遠山　暁. 2004. 「ｅプロセス革新と組織の整合化」『商学論纂』第45巻第3・4号.

遠山　暁・村田　潔・岸眞理子. 2003. 『経営情報論』有斐閣.

長松秀志. 1979. 『経営情報システム』白桃書房.

日経コンピュータ. 2001. 「特集　トヨタ　知られざる情報化の全貌」『日経コンピュータ』12月17日号.

日経コンピュータ. 2003. 「特集：松下のIT革新正念場へ」『日経コンピュータ』1月27日号.

日経コンピュータ・日経ITプロフェッショナル編. 2004. 『EA大全──概念から導入まで──』日経BP社.

日本生命相互保険会社 企画広報部百年史編纂室. 1992. 『日本生命百年史〈下巻〉』日本生命相互保険会社.

野中郁次郎. 1998. 「情報創造にむかう戦略的組織像」，今井賢一他『ネットワーク時代の組織戦略』第一法規出版.

野村総合研究所システムコンサルティング事業本部. 2000. 『図解CIOハンドブック』野村総合研究所.

花岡　菖・島田達巳・財部忠夫・吉田瑞穂. 1995. 『経営革新と情報技術』日科技連.

久道雅基・多部田浩一. 1998. 「日本的サプライチェーン・マネジメントとERP/SCPによる情報システム革新」『Japan Research Review』12月号.

日立製作所75周年記念事業推進委員会. 1985. 『日立製作所史4』株式会社日立製作所.

日立製作所日立工場75年史編集委員会. 1985. 『日立工場75年史』日立製作所日立工場.

平古場浩之. 2003.「激変する企業情報ポータルの役割」, 富士総研『REPORT IT Trend』No. 6.
http://www.fuji-ric.co.jp/report/200307/ittrend.html

富士銀行企画調査部百年史編纂室. 1982.『富士銀行百年史』株式会社富士銀行.

藤田　誠. 2001.「資源と組織」, 大月博司他『組織のイメージと理論』創成社.

ヘニング・ガガーマン. 2001.「基調講演：Vision and Solutions for the New, New Economy」『Sapinfo.net/』, No. 17, Sept 2001.

堀内　一. 1998.『データ中心システム設計』オーム社.

堀内　恵. 2004.「REA モデルによるビジネスプロセスの設計および運用管理：タイプ・イメージ組み込みの有効性」, 中央大学商学研究会『商学論纂』第45巻第3・4号.

堀内　恵. 2004.「EA 環境下における柔軟な e プロセス設計」, オフィス・オートメーション学会『オフィス・オートメーション』25 (2).

松本豊樹・松尾　努・下田　靖. 2003.「SCM を支える情報システム」, 株式会社安川電機『技報　安川電機』第66巻第4号.

三井銀行百年のあゆみ編纂委員会. 1976.『三井銀行100年のあゆみ』株式会社三井銀行.

村上昭三. 1960.「テレ・ワンライティングの生産出庫手配」『事務と経営』7月号.

山田文道・佐藤正春. 1990.『90年代の情報化戦略』コンピュータ・エージ社.

山本敬一. 1965.「Real-Time Processing による座席予約システム」『事務と経営』臨時増刊号.

八幡製鉄所所史編さん実行委員会. 1980.『八幡製鉄所八十年史　部門史下巻』新日本製鉄八幡製鉄所.

吉川日出行. 2003.「EIP が開く「情報共有」の新たな扉」, CIO Online『CIO Magazine』2003年6月参照.
http://www.idg.co.jp/CIO/contents/special/special138.html

湧田宏昭. 1970.「会計情報システムとコンピュータ科学」, 吉田寛編『会計情報システムの基礎理論（会計情報システム講座1）』日本経営情報出版会.

湧田宏昭. 1971.「会計情報システム設計の基礎」, 湧田宏昭編『会計情報システムの設計（会計情報システム講座3）』日本経営情報出版会.

# 参考文献

連合総研. 2003. 「企業組織と職場の変化に関するアンケート調査」
http://www.rengo-soken.or.jp/houkoku/kenkyu/kh030718.htm

Allen, D. S. 1997. Where's the productivity Growth (from the Information Revolution)? *Federal Reserve Bank of St. Louis Review*, March/April: 15-25.
http://research.stlouisfed.org/publications/review/97/03/9703da.pdf.

Anthony, R. N. 1965. *Planning and Control Systems: A Framework for Analysis*, U. S. A.: Harvard University Press. 高橋吉之助訳. 1978. 『経営管理システムの基礎』ダイヤモンド社.

Anthony, R. N. and V. Govindarajan. 1998. *Management Control Systems*, 9th edition. U. S. A.: Irwin Inc.

Barney, J. 1991. Firm Resources and Sustained Competitive Advantage, *Journal of Management*, Vol. 17. No. 1.

Bergeron, F. 1986. Factors Influencing the Use of DP Chargeback Information, *MIS Quarterly*, September.

Bookman, P. G. 1972. Make your users pay the price, *COMPUTER DECISIONS*, September, pp. 30-31.

Borovits, I. 1974. The pricing of computer services, *DATA PROCESSING*, May-June, p. 160.

Brynjolfsson, E., Malone, T. W., Gurbaxani, V. and Kambil, A. 1994. Does information technology lead to smaller firms? *Management Science*, 40 (12): 1628-1644.

Buss, M. D. J. 1983. How to rank computer projects, *Harvard Business Review*, Vol. 61, No. 1, pp. 118-119.

CIO Council. 2001. *A Practical Guide to Federal Enterprise Architecture Version 10*, http://www.gao.gov/bestpractices/bpeaguide.pdf.

Cooper, R and Slagmulder, R . 1999. *Supply Chain Development for the Lean Enterprise*, The IMA Foundation for Applied Research Inc. 清水孝・長谷川恵一監訳. 2000. 『企業連携のコスト戦略――コストダウンを実現する全体最適マネジメント』ダイヤモンド社.

Davenport, T. H. 1993. *Process Innovation*, Boston: Harvard Business School Press. 卜部正夫他訳. 1994. 『プロセス・イノベーション』日経BP出版センター.

David, J. S., W. E. McCrthy, B. S. Sommer. 2003. Agility-The Key to Survival of the

Fittest in the Software Market. *Communication of the ACM*, 46 (5) : 65-69.

Dunk, A. S. 1989. Management Accounting Lag, *ABUCUS*, Vol. 25. No. 2.

Dunk, A. S. and S. J. Roohani. 1997. A Framework of the Relation between Information Technology and Performance : The Influence of Operational Change Factors and Organizational Culture, *Advances in Accounting Information Systems*, Vol. 5. Oxford : JAI Press Inc.

Earl, M. J. 1996. The Risks of Outsourcing It, *Sloan Management Review*, Spring.

ebXML Business Process Team. 2001. *ebXML Business Process Specification Schema Version 1.0*. http://www.ebxml.org/specs/ebBPSS.pdf

Elena, Valon. 2003.「企業情報ポータルの戦略的活用法」, CIO オンライン『CIO Magazine』2003年6月参照.
http://www.idg.co.jp/CIO/contents/special/special139.html

Enrico, Scarso. 1996. Timing the adoption of a new technology : an option-based approach, *Management Decision*, Vol. 34, No. 3.

Erriksson, H. E. and M. Penker. 2000. *Business Modeling with UML―Business Patterns at work―*. John Wiley & Sons, Inc. 鞍田知美・本位田真一監訳, 東秀明・児玉公信他訳. 2002.『UMLによるビジネスモデリング』ソフトバンクパブリッシング株式会社.

Evans, P. B. and T. S. Wurster. 1977. Strategy and the New Economics of Information, *Harvard Business Review*, September-October.

Flatten, P. O., J. McCubbery, P. D. O' Riordan, and K. Burgess. 1989. *Foundations of Business Systems*, 1st ed., The Dryden Press.

Gibson, C. F. and R. L. Nolan. 1974. Managing the Four Stages of EDP Growth, *Harvard Business Review*, Vol. 52, No. 1.

Gordon, L. A. and D. Miller. 1975. A Contingency Framework for The Design Of Accounting Information Systems, *Accounting, Organizations and Society*, Vol. 1. No. 1.

Gordon, L. A. and V. K. Narayanan. 1984. Management Accounting Systems, Perceived Environmental Uncertainty and Organizational Structure : An Empirical Investigation, *Accounting, Organizations and Society*, Vol. 9. No. 1.

Grant, R. M. 1991. The Resource―Based Theory of Competitive Advantage : Implications for Strategy Formulation, *California Management Review*, Vol. 33, No. 3.

Hammer, M. and J. Champy. 1993. *Reengineering the Corporation : A Manifesto for Business Revolution*. U. S. A.: Harper Collins Publisher. 野中郁次郎監訳．1993.『リエンジニアリング革命：企業を根本から変える業務革新』日本経済新聞社．

Handfield, R. B and Nichols, E. L. Jr. 1999. *Introduction to Supply Chain Management*, Prectice-Hall. 新日本製鐵株式会社 EI 事業部訳．1999.『サプライチェーンマネジメント概論』ピアソンエデュケーション．

Henry, Mintzberg. 1976. Planning on the Left Side and Managing on the Right, *Harvard Business Review*, July-August.

Hunton, J. E. and L. Flowers. 1997. Information Technology in Accounting : Assessing the Impact on Accountants and Organization, *Advances in Accounting Information Systems*, Vol. 5. Oxford : JAI Press Inc.

IBM Archives : Card-Programmed Electronic Calculator (CPC)
http://www-1.ibm.com/ibm/history/exhibits/space/space_card.html

IBM 650 Workhorse of modern industry : IBM 650
http : //www-1.ibm.com/ibm/history/exhibits/650/650_intro.html

Kaplan, R. S. 1986. Must CIM be justified by faith alone ?. *Harvard Business Review*, Vol. 64, No. 2.

Keen, P. and M. McDonald. 2000. *The eProcess Edgde—Creating Customer Value and Business Wealth in the Internet Era—*, McGraw-Hill. 仙波孝康，中村裕二，前田健蔵監訳，沢崎冬日訳．2001.『バリュー・ネットワーク戦略――顧客価値創造のeリレーションシップ――』ダイヤモンド社．

Keen, P. G. W. and M. S. S. Morton. 1978. *Decision Support Systems : An Organization Perspectives*, U. S. A.: Addison-Wesley.

Ewusi-Mensah. K. 1981. The External Organizational Environment and Its Impact on Management Information Systems, *Accounting, Organizations and Society*, Vol. 6. No. 4.

Lacity, M. C. and L. P. Willcocks, 1998. An Empirical Investigation of Information Technology Sourcing Practices : Lessons From Experience, *MIS Quarterly*, Vol. 22, No. 3, September.

Leidner, D. E. 1999. Information Technology and Organizational Culture―Understanding information culture : integrating knowledge management system into organizations, Galliers, R. D., D. E. Leidner and B. S. H. Baker. *Strategic Information Management : Challenges and Strategies in managing information systems*, 2nd edition. U. S. A.: Butterworth-Heinemann.

Leitch, R. A. and K. R. Davis. 1992. *Accounting Information Systems*, 2nd edition. U. S. A.: Prentice-Hall Inc.

Lucas, H. C. 1982. *Information Systems Concepts for Management*, 2nd edition. U. S. A.: McGraw-Hill, Inc.

McGee, R. W. 1987. Accounting for Data Processing Costs, *Journal of Accounting and EDP*.

Mckie, S. 1997. *Client/Server Accounting : Reengineering Your Accounting Systems*. U. S. A.: John Wiley & Sons, Inc. 橋本義一・河合久・成田博訳. 1999.『インターネット環境下のクライアント／サーバ会計：会計システムのリエンジニアリング』白桃書房.

McKinnon, W. P. and E. A. Kallman, 1987. Mapping Chargeback Systems to Organizational Environment, *MIS Quarterly*, March.

Mintzberg, H. and L. Van der Heyden. 1999. Organigraphs : Drawing how companies really work. *Harvard Business Review*, 77 (5): 87-94. 有賀裕子訳. 2000.「オーガニグラフ――事業活動の真実を映す新しい組織図――」『ダイヤモンドハーバードビジネス』25 (1): 23-34.

Mizoguchi, S. 2004. Cost Management of Information Systems in Japanese Companies : Theory and Practices, *Asian-In-Extenso*, Mars, pp. 1-13.

Nolan, R. L. 1979 Managing the Crises in Data Processing, *Harvard Business Review*, Vol. 57, No. 2, March-April, pp. 115-126.

Otley, D. T. 1980. The Contingency Theory of Management Accounting : Achievement and Prognosis, *Accounting, Organizations and Society*, Vol. 5. No. 4.

Pfleeger, S. L. 1998. *Software Engineering―Theory and Practice―*. Printice-Hall, Inc. 堀内泰輔訳. 2001.『ソフトウエア工学――理論と実践――』ピアソンエデュケーション.

Porter, M. E. 1985. *Competitive advantage*. U. S. A.: The Free Press. 土岐坤・中辻萬治・小野寺武夫訳. 1985.『競争優位の戦略』ダイヤモンド社.

Porter, M. E. 2001. Strategy and the Internet. *Harvard Business Review*, 79 (3): 62-78. 藤川佳則監訳. 2001.「戦略の本質は変わらない」『ダイヤモンドハーバードビジネス』, 26 (5): 52-77.

Quinn, J. B. 1990. T. L. Doorley and P. C. Paquette, Beyond Products: Service-Based Strategy, *Harvard Business Review*, March-April.

Quinn, J. B. and F. G. Hilmer, 1994. Strategic Outsourcing, *Sloan Management Review*, Summer.

Quinn, J. B. 1999. Strategic Outsourcing: Leveraging Knowledge Capabilities, *Sloan Management Review*, Summer.

Ripin, K. M. and Sayles, L. R. 1999. *Insider Strategies for Outsourcing Information Systems: Building Productive Partnerships, Avoiding Seductive Traps*, Oxford University Press. NTTデータ経営研究所訳. 2000.『ITアウトソーシング戦略』NTT出版.

Robinson, L. A. and J. R. Davis and C. W. Aldeman. 1986. *Accounting Information Systems: An Cycle Approach*. 2nd. edition. HARPER & ROW.

Ross, J. W. and C. M. Beath. 2002. New Approaches to IT Investment, *MIT Sloan Management Review*, Vol. 43, No. 2.

Rubin, P. H. 1973. The Expansion of Firms, *Journal of Political Economy*, Vol. 81. No. 4.

Saunders, C. M. Gebelt and Q. Hu. 1997. Achieving Success in Information Systems Outsourcing, *California Management, Review*, Winter.

Schein, E. H. 1985. *Organizational Culture and Leadership*. U. S. A.: Jossey-Bass Inc. 清水紀彦・浜田幸雄訳. 1985.『組織文化とリーダーシップ』ダイヤモンド社.

Schekkerman, J. 2004. *How to survive in the jungle of Enterprise Architecture Frameworks—Creating Architecture Framework—*. Trafford.

Silk, D. J. 1992. *Planning It*, Butterworth-Heinemann, Oxford.

Simons, R. 1987. Accounting Control Systems and Business Strategy: An Empirical Analysis, *Accounting, Organizations and Society*, July.

Solomon, L. and J. Tsay, 1985. Pricing of Computer Services: A Survey of Industry Practices, *Cost and Management*, March-April.

Sorter, G. H. 1969. An "Events" Approach to Basic Accounting Theory, *The Accounting Review*, Vol. XLIV, No. 1, January.

Sowa, J. F. and J. A. Zachman. 1992. Extending and formalizing the framework for information systems architecture. *IBM Systems*, 31 (3): 590-616.

Strassman, P. 1992. The Politics of Downsizing, *DATAMATION*, Vol. 15, Oct.

Swanson, E. B. and B. C. Mathis. 1989. *MAINTAINING INFORMATION SYSTEMS IN ORGANIZATIONS*, John Wiley & Sons, Chichester, pp. 4-9.

Tapscott, D. and A. Caston. 1993. *Paradigm Shift: The New Promise of Information Technology*. U. S. A.: McGraw-Hill Inc. 野村総合研究所訳. 1994. 『情報技術革命とリエンジニアリング』野村総合研究所.

Thompson, J. D. 1967. *Organization in Action*, Mcgraw-Hill.

USA Federal CIO Council. 1999. *Federal Enterprise Architecture Framework Version 1.1*. http://www.cio.gov/documents/fedarch1.pdf

Wilkocks, L. 1994. *Information Management: The Evaluation of Information Systems Investments*, Chapman & Hall, London.

Willkocks, L. G. 1995. Fitzgerald and D. Fitzjerald. Outsourcing IT: The Strategic Implications, *Long Range Planning*, Vol. 28, Issue 5.

Williamson, O. 1979. Transaction Cost Economics: The Governance of Contractual Relations, *Journal of Law and Economics*, Vol. 22, No. 2.

Wiseman, C. 1985. STRATEGY AND COMPUTERS: Information System as Competitive Weapons, DOW JONES-IRWIN, Homewood, Illinois.

Wiseman, C. 1988. *Strategic Information Systems*. U. S. A.: Irwin, Inc. 土屋守章・辻新六訳. 1989. 『戦略的情報システム:競争戦略の武器としての情報技術』ダイヤモンド社.

Zachman, J. A. 1987. A Framework for Information Systems Architecture. *IBM Systems*, 26 (3): 276-292.

Zmud, R. W. 1984. Design Alternatives for Organizing Systems Activities, *MIS Quarterly*, June.

# 索　引

## 【和　文】

### ━━ あ ━━

IT ガバナンス ……………………… 162
IT 企画部門 ………………………… 169
アウトソーシング ……………… 156, 265

### ━━ い ━━

EA フレームワーク …………… 246, 249
イノベーション（革新）……… 126, 129
e プロセス ……………… 31, 234, 237, 251
インソーシング ………………… 157, 265
インターネット ………… 44, 61, 86, 106
イントラネット ……………………… 46

### ━━ え ━━

エンタプライズ・コスト ………… 258

### ━━ お ━━

オープン化 …………………………48, 63
オンライン・システム ……………40, 55
オンライン取引処理（OLTP）… 112, 123
オンライン分析処理（OLAP）… 112, 124

### ━━ か ━━

階層型組織 ……………………… 116, 135
概念データ・モデル ……………… 239
回避不能原価 ……………………… 205
隠れた情報システム・コスト … 194, 205
価値共創 …………………………… 240
価値連鎖（バリュー・チェーン）
　…… 77, 115, 123, 199, 229, 256, 261
環境情報収集システム ……………… 8
間接費配賦法 ……………………… 187

### ━━ き ━━

基幹業務処理システム ……………… 45
企業間提携モデル ………………… 262
企業間統合 ………………………… 265
企業間ビジネス・プロセス ……… 86, 95
企業情報システム …………………… 4
（企業）情報ポータル（EIP）
　…… 27, 46, 68, 72, 120, 125, 236
企業内ビジネス・プロセス ……… 86, 89
供給連鎖 …………………………… 256
競争戦略 ……………………………76, 77
競争優位 ……………………………76, 78
競争優位の戦略 ………………… 115, 116
業務プロセス ……………… 77, 87, 88, 91

### ━━ く ━━

グループウェア ……………………46, 72

### ━━ け ━━

経営資源の固定性 ……………………10
経営資源の融合性 ……………………10
経営戦略 ……………………………… 9
計画的戦略 ……………………… 114, 116
継続的改善 ………………………… 144
原価配賦法 ………………………… 190
源流段階 …………………………… 266

### ― こ ―

コア活動と非コア活動 ……………… 222
更新 ………………………… 213, 268
構造的コスト・ドライバー ……………… 264
コーポレート・コスト ………………… 257
顧客志向の経営 …………………………76
顧客満足度 ………………………………75
コスト・ドライバー ……………………… 264
コスト企画プロセス ……………………… 215
コスト実現プロセス ……………………… 217
コスト設計プロセス ……………………… 216
コスト予測プロセス ……………………… 218
コソーシング ……………………………… 227
コラボレーション（協働）……… 46, 73
コラボレーティブ・ビジネス…… 14, 265
コンサルティング・ファーム ………… 159
コンティンジェンシー理論 ………… 2, 3

### ― さ ―

サービス・レベル・アグリーメント
 ………………………………… 158, 197
サイクル・タイム ……………………… 261
財務的有形便益 ………………………… 204
サプライチェーン …………………………97
サプライチェーン・マネジメント ……98
差別価格 ………………………………… 191

### ― し ―

資源ベース理論 ……………… 10, 22, 221
市場の構造変化 …………………………75
システム・インテグレータ …………… 157
実験 ………………………… 213, 268
実行的コスト・ドライバー ……………… 264
実際原価法 ………………………… 188, 191
事務機械化研究 ………………… 35, 51

集権型 …………………………………… 159
消費優位の市場構造 ……………………75
情報の共有化 ………………………… 88, 91
情報化戦略 ……………………………… 155
情報化投資 ………………………… 155, 266
情報化投資戦略 ………………………… 155
情報企画部 ……………………………… 148
情報子会社 ……………………………… 157
情報資源 …………………………… 189, 191
情報資源管理機能 ……………………… 155
情報資産管理 …………………………… 155
情報システム・コスト ……………… 13, 22
情報戦略部 ……………………………… 148
情報特性 ……………………………………7
情報文化 ………………………………… 131
シンタックス情報 ………………… 118, 125

### ― す ―

ステージ理論 ……………………… 29, 179

### ― せ ―

生産優位の市場構造 ……………………75
セマンティクス情報 ……………… 118, 125
選択的ソーシング ……………………… 265
戦略支援機能 …………………………… 155
戦略（的）情報システム …………………60
戦略的アウトソーシング ……… 157, 185
戦略的原価管理 ………………………… 266
戦略的コスト・マネジメント … 15, 16, 22
戦略パッケージ ……………………………8

### ― そ ―

創発的戦略 ……………………………… 116
ソーシング戦略 ………………………… 231
組織学習 ………………………………… 119
組織コスト ………………………… 13, 22

索　引

組織的な資本的資源……………………10
組織デザイン…………………… 118, 123
組織能力………………………… 118, 125
組織文化………………………… 126, 131
ソフトウェア・ベンダ…………………157

━━ た ━━

第 1 世代………………………… 36, 49
第 2 世代………………………… 37, 49
第 3 世代………………………… 38, 49
第 4 の経営資源………………………1, 22
ダウンサイジング……………… 42, 47
タクト・タイム……………………260
短期収益性……………………… 213, 266

━━ ち ━━

チェーン型プロセス……………………230
チャージバック・システム
　　………………… 30, 174, 185, 193
長期成長性……………………… 213, 266

━━ て ━━

データ処理機能……………………155
データベース…………………… 89, 91
テレックス・テレタイプ………… 40, 55
電子商取引……………………………211
電子調達システム………………………107
電子発注方式………………………70

━━ と ━━

統合（化）システム…56, 59, 64, 66, 72
統合型情報システム…………… 88, 89
統合型基幹業務システム（ERP）
　　……………………… 59, 64, 66
トップダウン・アプローチ……………250
取引コスト理論……………………220

取引処理システム……………… 241, 242

━━ な ━━

ナレッジ…………………… 118, 123, 132
ナレッジ・マネジメント・システム（KMS）
　　……………………… 120, 125, 132

━━ に ━━

2000年問題……………………… 90, 94
日本語処理問題（漢字の利用解放）
　　………………………… 42, 43, 61

━━ ね ━━

ネットワーク化……………………………1
ネットワーク型組織…………… 117, 135
ネットワーク情報システム革命………48

━━ は ━━

ハードウェア・ベンダ…………………159
働きかけ………………………………5
パッケージ・ソフト…………… 47, 60, 63
ハブ＆スポーク型プロセス……………230
パラダイム・シフト
　　………………………………… 1, 16,
　　44, 61, 64, 70, 84, 113, 153, 183, 259
バリュー・ネットワーク……………230
反応的………………………………5
汎用大型コンピュータ（メインフレーム）
　　………………………… 39, 42, 47, 61

━━ ひ ━━

ビジネス・パートナー…………………159
ビジネス・プロセス
　　……………… 76, 108, 129, 229, 256
ビジネス・プロセスの革新………………78
ビジネス・プロセス・リエンジニアリン

グ（BPR）·············································25, 79
ビジネス・ユニット···································260
ビジネス・ルール······························233, 234
標準化···············································241, 252
標準原価法·········································188, 191

■ ふ ■

部分最適化··················································90
プロセス・コスト·································13, 22
プロセス改善······································213, 268
分散型······················································159
分散処理システム（C/S システム）
········································································43, 61
分析的戦略··········································114, 116

■ へ ■

変換·····················································213, 268

■ ほ ■

ホスト中心システム··································112
ボトムアップ・アプローチ·····················250

■ ま ■

マネジメント・コントロール·····················4

マネジメント・プロセス··························114
マルチソーシング························30, 212, 226

■ む ■

無形便益···················································204

■ ゆ ■

ユーザー・フレンドリーな構造················8

■ ら ■

ライフサイクル・コスト·························205

■ り ■

リアルタイム······································89, 93
リード・タイム········································260

■ る ■

ルースカプリング····································33

■ れ ■

レガシー・システム······························112
連邦型·····················································159

# 【欧　文】

■ A〜B ■

ANSI/X3/SPARC······································238
API···························································235
ASP···························································147
BOM··························································124
BPR····································79, 115, 148
BtoB·································································106, 147
BtoC·································································106, 147

BSC··························································217

■ C〜D ■

CAD···························································77
CALS·························································95
CAO···························································172
CIM································································115, 151
CIO································································148, 212
CKO···························································172

| | | | |
|---|---|---|---|
| CRM | 67, 98, 124, 148, 257 | KPI | 173 |
| C/S（システム） | 1, 43, 112, 146, 198 | LAN | 43, 111, 211 |
| CTO | 172 | MIS | 1, 82, 110, 146, 181, 256 |
| DCF | 209 | MSS | 1, 82, 110 |
| DFD | 238 | | |
| DP | 152 | | |

■ N〜Q ■

| | | | |
|---|---|---|---|
| DSS | 110, 146, 183 | NPV | 209 |
| DTP | 139 | OASIS | 252 |

■ E〜F ■

| | | | |
|---|---|---|---|
| | | OLAP | 112 |
| | | OLTP | 112 |
| EA | 244, 257 | OR | 50 |
| EAI | 68, 236 | PC | 109 |
| ebXML | 252 | PCS | 36, 49 |
| EC | 95 | POS | 115 |
| ECR | 95 | QC | 79 |
| EDI | 44, 62, 95 | QR | 95 |

■ R〜W ■

| | | | |
|---|---|---|---|
| EDP (S) | 35, 49, 109, 145, 179 | | |
| EIP | 68, 120, 236, 257 | | |
| EIS | 110 | ROA | 208 |
| EMS | 97 | ROI | 208 |
| ERP（パッケージ） | 1, 14, 48, 60, 92, 93, 113, 147, 183, 257 | SBU | 102 |
| | | SCM | 67, 82, 206 |
| EUC | 130, 146 | SIS | 60, 82, 111, 180, 235, 255 |
| EVA | 216 | SRM | 67, 124, 257 |
| FA | 148 | TCO | 159 |
| FEAF | 247 | TEAF | 247 |
| FMS | 77 | TPS | 110 |
| | | TQC | 79 |

■ G〜M ■

| | | | |
|---|---|---|---|
| | | UFC | 49 |
| | | UN/CEFACT | 252 |
| GUI | 109 | VAN | 45, 62, 95 |
| HIMICS | 39 | VMI | 105 |
| IDP | 36 | WAN | 139, 211 |
| IRM | 183 | WS | 1 |
| IT | 145 | | |
| KMS | 120 | | |

## 【企　業】

アマゾン･････････････････････････24
IBM･･･････････････････････････268
NTTコミュニケーションズ･･････186
小野田セメント･･････････36, 37, 50
国鉄･･････････････････････････36, 41
住友電工････････････････････････40
JPモルガン････････････････････268
デル････････････････････････････24
電源開発････････････････････････39
東海銀行････････････････････････37
東京ガス･･････････36, 37, 39, 54, 57
トヨタ自動車････････････････････66

日本IBM････････････････････186
日本鋼管････････････････････････37
日本航空････････････････････････41
日本鉱業････････････････････････37
日本生命･･････････････35, 37, 51, 55
日本石油････････････････････････37
日立製作所････････････39, 50, 55, 58
富士銀行･･････････････37, 39, 51, 54
松下電器産業･･････････････････67
三井銀行････････････････････39, 41
安川電機････････････････････66, 70
八幡製鉄所････････････36, 37, 50, 58

## 日本管理会計学会　企業調査研究委員会本部
## 監修・編集の方針と基準

　企業調査研究委員会本部（以下,「本部」という．）は，その出版物が日本管理会計学会が出版する書物として相応しい質の水準を保持するため，かつ，本事業の継続性を維持するために，以下の基準を定める．

1. 出版を企画し希望する専門委員会は，企画着手の段階で，次の事項を記載した企画書を添えて，本部に出版企画案を申請する（書式は自由）．
    (1) 専門委員会名
    (2) 委員長名
    (3) 共著者名
    (4) 著書名
    (5) 総頁数
    (6) 著書の趣旨と具体的な企画内容
    (7) その他特徴と特記事項
2. 本部は直ちに，当該申請に応じて監修・編集委員会を編成し，この方針と基準にもとづき監修・編集・査読の観点から前項の申請書を，次の事項が示す基準その趣旨に照らし検討のうえ，その出版の可否を決定し，結果を通知する．
    (1) 出版物が実用的な方法，手続き等（またはその基礎理論）の提案を行うものであること．または
    (2) 企業または経営の現実の諸問題に対する検討と解答（またはその示唆）を示すものであること．または
    (3) その他，企業または経営に将来起こりうる諸問題を現実的，実用的に検討するものであること．または
    (4) 上記(1),(2),(3)の実証的研究ないし経験的研究であること．
3. 本部もしくは本部監修・編集委員会は，この方針と基準にもとづき出版企画案の修正，改善，変更等を求めることができる．
4. 監修・編集委員会は本部委員長，同副委員長，その他常任の1名以上の

本部委員，税務経理協会から1名，印刷会社から1名により構成される．
5. 本部は，出版企画案にもとづく投稿原稿を2名の査読者によるレフェリーを経て出版物とするものとする． 以上

〈著者紹介〉

今井 二郎（いまい じろう）　公認会計士

| | | |
|---|---|---|
| ［略　　歴］ | 1930年 | 東京都生れ |
| | 1956年 | 東京大学経済学部卒業 |
| | 1957年 | 公認会計士井橋会計事務所　会計士補 |
| | 1960年 | 公認会計士開業登録（登録番号1636号） |
| | 1961年 | 社団法人日本能率協会　経営コンサルタント |
| | 1985年 | 高千穂商科大学助教授，90年同大学教授 |
| | 2001年 | 同大学を定年退職 |

［主要著書］『統合型パッケージソフトの研究―ERP の実際と大学教育―』（共著，高千穂商科大学総合研究所，1999年）

［主要論文］「コンピュータによる新しい簿記教育の検討方向」（高千穂大学総合研究所『コンピュータを利用した会計教育の体系化』，2002年）
「日本的原価管理とその形成プロセス」（『高千穂論叢』第35巻第3号，2000年）．


河合　久（かわい ひさし）　中央大学商学部教授

| | | |
|---|---|---|
| ［略　　歴］ | 1958年 | 東京都生れ |
| | 1983年 | 中央大学大学院商学研究科　博士前期課程修了 |
| | 1983年 | いわき短期大学専任講師 |
| | 1990年 | 高千穂商科大学専任講師 |
| | 1996年 | 中央大学商学部助教授 |
| | 2000年 | 中央大学商学部教授 |

［主要著書］『会計情報システム』（共編著，創成社，2000年）
『XP 対応　新情報化リテラシー入門―Word, Excel からシスアドまで―』（共著，実教出版，2004年）．

［主要論文］「会計情報システムの構築形態に関する分析的考察」（企業研究所研究叢書14『わが国の管理会計』中央大学出版部，1999年）．
「会計情報システムと組織特性との適合性―組織文化に基づく実証的考察―」（企業研究所叢書25『組織文化と管理会計システム』中央大学出版部，2006年）．

成田　博（なりた ひろし）　高千穂大学商学部教授

[略　　歴]　1958年　東京都生れ
　　　　　　1983年　中央大学大学院商学研究科 博士前期課程修了
　　　　　　1985年　日本大学大学院経済学研究科 修士課程修了
　　　　　　1987年　いわき短期大学専任講師
　　　　　　1996年　東日本国際大学経済学部助教授
　　　　　　1998年　高千穂大学商学部教授
[主要著書]　『会計情報システム』（共編著，創成社，2000年）
　　　　　　『経営学の新展開』（共著，ミネルヴァ書房，2003年）．
[主要論文]　「会計教育の基礎としての『コンピュータ会計』教育―会計教育改革へ向けて―」（高千穂大学総合研究所『コンピュータを利用した会計教育の体系化』，2002年）．
　　　　　　「会計情報システム論研究に関する一考察」（『商学論纂』第46巻第5号，2005年）．

堀内　恵（ほりうち さとし）　中央大学商学部准教授

[略　　歴]　1970年　山梨県生れ
　　　　　　2001年　中央大学大学院商学研究科 博士後期課程満期修了退学
　　　　　　2001年　中央大学商学部専任講師
　　　　　　2004年　中央大学商学部助教授（2007年　准教授）
[主要著書]　『会計情報システム』（共著，創成社，2000年）
[主要論文]　「REAモデルによるビジネス・プロセスの設計および運用管理―タイプ・イメージ組込みの有効性―」（『商学論纂』第45巻第3・4号，2004年）．
　　　　　　「価値共創型ビジネス・プロセスの構築―特に韓国民願における行政情報化戦略の策定と実行から学ぶ―」（『商学論纂』第46巻第5号，2005年）．
　　　　　　「情報システムのコンテキスチャル・デザイン」（『オフィス・オートメーション学会誌』第26巻第2号，2005年）．

櫻井康弘（さくらい やすひろ）　高千穂大学商学部准教授

[略　　歴]　1972年　長野県生れ
　　　　　　2001年　中央大学大学院商学研究科 博士後期課程満期修了退学
　　　　　　2001年　高千穂大学商学部専任講師
　　　　　　2005年　高千穂大学商学部助教授（2007年　准教授）
[主要著書]　『会計情報システム』（共著，創成社，2000年）
[主要論文]　「会計情報システムにおける"統合化"概念」（『高千穂論叢』第38巻第1号，2003年）．
　　　　　　「会計情報システム形態の現状―実態調査分析にもとづいて―」（『経理研究』第47号，2004年）．

〈編著者紹介〉

溝口周二（みぞぐち しゅうじ）　横浜国立大学経営学部教授

| [略　歴] | 1949年 | 東京都生れ |
|---|---|---|
| | 1975年 | 横浜国立大学大学院経営学研究科修了 |
| | 1975年 | 三菱総合研究所　研究員 |
| | 1987年 | 横浜国立大学経営学部助教授 |
| | 1993年 | 横浜国立大学経営学部教授 |
| [主要著書] | | 『日本企業の管理会計』（共著，白桃書房，1997年）． |
| | | 『活動基準原価計算入門』（共著，シグマベイ・キャピタル社，2000年） |
| [主要論文] | | 「情報システム投資の戦略的価値とその評価」（『会計』2003年6月号，2003年） |
| | | "Strategic Cost Management on IT Investment", *Value-Based Management of the Rising Sun*, World Scientific, Apr. 2006 |
| | | 「ネットワーク環境における情報システムの戦略的原価管理」（中央大学『経理研究』第48巻，2005年）． |

---

情報化戦略の進化とコスト・マネジメント

平成20年2月15日　発行

| 編 著 者 | 溝　口　周　二 |
|---|---|
| 発　　行 | 日 本 管 理 会 計 学 会 |
| 発　　売 | （株）税 務 経 理 協 会 |

〒161-0033　東京都新宿区下落合2丁目5番13号
　　　　　電話（03）3953-3301（編集部 峯村英治）
　　　　　Fax（03）3565-3391
　　　　　URL http://www.zeikei.co.jp/
印刷・製本所　（株）冨山房インターナショナル

Ⓒ　溝口周二　2008　　　　　　　　　　Printed in Japan

本書の内容の一部または全部を無断で複写複製（コピー）することは，法律で認められた場合を除き，著者および出版社の権利侵害となりますので，コピーの必要がある場合は，予め当社あて許諾を求めて下さい．

ISBN 978-4-419-07006-9 C1063